TELESPHORA PAVLOU

SAGGIO DI CRISTOLOGIA NEO-ORTODOSSA

EDITRICE PONTIFICIA UNIVERSITÀ GREGORIANA
ROMA 1995

IMPRIMI POTEST
Romae, die 15 maii 1995
R. P. GIUSEPPE PITTAU, S.J.
Rector Universitatis

IMPRIMATUR
Dal Vicariato di Roma, 16 maggio 1995
MONS. LUIGI MORETTI
Prelato Segretario Generale del Vicariato

© 1995 - E.P.U.G. - ROMA

ISBN 88-7652-684-6

EDITRICE PONTIFICIA UNIVERSITÀ GREGORIANA
Piazza della Pilotta, 35 - 00187 Roma, Italia

"Αὕτη δέ ἐστιν ἡ αἰώνιος ζωή,
ἵνα γινώσκωσιν σὲ τὸν μόνον ἀληθινὸν Θεὸν
καὶ ὃν ἀπέστειλας Ἰησοῦν Χριστόν".
(Ἰωάν. 17,3)

"Πάτερ ἅγιε, τήρησον αὐτοὺς
ἐν τῷ ὀνόματί σου ᾧ δέδωκας μοι,
ἵνα ὦσιν ἓν καθὼς ἡμεῖς".
(Ἰωάν. 17,11β)

Alla Chiesa una, santa, cattolica e apostolica, sposa immacolata del nostro unico Signore Gesù Cristo, affinché alle soglie del terzo millennio spicchi il volo verso l'escaton del Dio tre-unità agapica, servendosi, come nei tempi patristici, delle sue due 'ali': Oriente ed Occidente, in modo che in una piena ed armoniosa comunione d'amore possa glorificare all'unisono il Dio Padre mediante il Figlio nello Spirito Santo, Amen! Amen! Amen!

INDICE

ABBREVIAZIONI E SIGLE ... XI
INTRODUZIONE GENERALE ... XIII

CAP. I ... 1
FARE TEOLOGIA E CRISTOLOGIA NELLA CHIESA
ORTDOSSA ... 1
Introduzione ... 1
A. Per una comprensione della teologia ortodossa ... 2
B. Fondamento comune e prospettive ... 3
C. Teologia scienza universitaria ... 7
D. Teologi laici e scienza greca ... 11
E. La Teologia è mistica e la mistica è teologia ... 15
F. La gnoseologia teologica ... 19
G. Teologia della comunione ecclesiale, ecumenica
   e cosmica ... 22
H. L'articolazione del sapere teologico ... 24
I. La cristologia nel seno della Teologia ortodossa ... 25
J. Modelli cristologici ... 29
Conclusione ... 31

CAP. II ... 33
DAL MISTERO DELLA TRINITÀ AL
MISTERO DELL'INCARNAZIONE ... 33
Introduzione ... 33
A. Il mistero della Trinità ... 35
B. Il mistero di Cristo ... 41
C. Il mistero dell'incarnazione ... 45
1. *Il motivo dell'incarnazione* ... 45
a) *A partire dalla libera volontà di Dio* ... 46
b) *A partire dalla necessità dell'uomo* ... 56
2. *L'evento dell'incarnazione* ... 58
Conclusione ... 65

CAP. III.	69
GESÙ CRISTO IL "ΘΕΑΝΘΡΩΠΟΣ" PER ANTONOMSIA	69
Introduzione	69
A. L'unione ipostatica	69
B. Conseguenze dell'unione ipostatica	80
1. La pericoresi	82
2. Un unico Figlio ed un'unica adorazione	87
3. La capacità conoscitiva di Gesù Cristo	89
a) Contemplazione diretta	89
b) Conoscenza innata	90
c) Conoscenza esperienziale	91
Conclusione	94
CAP. IV.	95
LA PERSONA DI GESÙ CRISTO	95
Introduzione	95
A. Significato e costituzione della persona	96
B. La persona di Gesù Cristo	99
Conclusione	108
CAP. V.	111
LA COSCIENZA DI GESÙ CRISTO	111
Introduzione	111
A. Coscienza della sua divinità ipostatica	111
B. Coscienza di essere privo di peccato	115
C. Coscienza di essere il Figlio di Dio	117
D. I titoli	120
1. Il titolo messianico	120
2. Il Figlio dell'uomo	122
3. Il Figlio di Dio	124
4. Altri titoli attribuiti a Gesù dai suoi seguaci	126
E. Coscienza del suo sacrificio salvifico	127
Conclusione	129

CAP. VI 131
LA SANTITÀ E LA PERFEZIONE ETICA DI GESÙ ......
CRISTO 131
Introduzione 131
A. Fondamento della santità di Gesù 131
B. La santità progressiva di Gesù attraverso le tentazioni. 133
  1. *La piena solidarietà di Gesù con il genere umano* 134
  2. *Gesù Cristo, prototipo reale del genere umano* 137
C. Il progresso e la perfezione delle virtù di Gesù Cristo... 140
  1. *Il progresso di Gesù Cristo in base a Luca 2,52* 142
  2. *La perfezione di Gesù in base agli Ebrei 5,8* 145
  3. *La natura umana di Gesù è santa per partecipazione*.... 146
Conclusione 147

CAP. VII 149
IL GESÙ TAUMATURGO 149
Introduzione 149
A. Natura dei miracoli 150
B. L'autenticità storica dei miracoli 152
Conclusione 156

CAP. VIII 157
LA TRIPLICE DIGNITÀ 157
Introduzione 157
A. Il sommo profeta 159
  1. *Fondamento biblico* 159
  2. *Il contenuto delle profezie di Gesù* 161
  a) *Le profezie riguardanti la sua persona* 161
  b) *Le profezie riguardanti l'edificazione della Chiesa* 162
  c) *Le profezie escatologiche* 163
  3. *Perché Gesù è il sommo profeta* 164
B. Il sommo sacerdote 166
  1. *L'importanza e l'urgenza* 167

a) *L'importanza* 167
b) *L'urgenza* 169
2. *Ulteriori riflessioni sul sacerdozio di Gesù* 170
a) *L'amore fondamento del sacerdozio di Gesù Cristo* 170
b) *L'estensione del sacerdozio di Gesù Cristo* 172
C. **Il sommo re** 176
1. *Il fondamento della dignità regale del Signore* 177
2. *Le manifestazioni del sommo re* 179
3. *La continuazione della dignità regale del Signore* 180
Conclusione 183

CAP. IX 185
IL MISTERO PASQUALE 185
Introduzione 185
A. Sacrificio di espiazione 185
B. Il grido dell'abbandonato 191
C. Sacrificio di solidarietà e di rappresentazione 195
D. La discesa agli inferi 201
E. Il sacrificio prezzo del riscatto 205
F. Gli elementi comuni delle apparizioni del risorto 207
G. Lo stato del risorto 208
H. Gesù è il Signore 213
Conclusione 215

CAP. X 217
CRISTOLOGIA-PNEUMATOLOGIA-MARIOLO-
GIA 217

Introduzione 217
A. Gesù Cristo - Pneuma 218
1. *La duplice unzione di Gesù Cristo* 218
2. *Pneumatologia sacrificata?* 221
3. *La presenza dello Spirito Santo nei principali* ....
   eventi cristologici 224
4. *Distinzione tra cristologia e pneumatologia* 226

B. Cristo, Spirito, Maria... 232
1. *Maria coronamento dell'AT*... 232
2. *La novella Eva-Vita compiuta, odighitria*....................
   dell'umanità... 234
3. *La Bellissima è vergine prima, durante e dopo*..............
   il parto... 238
Conclusione... 242

CONCLUSIONE.GENERALE... 245

ABBREVIAZIONI E SIGLE

Con	Contacts
EChR	Eastern Churches Review
ΕΕΘΣΑ	Ἐπιστημονικὴ Ἐπετηρὶς Θεολογικῆς Σχολῆς Πανεπιστημίου Ἀθηνῶν
ΓΠ	Γρηγόριος ὁ Παλαμᾶς
Ir	Irénikon
Is	Istina
ΜΕΕ	Μεγάλη Ἑλληνικὴ Ἐγκυκλοπαιδεία
OC	Oriente Cristiano
OF	Orthodoxes Forum
Θεολ	Θεολογία
ΘΗΕ	Θρησκευτικὴ καὶ Ἠθικὴ Ἐγκυκλοπαιδεία
So	Sobornost
Συν	Σύναξη
SVThQ	St. Vladimir's Theological Quarterly

INTRODUZIONE GENERALE

Gesù Cristo nel suo ultimo testamento proprio alla vigilia della sua passione e morte ci ha fatto capire due cose fondamentali per la nostra fede: la conoscenza del suo Dio, di colui che egli ha inviato, e l'unità di coloro che professano il suo nome[1].

I due polmoni della Chiesa orientale ed occidentale che insieme costituiscono l'unica sposa di Cristo, la Chiesa una, santa, cattolica ed apostolica, devono tornare quanto prima a inneggiare e glorificare in un cuor solo e in un'anima sola il Dio Padre, il Dio Figlio e il Dio Spirito Santo. Oggi come mai prima, se vogliamo continuare un autentico e sincero dialogo fraterno e non solo un dialogo di semplice amicizia, urge conoscerci più in profondità, soprattutto, se desideriamo esprimere con la nostra vita l'ultimo augurio storico, e quindi il desiderio che più stava a cuore del nostro Signore Gesù Cristo: "Padre Santo, custodisci nel tuo nome coloro che mi hai dato, perché siano una cosa sola, come noi" (Gv 17,11).

Sì, dobbiamo conoscerci ed amarci perché il Dio trino ed uno non è semplicemente amore, ma è anche e soprattutto sorgente di ogni amore e di ogni comunione. Dobbiamo avere il coraggio di guardarci profondamente e amorevolmente nei nostri occhi teologici se vogliamo che questo dialogo conduca ad un'autentica comunione d'amore[2]. L'espressione massima di questa comunione d'amore

---

[1] "Αὕτη δέ ἐστιν ἡ αἰώνιος ζωή, ἵνα γινώσκωσιν σὲ τὸν μόνον ἀληθινὸν Θεὸν καὶ ὃν ἀπέστειλας Ἰησοῦν Χριστὸν" (Ἰωάν. 17,3),
e ancora: "Πάτερ ἅγιε, τήρησον αὐτοὺς ἐν τῷ ὀνόματι σου ᾧ δέδωκας μοι, ἵνα ὦσιν ἓν καθὼς ἡμεῖς" (Ἰωάν. 17,11β).

[2] E' dallo sguardo in genere che inizia l'innamoramento tra due giovani e questo perché lo sguardo rispecchia la persona; così le due sorelle, la Chiesa orientale ed occidentale, devono inziare a volersi bene a partire proprio dallo sguardo: lo sguardo teologico.

deve essere identica a quella dei primi secoli del cristianesimo: poter celebrare insieme, ortodossi e cattolici, la divina eucaristia. Dobbiamo conoscerci[3] ed amarci se vogliamo comunicare insieme al medesimo banchetto della divina eucaristia spezzando fraternamente il medesimo pane di vita eterna disceso dal cielo per noi, Cristo, e abbeverandoci senza più nessun rancore al medesimo calice del nuovo ed eterno patto d'amore del mirabile 'commercio' di nostro Signore Gesù Cristo con la nostra natura umana. Soltanto così potremo proclamare a tutto il mondo, in maniera credibile e convincente, con una sola voce e nel vincolo della pace, l'amore infinito del Dio uno e trino; amore diventato epifania storica e quindi visibile e tangibile nella persona divina del suo Figlio. Ebbene dobbiamo conoscere le diverse sfumature di questa manifestazione sublime d'amore realizzata una volta per sempre per volontà del Padre e nell'amore dello Spirito santo, sul trono della gloria di Cristo: la Santa croce[4], da dove è scaturito il fiume d'acqua viva (cf Ez 47,1ss); il fiume della vita eterna ed escatologica: lo Spirito Santo che innaffia, vivifica e rinnova ininterrottamente la sposa di Cristo, la Chiesa, che è sgorgata come la nuova Eva, dal fianco aperto del

---

[3] Vedi a proposito GIOVANNI PAOLO II, *Orientale Lumen*. *Lettera Apostolica*, in *Supplemento a L'Osservatore Romano* 102 (2-3 maggio 1995) dove insiste sulla necessità della conoscenza reciproca, soprattutto II: "Poiché infatti crediamo che la venerabile e antica tradizione delle Chiese orientali sia parte integrante del patrimonio della Chiesa di Cristo, la prima necessità per i cattolici è di *conoscerla* per potersene nutrire e favorire, nel modo possibile a ciascuno, il processo dell'unità" e ancora VIII: "Credo che un modo importante per crescere nella comprensione reciproca e nell'unità consista proprio nel migliorare la nostra conoscenza gli uni degli altri".

[4] Il crocifisso bizantino, fondato sulla teologia giovannea, è sempre un crocifisso dignitoso; egli non è mai straziante di dolore perché il tutto continua ad essere dominato da lui soprattutto sulla croce, momento supremo della sua glorificazione (cf Gv 17,1ss). Vedi STANILOAË D., *Dieu est amour* (*Perspective Orthodoxe*, 1), Paris 1980, 66.

Crocifisso, il nuovo Adamo, che incessantemente la raduna in un solo ovile, la santifica e la nutre con i santi misteri, specie con l'eucaristia (cf Gv 19,34; Gv 10,1ss; Ef 5,21-33).

Spinta da questo alto ideale e dietro consiglio di persone autorevoli ho deciso di pubblicare questo modesto saggio, che in pratica è il frutto del corso che insegno alla Pontificia Università Gregoriana e all'Ateneo Antonianum (II-III ciclo), sia per facilitare lo studio ai miei studenti, che ringrazio per la loro sentita e dinamica partecipazione, sia per offrire a un più vasto pubblico la possibilità di conoscere da vicino la cristologia ortodossa nelle sue diverse espressioni e sfumature teologiche. In questo saggio vengono praticamente trattati tutti i temi cristologici; diversi sono i teologi ortodossi interpellati e quindi esplorati. In genere le traduzioni dei brani che più interessavano le ho fatte personalmente direttamente dalle rispettive lingue originali.

Un sentito grazie a tutti coloro che in diversi modi mi sono venuti incontro (familiari, consorelle della mia provincia di Terra Santa e di Roma, studenti, conoscenti ed amici), particolarmente a Madre M. Roberta Malgrati, Superiora Generale dell'Istituto a cui appartengo: *Suore Francescane Missionarie del Cuore Immacolato di Maria, dette d'Egitto*, e alla mia Superiora Provinciale, Sr. M. Cecilia Kattoura per aver approvato e autorizzato la pubblicazione; il mio grazie si estende anche a chi con cura e sacrificio ha corretto gli errori di lingua italiana e precisamente a P. Emanuele Testa (ofm) e a Sr. M. Pierina Francese (fmcim). Infine, avendo scritto direttamente in italiano e non nella mia lingua materna (greco), chiedo scusa ai lettori se lo stile non sempre è adeguato alla lingua italiana.

CAP. I
FARE TEOLOGIA E CRISTOLOGIA NELLA CHIESA ORTODOSSA

Introduzione

Spesso tra i fedeli ortodossi e cattolici ci sono profondi vincoli di amicizia e di rispetto reciproco, ma purtroppo non possono esprimerli intensamente perché sono divisi soprattutto a causa di colui per il quale si trovano uniti; non è forse questo un paradosso? I fratelli dell'oriente e dell'occidente che amano e glorificano lo stesso Signore, che nel suo nome si amano e si stimano, non possono partecipare insieme allo stesso divino banchetto, perché, purtroppo contro la loro esplicita volontà, da quasi un millennio (1054) sono scissi ufficialmente[1] da un grande, vergognoso e scandaloso ostacolo: lo scisma tra due sorelle che insieme professano lo stesso *"credo"* in Dio uno e trino grazie alla mediazione storica del Verbo fatto carne, vero Dio e vero uomo; che insieme professano di credere nella Chiesa Una, Santa, Cattolica ed Apostolica.

Per questo motivo a causa dell'amore che nutro verso Cristo e la sua dottrina ho deciso di preparare questo libro[2] affinché si possa conoscere ed avvicinare di più i nostri fratelli ortodossi che da sempre hanno custodito integra le verità della nostra fede: Gesù Cristo *"via, verità e vita"* (Gv 14,6) che è l'unico fondamento di ogni uni-

---

[1] Dico ufficialmente perché nel nono secolo con Fozio ci è stato il rischio di un altro scisma e questo a causa dell'incoronazione di Carlo Magno come imperatore da parte del Papa. Ora agli occhi dei Bizantini questo atto è stato bruttissimo perché era come se l'impero romano di Costantinopoli avesse cessato di esistere. Carlo Magno e quindi il Papa erano visti come degli usurpatori dell'impero romano di Costantinopoli. Per un approfondimento dello scisma foziano e dell'altro scisma vedi: FRIEDRICH H., *Die Ostkirchen, Neubearbeitung von Urkirche und Ostkirche*, München 1971, 19-31.

[2] in realtà in parte è anche frutto della mia tesi del dottorato in Teologia Dogmatica alla Pontificia Università Gregoriana difesa il 12 giugno 1992.

tà; alle soglie del terzo millennio possa egli realizzare, anche tramite il modesto servizio dei teologi, questa unità tanto sospirata. Lo scopo preciso di questo lavoro è quello di fare da ponte di unione tra oriente e occidente. È quello di essere un semplice strumento di amore e di stima verso il polmone orientale dell'unica Sposa di Cristo, polmone che si è sempre mantenuto in linea di massima 'ortodosso' nel suo vero senso etimologico, cioè nella retta opinione, nella retta fede e quindi fedele allo Sposo[3].

Per raggiungere la tanto sospirata unità della Chiesa dobbiamo parlare con i nostri fratelli ortodossi e per parlare con loro dobbiamo conoscere la loro lingua, la loro mentalità teologica, soprattutto quella cristologica. È molto importante, ma non è sufficiente conoscerci e parlarci soltanto alle tavole rotonde del dialogo ecumenico; se vogliamo l'unità dobbiamo conoscerci dal di dentro, dobbiamo conoscerci non tanto e soltanto dal vertice ecclesiastico, ma dalla base, dal popolo. Se la divisione delle due Chiese Sorelle è partita dai capi gerarchici, ci si augura che l'unità delle medesime parta dal popolo che nella sua semplicità non riesce a capire il perché di questa divisione. Dobbiamo vivere insieme, imparare la loro lingua, toccare con mano le loro difficoltà, i loro rancori storici, i loro profondi desideri, le loro gioie...

A. Per una comprensione della teologia ortodossa

In genere in occidente, conoscendo molto bene la teologia ortodossa della diaspora russa, rischiamo di identificarla con quella greca; in realtà, però, a causa dell'autocefalia delle diverse chiese ortodosse, tra loro c'è una differenza riguardo al modo di teologare.

---

[3] Vedi anche LOSSKY N., *Eastern Orthodoxy*, in *Dictionary of the Ecumenical Movement*, 311-313 e dello stesso autore *Orthodoxy*, in *Ibid*, 764-768. CONTOS L., *Introduction to the Orthodox Church*, in *A Companion to the Greek Orthodox Church*, New York 1984, 1-6.

Non è la stessa cosa parlare di teologia ortodossa russa e di teologia ortodossa greca, anche se, si capisce, c'è sempre un fondamento comune: la Bibbia, i Padri, i Concili, la Liturgia, la Tradizione.

È più facile forse dialogare con i teologi russi[4] che con quelli greci e questo a causa della non indifferente difficoltà della loro mentalità, della loro cultura e della loro ricchissima lingua. In genere i greci sono dei filosofi per natura, conoscono facilmente le lingue occidentali, come anche la mentalità latina e questo perché generalmente si specializzano nelle università dell'Occidente, mentre al contrario gli occidentali, fatta eccezione degli specialisti, ignorano quasi del tutto la lingua greca moderna ed anche la mentalità; tutto ciò rende il dialogo ancora più difficile.

B. Fondamento comune e prospettive

È utile ricordare che nella teologia ortodossa non c'è un magistero comune come nel caso della teologia cattolica. Nel seno dell'ortodossia ci sono le chiese autocefale[5] che si autogovernano comunicando semplicemente le loro decisioni alle chiese sorelle, ma senza obbligare loro ad effettuarle.

Il fondamento comune delle chiese ortodosse autocefale rimane, come nella Chiesa cattolica, la Sacra Scrittura, la Sacra Tradizione, i Padri (soprattutto greci), la Liturgia e i Concili, specialmen-

---

[4] Per conoscere meglio il mondo della teologia russa vedi: FLOROVSKIJ G., *Vie della Teologia Russa*, ('*Dabar*'. *Saggi teologici*, 14), Genova 1987.

[5] Per una conoscenza delle Chiese autocefale ortodosse e dei loro problemi cf FRIEDRICH H., *Die Ostkirchen*, 43-88. WARE T., *L'Orthodoxie, L'église des sept conciles*, Bruges 1968. LITSAS F., *Administration and Jurisdictions of the Orthodox Church*, in *A Companion*, 287-324. *Handbuch der Ostkirchenkunde*, Band I, Herausgegeben von Wilhelm Nyssen, Hans-Joachim Schulz und Paul Wiertz, Düsseldorf 1984, 10-33; *Le problème de l'autocéphalie dans l'Orthodoxie. Quatrième réunion de la Commission interorthodoxe préparatoire (Chambésy, 7-13 novembre 1993)*, in *Is* XXXIX (1994) 294-314.

te i primi sette⁶, il credo della Chiesa, i Canoni e l'arte cristiana (iconografia e architettura)⁷.

Tra le diverse chiese ortodosse, e di conseguenza tra le diverse teologie ortodosse, c'è una stima particolare per la teologia della lingua greca e questo perché i teologi della lingua greca sono considerati i discendenti diretti dei grandi Padri greci. I teologi greco-ortodossi sono maggiormente rispettati dagli eteroellenortodossi anche perché appartengono alla Chiesa "Madre" dal cui servizio apostolico e dalla cui iniziativa sono state fondate le altre chiese nazionali; basta pensare all'attività missionaria dei santi fratelli Cirillo e Metodio. Contos L., così si esprime: "Non avremmo avuto la piena comprensione dell'ortodossia se non considerassimo l'aggettivo *greco*. Greco, non nel senso stretto etnico, o nel senso geografico, ma nel senso dell'immensa influenza formativa del pensiero greco, e in qualche estensione della lingua greca, che pervade l'intera vita e coscienzazione della Chiesa. È precisamente in questo senso che le diverse entità ortodosse- russa, romena, siriana, serba- possono essere chiamate greche senza perdere il loro ovvio carattere nazionale

---

⁶Questi sette Concili riconosciuti come tali sia dagli ortodossi che dai cattolici sono: 1) quello di Nicea celebrato nel 325 che ha definito la divinità di Cristo e ha condannato l'arianesimo; 2) quello di Costantinopoli I, 381 che definisce la divinità dello Spirito Santo e condanna l'apollinaresimo; 3) quello di Efeso, 431 che definisce il termine 'Theotokos' e condanna il nestorianesimo; 4) quello di Calcedonia, 451 che afferma l'unicità della persona divina di Cristo e la sua duplice natura, di conseguenza condanna il monofisismo; 5) quello di Costantinopoli II, 553 che riafferma di Calcedonia e condanna gli eretici; 6) quello di Costantinopoli, 680 che afferma la presenza di due volontà in Cristo: volontà divina ed umana e condanna il monotelismo; 7) quello di Nicea, 787 che afferma il culto delle icone e condanna l' iconoclastia. Per avere un elenco anche dei concili o sinodi successivi nella Chiesa ortodossa vedi: *Handbuch der Ostkirchenkunde*, Band I, 289-320.

⁷Per avere una descrizione dettagliata di ciascuno di questi elementi fondamentali non solo per l'"ortodossia, ma anche il cattolicesimo vedi: AGHIORGOUSSIS M., *The Dogmatic Tradition of the Orthodox Church*, in *A Companion*, 148-156.

e le loro tradizioni, oppure le loro identità geografiche e culturali. Padre Giorgio Florovsky ha scritto: 'l'ellenismo ha posto il suo carattere eterno sulla Chiesa. È diventato una parte inseparabile del suo essere e come tale ogni cristiano è, in qualche estensione, un elleno. L'ellenismo non è semplicemente una fase della storia del cristianesimo, ma è la pietra d'angolo nella sua vita... Non c'è teologia cattolico-cristiana fuori dell'ellenismo"[8].

Tra i patriarchi o arcivescovi ortodossi, il patriarca ecumenico[9] di Constantinopoli, da loro chiamata Nuova Roma[10], gode di un certo primato d'onore; attenzione, non primato di autorità; il suo è un primato tra uguali *"inter pares"*; non si tratta allora di un prima-

---

[8] CONTOS L., *Introduction*, 3-4.

[9] Il titolo "ecumenico" è stato dato al patriarcato di Costantinopoli a partire dal 595.

[10] Si chiama "Nuova Roma" da quando l'imperatore romano Costantino ha trasferito lì nel 330-331 la sede dell'impero romano. Questa nuova sede dell'impero romano è diventata presto la culla del cristianesimo orientale e della civiltà elleno-cristiana; lì infatti nel 425 è stata fondata la prima università cristiana che in pratica ha sostituito gradualmente la famosa università di Atene chiusa da Giustiniano nel 529; ancora lì è stata costruita dal 533-537 la maestosa basilica: "S. Sophia". Gli elleni tuttora si chiamano e si considerano "romei" cioè romani perché successori autentici dell'antica Roma cristiana, Roma che col tempo è caduta in mano dei barbari e dell'eresia, soprattutto col concilio di Firenze. Dopo Costantinopoli la Chiesa russa con il suo centro a Mosca, è stata nominata la terza Roma e questo a partire dalla caduta di Costantinopoli nel 1453; questa visione è stata anche rinforzata dallo sposalizio di Ivan III il Grande con Sophia, ultima nipote dell'ultimo imperatore di Bisanzio. La Russia essendo rimasta fuori dell'occupazione ottomana turca, è diventata la custode dell'ortodossia. Per un ulteriore approfondimento storico vedi PAPADAKIS A., *History of the Orthodox Church*, in *A Companion*, 7-30; WARE T., *L'Orthodoxie*, 149-181; FRIEDRICH H., *Die Ostkirchen*, 59; DUCELLIER A., *Byzance et le monde orthodoxe*, Paris 1986. SCHMEMANN A., *The Historical Road of Eastern Orthodoxy*, London 1963. CONSTANTELOS D., *An Old Faith for Modern Man. The Greek Orthodox Church, its History and Teachings*, New York 1964.

to decisionale; del resto anche al Papa viene riconosciuto in genere questo tipo di primato[11].

In genere la Chiesa ortodossa si vanta di aver conservato lungo i secoli l'espressione originale, e quindi autentica della fede cristiana; tuttavia essa, in questi ultimi anni, riconosce di essere stata influenzata dalla speculazione teologica occidentale; per questo si sta sforzando di purificarsi attraverso un assiduo ritorno alle fonti patristiche. Ma come dice il teologo ortodosso russo, Florovskij, "Ancor oggi il teologo ortodosso è sin troppo dipendente, nel proprio lavoro creativo, dal sostegno occidentale, che gli fornisce le fonti. Legge i Padri nelle edizioni occidentali, spesso esemplari, e nelle scuole occidentali studia i metodi e le tecniche secondo le quali rivolgersi al materiale raccolto"[12].

Nella Teologia ortodossa in genere non esistono, come in occidente, opere che trattano singolarmente i vari argomenti, ad esempio la cristologia, la mariologia, l'ecclesiologia ecc.; in altre parole da loro non si fa una distinzione separata dei diversi trattati teologici; come il mistero, anche la teologia, non viene sminuzzata in tanti settori. Ultimamente, però, alcuni teologi influenzati dall'occidente hanno iniziato a pubblicare opere sui singoli trattati[13]; tuttavia ciò rimane sempre un'eccezione in quanto l'uso comune resta quello di una specie di "Summe" teologiche[14].

---

[11] Vedi anche ΑΛΙΒΙΖΑΤΟΥ Α., Ἡ ἑλληνικὴ ὀρθόδοξος ἐκκλησία, Ἀθῆναι 1955, 45.
[12] FLOROVSKIJ G., Vie, 408.
[13] BOBRINSKOY B., Le Mystère de la Trinité. Cours de théologie orthodoxe (Théologies), Paris 1986.
[14] ΡΩΜΑΝΙΔΗΣ Ι., Δογματικὴ καὶ συμβολικὴ θεολογία τῆς Ὀρθοδόξου Καθολικῆς Ἐκκλησίας, Α', Θεσσαλονίκη 1972, 4-9.

C. Teologia scienza universitaria

La teologia greco-ortodossa come scienza universitaria è molto recente[15]; la facoltà teologica dell'università di Atene, ad esempio, risale al 1837[16] e questo perché la Chiesa greco ortodossa, a causa della secolare occupazione turca, non ha potuto servirsi della scienza teologica che sin dall'inizio era stata la sua atmosfera naturale[17].

---

[15] Ricordiamo che la famosa ed antica università di Atene è stata chiusa con un decreto di Giustiniano nel 529 il quale aveva favorito il fiorire della cultura elleno-cristiana a Costantinopoli. Atene, bizantina fino al secolo XIII, a causa delle secolari occupazioni (prima franca 1205-1456 e subito dopo ottomano-turca fino al 1830) non ha potuto prima di allora ritrovare in qualche modo il suo antico splendore. Per conoscere la città antica di Atene con le sue diverse istituzioni cf COGNASSO F., *Atene*, in *Enciclopedia Italiana di Scienze, Lettere ed Arti*, V, fondata da TRECCANI G., Roma 1949, 169-196.

[16] Per conoscere meglio la storia e le concezioni teologiche dell'ortodossia si può vedere: DE VRIES W., *Ortodossia e Cattolicesimo* (*Giornale di Teologia*, 141), Brescia 1983; EVDOKIMOV P., *L'orthodoxie* (*Bibliothèque théologique*), Paris-Neuchâtel, 1959; MEYENDORFF J., *Byzantine Theology. Historical Trends and Doctrinal Themes*, New York 1974. ΤΡΕΜΠΕΛΑΣ Π., Δογματική τῆς Ὀρθοδόξου Καθολικῆς Ἐκκλησίας, Α'-Γ', Ἀθῆναι 1959-1961; si può trovare anche la traduzione francese: TREMBELAS P., *Dogmatique de l'Eglise Orthodoxe Catholique*, I-III, (Textes et études théologiques), Paris 1966-1968. *Handbuck Der Ökumenic*, Band I-III/1+2, Im Auftrag des J.-A. Möhler-Instituts Herausgegeben von Hans Jörg Urban und Harald Wagner, Bonifatius Druckerei Paderborn 1985-1987. WARE T., *L'Orthodoxie*. FRIEDRICH H., *Die Ostkirchen*. ENGLERT C., *An Appreciation of Eastern Christianity. Catholics & Orthodox—Can they unite?*, Liguori 1972. ΔΕΛΗΚΩΣΤΟΠΟΥΛΟΥ Α. L, Ὀρθοδοξία Ἡ σύγχρονη πρόκληση. Κριτική παρουσίαση, Ἀνάλυση, Σύγκριση, Αὐτοκριτική, Δυναμική πορεία, Ἀθῆναι 1986. PATRINACOS N. D., *The Individual and his Orthodox Church*, New York 1970. PHILIPPOU A., J., *Orthodoxy: Life and Freedom. Essays in honour of Archbishop Iakovos*, Oxford 1973; YANNARAS Ch., *L'orthodoxie: vestige archeologique ou temoignage de l'essentiel*, dans *Con* 158 (1992) 86-96. SCHMEMANN A., *The Historical Road*.

[17] Cf *Procès-Verbaux du premier congrès de théologie orthodoxe à Athènes 29 Novembre-Décembre 1936*, publiés par les soins du président Prof. Alivisatos H., Athènes 1939, 14-15; ΖΗΣΗΣ Θ., Ἡ ἑλλαδική θεολογία Τὸ ξεκίνημα καὶ ἡ σημερινή κατάστασις, ἐν Ξενία Ἰακώβῳ Ἀρχιεπισκόπῳ βορείου καὶ νοτίου Ἀμερικῆς ἐπὶ τῇ 25ετηρίδι τῆς ἀρχιεπισκοπείας αὐτοῦ, Θεσσαλονίκη 1985, 456-478.

Questo non vuol dire che essa abbia perduto lo spirito genuino della propria tradizione che di nascosto veniva tramandato da padre a figlio. Anzi il vanto degli ortodossi in genere, e soprattutto dei greci in specie, è proprio la certezza di essere in un'ininterrotta continuità con la Chiesa delle origini[18]. Per questo essa si denomina '*ortodossa*', in quanto solo essa, secondo lei, si trova nell'autenticità della fede.

A causa dell'occupazione turca ci fu, dunque, un periodo di piena oscurità e di decadenza teologica non solo a Costantinopoli, Grecia o Cipro, ma anche nelle altre chiese ortodosse (eccetto in parte in quella russa) dove questa fu anche accentuata a motivo dell'autocefalia e della difficoltà della lingua in quanto ogni Chiesa autocefala si serve della propria lingua nazionale es. russo, rumeno, slavo, ecc.; infatti non essendo più il greco la lingua ufficiale e conosciuta da tutti, come prima della caduta di Costantinopoli (29 maggio 1453), il movimento, e quindi il progresso teologico di una Chiesa ortodossa, veniva del tutto ignorato dalle altre chiese nazionali[19].

Per questo motivo (per l'occupazione turca) i pochi aspiranti allo studio teologico erano costretti a rifugiarsi in occidente. Essi,

---

[18] Cf ΑΛΙΒΙΖΑΤΟΥ Α., Ἡ ἑλληνικὴ, 26-34. Per una ulteriore comprensione del tema vedi SERTORIUS L., *La teologia ortodossa nel XX secolo*, in *Bilancio della Teologia del XX secolo*, II, Roma 1972, 188-232.

[19] Cf *Procès-Verbaux*, 43-47. Qualche teologo ortodosso, come Romanidis, fondato sul principio di San Gregorio Nazianzeno che la vera teologia è mistica, nega, di conseguenza, dell'esistenza di una decadenza a causa dell'occupazione turca: ΡΩΜΑΝΙΔΗΣ Ι., *Δογματική*, Α', 21-22, soprattutto: "Ἐὰν δεχθῶμεν ὡς ἀρχήν καί ἀξίωμα τόν ὁρισμόν τοῦ ἁγίου Γρηγορίου τοῦ Θεολόγου ὅτι οἱ κατ'ἐξοχήν θεολόγοι ἐἶναι οἱ ἐξητασμένοι καὶ διαβεβηκότες ἐν θεωρίᾳ καί παραδέχθῶμεν τήν διδασκαλίαν αὐτήν τῆς ἁγίας Γραφῆς ὅτι ἡ ὑψίστη δυνατή μορφή τῆς θεογνωσίας καὶ θεολογίας ἐἶναι ἡ θέα ἢ θεωρία αὐτή τῆς δόξης τοῦ Θεοῦ καὶ ὅτι ὁ κατ'ἐξοχήν θεολόγος ἐἶναι ὁ εἴσω τῆς φωτεινῆς νεφέλης καὶ τοῦ λαμπροῦ γνόφου γενόμενος, τότε πρέπει νὰ παραδεχθῶμεν, ὅτι ἡ ἀκμή τῆς θεολογίας συμβαδίζει μὲ τὴν κατὰ καιρούς θέωσιν τῶν τοιούτων διαβεβηκότων ἐν θεωρίᾳ καὶ ἡ παρακμή μὲ τὴν ἀπουσίαν ἢ ἀπόκρυψιν τῶν τοιούτων θεουμένων".

non possedendo bene una propria teologia, in quanto scienza accademica[20], si formavano con una teologia cattolica o protestante la quale in seguito lasciava indiscutibilmente le sue non indifferenti tracce nella teologia greca che sin dal suo nascere, in quanto scienza universitaria (1837), imitava perfettamente quella tedesca. Di questo è prova l'esistenza dei cosiddetti libri simbolici o confessionali di origine protestante che in fondo sono del tutto estranei all'antica tradizione greca[21]. Oggi, lo sforzo principale della teologia ortodossa, soprattutto di quella greca, continua ad essere quello di purificarla da ogni influsso teologico straniero[22].

---

[20] Non in quanto contenuti della fede perché come abbiamo detto questi sono sempre stati fortemente presenti nel popolo greco; infatti nella mentalità patristica e quindi ortodossa, il vero teologo non è tanto colui che specula il dato rivelato, bensì colui che adora il mistero. Del resto non è per colpa propria che non ebbero una facoltà universitaria di teologia perché, dopo la secolare occupazione turca, non poteva esserci alcuna possibilità di erudizione universitaria nella propria patria, sebbene i monaci greci di nascosto istruissero il popolo al lume di candela.

[21] Cf *Procès-Verbaux*, 51; KOUMANTOS A., *An Outline of the Present Theological Situation in Greece*, in *So* 6 (1974) 663-670. La stessa cosa vale in realtà anche per la teologia russa, la quale aveva perfino adottato per un secolo intero come lingua ufficiale della teologia il latino vedi: SCHMEMANN A., *Russian Theology 1920-1965, A bibliographical Survey*, Rigmond 1969, soprattutto 2-3 dove afferma: "A general consensus seems to exist, however, about the meaning of its development, which was shaped and determined by two major factors: the extinction of the old centers and, therefore, of the old tradition of the Orthodox theological mind. The fall of Byzantium inaugurated a deep theological crisis which, in a way, has not been fully resolved and overcome even today, and which itself constitutes a permanent theme within Orthodox theology.(...) The absence of higher theological schools forced Orthodox students to seek their theological training in the West. Educated in Roman Catholic and Protestant universities, these theologians consciously or unconsciously adopted theological categories, terminology and forms of argument foreign to the tradition of their own Church; Orthodox religious thinking underwent what a contemporary Russian Theologian, Father George Florovsky, has appropriately termed a '*pseudomorphosis*'".

[22] Cf ΖΗΣΗΣ Θ., *Ἡ ἑλλαδικὴ*, 456-457. Per una panoramica della teologia greca oggi si può vedere la rivista "*Σύναξη*"; essa è simbolo di una ripresa

Ad iniziare dal periodo di Carlo Magno e quindi dall'autoaffermazione del potere dei franchi, i greci hanno nutrito un forte sentimento contro gli occidentali che allora erano solo latini[23], soprattutto a causa della forzata latinizzazione dell'ortodossia da parte dei franchi e dell'insistente proselitismo dei missionari cattolici e successivamente protestanti; ecco perché nel passato vigeva il detto popolare che risale a poco prima della caduta di Costantinopoli: è meglio il turbante turco che la mitra latina. In realtà gli elleni nei confronti degli eteroelleni sin dall'antichità hanno avuto un sentimento di superiorità tanto da considerare i non elleni, e soprattutto i franchi, dei barbari ossia gente ignara della civiltà e della lingua ellena. Per i greci rimane un vanto comune fino ai nostri giorni pensare che i romani, pur avendoli conquistati con le armi, sono stati conquistati a loro volta dalla loro civiltà[24].

La prima corrente nazionalista anti-latina ha le sue radici nel conflitto millenario tra la Chiesa di Roma e quella di Costantinopoli (scisma definitivo nel 1054). Questo spiega la non evoluzione e il rifiuto del modernismo, che in realtà ha salvato la Chiesa ortodossa dagli scismi interni, da una qualsiasi riforma o controriforma e dal clericalismo; di conseguenza l'ha spinta a un maggiore radicamento nei Padri, nei primi sette Concili e nella vita liturgica tradizionale risalente proprio alle origini; per questo l'ortodossia, la retta fede "ὀρθοδοξία", si identifica con la retta vita "ὀρθοζωή"[25]. Per questo motivo l'ortodossia fin quando non è espressa in ortoprassi "πρᾶξις", e quindi in autentica vita "βίωμα" non potrà essere piena-

---

della teologia greca che vuole essere in dialogo con l'uomo contemporaneo attraverso la proposta delle fonti genuine dell'ortodossia. Per avere una visione ampia e ricca nei riguardi della teologia ortodossa vedi soprattutto gli articoli di vari autori dedicati a questo scopo in due interi volumi della "Sinaxi": Γιά τή θεολογία στήν Ἑλλάδα σήμερα, Α'-Β', ἐν Σύν 37-38 (1991).
[23] Non c'era ancora stata la riforma protestante.
[24] Cf Le mouvement 'neo-orthodoxe' en Grèce, dans Con 36 (1984) 331-358; ΡΩΜΑΝΙΔΗΣ Ι., Δογματική, Α', 47.
[25] Cf EVDOKIMOV P., L'Orthodoxie, 9-24.

mente compresa. Uno portrà apprendere la fede ortodossa solo quando la vivrà, solo quando la praticherà in pienezza, quando cioè la sperimenterà nella sua vita quotidiana, personale, familiare e sociale. Allora e soltanto allora, sarà capace di comprenderla pienamente nel suo senso più profondo, nella sua bellezza e nel suo profondo significato per la sua vita[26].

Oggi grazie alla pubblicazione in lingua francese dei teologi della diaspora russa il mondo ortodosso e il mondo cattolico sono entrati ad uno stretto contatto e quindi ad un'apertura e comprensione reciproca; e questo a partire anche dall'abbraccio dei due grandi uomini di Dio, il patriarca Atenagora e il Papa Paolo VI; in realtà qualcheduno è convinto che oggi la situazione è capovolta in quanto è la teologia ortodossa che influenza sempre più la teologia occidentale e non viceversa[27]. Ai nostri giorni, rispetto al passato, c'è finalmente un clima di perdono e di amore reciproco che viene continuamente aumentato grazie al lavoro dei rispettivi successori sia di Atenagora che di Paolo VI.

D. Teologi laici e Chiesa greca

Nella Chiesa ortodossa, soprattutto in quella ellena, è notevole la presenza dei teologi laici; nella Chiesa cattolica invece questa presenza è sempre in minoranza. La Chiesa greca, staccandosi

---

[26] ZAKOPOULOS Ath., *Orthodox Perspectives*, in Θεολ 65 (1994) 462-463: "But *Orthodoxia* can not be fully understood, unless it is expressed itself into *orthopraxia*, unless it translates itself into a real 'πρᾶξις' (*praxis* = action), into a real 'βίωμα' (*vioma* = living). One can only apprehend the Orthodox Faith, when one lives it, when one fully practises it, when one experiences that faith in his daily, personal, family and social life. Then, and only then, will he be able to fully comprehend its deep meaning, its beauty and its profound significance for his life".

[27] Cf GARVEY J., *Orthodoxy & the West*, in *The Orthodox Church* 30 (1994) 5.

dalla Chiesa madre di Costantinopoli (1833) dietro le pressioni di alcuni razionalisti greci[28] che avevano studiato in occidente, si è dichiarata autocefala e sull'esempio della Chiesa russa[29] ha formato il Sacro Sinodo permanente, autorità somma, composto da cinque o sette vescovi eletti in ultima analisi dallo stato[30].

Con l'indipendenza greca (1821), viene formata l'università di Atene e nel 1837 si fonda la facoltà di teologia[31] modellata su quella protestante tedesca con lo scopo principale di formare il clero greco, i catechisti e i maestri di religione. In realtà lo scopo principale: la formazione del clero, è fallito perché nella Chiesa greca per essere ordinato sacerdote non è richiesto lo studio della teologia perciò generalmente solo pochi chierici frequentano l'università; per questo motivo quelli che studiano teologia sono in maggioranza laici che, pur avendo la possibilità di essere preti anche da sposati, preferi-

---

[28] Ad es. 'Chorais'.

[29] Il Sacro Sinodo russo ebbe origine con Pietro il Grande nel 1721 e durò fino al 1917; l'origine di questo Sacro Sinodo è dovuta all'influsso protestante dell'epoca. Per un approfondimento vedi: WARE T., *L'Orthodoxie*, 167-170.

[30] Il numero dei vescovi cambia a seconda della Chiesa autocefala; ad esempio il Santo Sinodo permanente del Patriarcato ecumenico di Costantinopoli è composto da dodici metropoliti; il sinodo a sua volta comprende diversi comitati ufficiali, ad es. comitato per l'economia, per il dialogo ecumenico ecc. Vedi LITSAS F., *Administration*, 288 dove spiega: "The Holy Synod of the Ecumenical Patriarchate is presided over by the Patriarch and comprised of twelve Metropolitans of the Ecumenical See. The term in office is annual. The Holy Synod is the supreme administrative body of the Church. It maintains ecclesiastical discipline. Various Committees and Sub-committees report or make recommendations for action to the Holy Synod, which also has the right to elect a new patriarch, to dismiss, replace or return him to the Throne for a second or third time".

[31] Per ulteriori approfondimenti sulla teologia greca si può leggere SPITERIS Y., *La teologia ortodossa neo-greca*, Bologna 1992. Vedi anche YANNARAS Ch., *Orthodoxy and the West*, in *EChR* 3 (1971) 286-300 oppure in francese: *L'Orthodoxie et l'Occident*, dans *Is* 16 (1971) 151-167; ID., *La théologie en Grèce aujourd'hui*, dans *Is* 16 (1971) 131-150. Yannaras descrive molto bene la situazione della teologia greca presentando in modo sistematico i suoi singoli problemi.

scono non esserlo per condurre una vita del tutto comoda ed anche perché da semplici teologi laici possono essere degli impiegati statali[32].

Secondo Bratsiotis l'esistenza di tanti teologi laici in Grecia, fenomeno unico forse nel mondo intero, va pienamente d'accordo con la prassi della Chiesa antica in quanto Giustino, Aristide, Atenagora, e lo stesso Origene all'inizio della sua attività teologica, erano laici[33]. Anche se, per definizione, la teologia è una scienza della Chiesa dalla quale riceve il suo contenuto, lo interpreta, ne esamina la storia, ecc.[34], tuttavia la teologia è diventata, almeno nell'immediato passato, come le altre scienze più razionalista e quindi più teorica e di conseguenza sempre più staccata dalla vita della Chiesa[35]. Non solo, ma alcuni teologi sono stati esplicitamente contro la Chiesa gerarchica perché hanno esagerato la loro concezione sul sacerdozio comune portando così a tante deviazioni[36].

Oggi ci sono segni di speranza in quanto con il ritorno ai testi patristici, grazie al contributo non indifferente della teologia russa della diaspora, che tra l'altro è quella più conosciuta tanto da essere identificata con quella greca, ci è stato un risveglio e una nuova

---

[32] Cf ΜΠΡΑΤΣΙΩΤΟΥ Π., Ἡ ἑλληνικὴ θεολογία κατὰ τὴν τελευταίαν πεντηκονταετίαν, ἐν Θεολ ΙΘ (1941-1948) τ. Α, 86-89. ΑΛΙΒΙΖΑΤΟΥ Α., Ἡ ἑλληνική, 58. DUMONT P., La teologia greca odierna, in OC VI,3 (1966) 2-19.
[33] Cf ΜΠΡΑΤΣΙΩΤΟΥ Π., Ἡ ἑλληνική, 92-93.
[34] Cf Ibid, 100.
[35] Cf JIOULTSIS B., Les théologiens laïcs dans l'église orthodoxe contemporaine. Approche sociologique, pastorale et théologique, dans Ir 60 (1987) 181; ΖΗΣΗΣ Θ., Ἡ ἑλλαδική, 459: "Δημιουργοῦνται οὕτω αἱ προϋποθέσεις διαμορφώσεως μιᾶς ἀκαδημαϊκῆς θεολογίας, μιᾶς θεολογίας τῶν καθηγητῶν πού δέν εἶναι πάντοτε σύμφωνος μέ τήν ἐκκλησιαστικήν θεολογίαν".
[36] Cf JIOULTSIS B., Les théologiens, 187-189. È utile evidenziare che il merito di aver risvegliato quest'idea del sacerdozio comune attraverso le sue considerazioni teologiche nel campo greco è stato proprio Trembelas Panaghiotis; per questo egli in seguito alle sue affermazioni ha avuto delle dispute anche con i monaci del monte Athos con i quali si è rappacificato soltanto verso il tramonto della sua vita, chiarendo meglio la sua posizione.

orientazione verso le radici autentiche dell'ortodossia. Ci sono così tante vocazioni monastiche; i monaci del monte Athos (o il monte santo) sono invitati a dare la loro testimonianza nelle aule magne delle università greche e di conseguenza tanti teologi ormai adulti decidono di farsi consacrare preti o vescovi[37]. Questo, però, non risolve il problema perché la maggioranza dei teologi rimangono laici e di conseguenza tantissimi sono disoccupati; per questo c'è chi si augura che questi teologi si facciano consacrare presbiteri[38] in modo da aiutare la Chiesa gerarchica nella pastorale.

Qual è il motivo per cui ci sono tanti teologi laici in Grecia? Ebbene questo fenomeno così strano per un occidentale, può motivarsi dal fatto che in Grecia c'è l'insegnamento statale della religione, insegnamento che è obbligatorio in tutte le scuole perché è alla Chiesa che si deve la sopravvivenza dell'identità linguistica ed etnica ellena ed è ancora ad essa che è dovuta la speranza della liberazione dai turchi della nuova Roma, Costantinopoli, come anche di Cipro, speranza accesa per vari secoli negli animi scoraggiati del popolo; ecco perché la Grecia e Cipro sono due nazioni elleniche confessionali[39]. I professori di teologia sono perciò, alla pari degli altri professori, dei funzionari statali.

Chi vuole laurearsi in un'altra scienza e non riesce perché ha i voti bassi, pur di avere una laurea qualunque passa alla teologia la quale in Grecia, pur essendo considerata in teoria la prima scienza 'inter pares', in pratica sta ad un livello inferiore ed è staccata dalla realtà viva della gente a causa anche della lingua. Tutte le opere teologiche infatti, ad eccezione di qualche ultimo autore, sono scritte

---

[37] Cf JIOULTSIS B., *Les théologiens*, 181-182.
[38] È da ricordare che potrebbero essere anche sposati.
[39] È da ricordare, ad esempio, che fino a qualche anno fa a Cipro il Presidente della repubblica era l'arcivescovo Makarios III (= somma autorità religiosa dell'isola).

in 'Kathareusa'[40], la lingua della gente colta mentre il popolo usa la lingua più semplice la 'dimotichi'[41]. Questa categoria di studenti, che in realtà sono senza vocazione per la teologia, e quindi senza amore, sono la maggioranza in quanto lo fanno per motivi di convenienza fino al punto che l'associazione degli studenti della gioventù comunista abbracciava un numero consistente di studenti iscritti alla facoltà di teologia[42]. Anzi i comunisti stessi hanno scoperto che per essere vero comunista bisogna essere ortodosso e vivere come i monaci del monte Athos. Così nelle università greche ci sono varie organizzazioni che pur essendo d'ispirazione socialista, si basano sulla vita di preghiera liturgica e sul vangelo[43].

E. La teologia è mistica e la mistica è teologia

La teologia per il mondo ortodosso è anzitutto un dono di Dio, un frutto della purezza interiore e della vita spirituale del fedele. La teologia s'identifica con la visione di Dio, con la visione diretta del Dio personale, con l'esperienza personale della trasfigurazione del creato per mezzo della grazia dell'increato.

Le definizioni dogmatiche esprimono l'esperienza della Chiesa. Esse separano la sua verità vissuta dall'alterazione dell'eresia. È per questo che in fondo non esiste nessuna differenza, per gli ortodossi, tra l'*ethos* e il *dogma*. Il *dogma* formula l'*ethos* della Chiesa e quindi la teologia esprime l'esperienza della salvezza[44]. Anzi per un ortodosso "in un certo senso ogni teologia è mistica, in quanto

---

[40] Καθαρεύουσα.
[41] Δημοτική. Cf YANNARAS Ch., *La Théologie en Grèce aujourd'hui*, dans *Is* 16 (1971) 141-143; ΖΗΣΗΣ Θ., *Ἡ ἑλλαδικὴ*, 472-474.
[42] Cf ΖΗΣΗΣ Θ., *Ἡ ἑλλαδικὴ*, 472-473.
[43] Cf *Le mouvement 'néo-orthodoxe' en Grèce*, 349-350.
[44] YANNARAS Ch., *La théologie*, 131.

manifesta il mistero del divino, i dati della Rivelazione. D'altra parte, si contrappongono spesso mistica e teologia, considerando la mistica come qualcosa d'inaccessibile alla conoscenza, un mistero inesprimibile"[45] e ancora "non vi è (...) mistica cristiana senza teologia, ma soprattutto non vi è teologia senza mistica"[46]; ecco perché non a caso nella tradizione ortodossa solo tre uomini sono riconosciuti con il titolo di "teologi"; ho detto non a caso, perché in realtà essi sono riconosciuti teologi soltanto perché sono stati dei grandi mistici; essi sono: Giovanni l'evangelista, Gregorio Nazianzeno e Simeone il Nuovo Teologo.

La perfezione, il vertice di ogni vera teologia per i fratelli ortodossi rimane la mistica; la teologia cristiana è concepita come un semplice strumento che deve sfociare nell'unione con Dio, nella deificazione, nella theosis[47]. "Nessuna opposizione conseguentemente fra la mistica e la teologia. 'Chi prega veramente è teologo'. La conoscenza teologica è inseparabile dalla santificazione, cioè da un cambiamento ontologico di colui che conosce: conoscere è *essere*, o piuttosto *essere con*, è incontrare, cioè trasformarsi nella luce di una presenza"[48].

La teologia ortodossa si autodefinisce o meglio vorrebbe essere, secondo la dottrina di Gregorio Palamas, solo una teologia apofatica[49]: noi non possiamo conoscere o dire alcunché sull'essenza di Dio; noi sappiamo solo quello che Dio non è; possiamo conoscere

---

[45] LOSSKY V., *Teologia mistica della Chiesa d'Oriente*, Bologna 1967, 3.
[46] *Ibid*, 5.
[47] Cf *Ibid*, 3.
[48] CLÉMENT O., *La Chiesa ortodossa*, Brescia 1989, 30; Cf EVDOKIMOV P., *L'amour fou de Dieu*, Paris 1973, 41.
[49] Cf LOSSKY V., *Teologia*, 143-144; vedi a proposito anche tutto il libro di: EVDOKIMOV P., *La connaissance de Dieu selon la tradition orientale. L'enseignement patristique, liturgique et iconographique* (Unité Chrétienne - κοινωνία), Lyon 1967.

Dio solo attraverso le sue energie[50]. La via apofatica non è un mezzo per conoscere Dio, bensì l'attesa, la meraviglia, l'esperienza, la dossologia, l'espressione di stupore dell'intelletto nei confronti della grazia[51]. La via catafatica o positiva pur conducendoci apparentemente ad una certa conoscenza di Dio, tuttavia è una via imperfetta; la via apofatica o negativa invece, ci fa approdare all'ignoranza totale, ma in realtà è la via perfetta, la sola che si addice a Dio in quanto egli è inconoscibile per natura[52] perché come dice Lossky "è per ignoranza (ἀγνωσία) che si conosce Colui che è al di sopra di tutti gli oggetti di conoscenza possibili"[53]. Attenzione però, "inconoscibilità" non significa agnosticismo o rifiuto di conoscere Dio. Tuttavia questa conoscenza si effettuerà sempre sulla via che si propone non la conoscenza ma la deificazione e quindi l'unione con

---

[50] Per chi volesse approfondire il tema può vedere: WARE K., *God Hidden and Revealed: The Apophatic Way and the Essence-energies Distinction*, in *EChR*, 6-7 (1974-1975) 125-136. *La filocalia*, a cura di Nicodimo Aghiorita e Macario di Corinto, trad. e note di Artioli B. e Lovato F. della comunità di Monteveglio, I, Torino 1982, 12-16. ΤΡΕΜΠΕΛΑΣ Π., *Μυστικισμός-ἀποφατισμός. Καταφατικὴ-Θεολογία*, Α'-Β'. Ἀθῆναι 1980-1981. LOSSKY V., *Teologia*. CLÉMENT O., *La Chiesa*. Quest'ultimo a pagina 43 spiega che cosa bisogna intendere con il termine 'energia': "Per l'ortodossia l'unità di Dio è quella di una esistenza personale o piuttosto trinitaria che ingloba e sorpassa la sua natura e può dunque liberamente 'abbattere il muro' della sua trascendenza per comunicarci la sua sovrabbondante pienezza. Il termine '*energeia*' designa insieme il traboccamento eterno della divinità 'fuori' dell'essenza, e l'atto personale col quale questo travaso ci è adattato. L'*energeia-atto* sottolinea la sovrana libertà della rivelazione e della grazia. L'*energeia-manifestazione* designa il contenuto ontologico di questa 'condiscendenza', cioè la comunicazione dell'essere stesso di Dio. L'essenza e l'*energeia* non sono due parti di Dio, ma due modi della sua esistenza; i due poli esistenziali della sua realtà personale: l'alterità inoggettivabile e il dono totale di ciò che Egli è. La comunicazione dell'energia divina costituisce così il contenuto ontologico di una comunione personale. Mai il mistero della grazia e quello dell'incontro erano stati così strettamente raccordati".

[51] CLÉMENT O., *La Chiesa*, 29-30.
[52] Cf *Ibid*, 21.
[53] *Ibid*, 21.

colui che pur essendo trascendente è sperimentabile nella prossimità immediata come esistente[54].

Non sarà dunque mai una teologia astratta, operante mediante concetti, ma una teologia contemplativa, che innalza gli spiriti verso realtà che superano l'intendimento. I dogmi della Chiesa si presentano perciò spesso alla ragione umana sotto forma di antinomie, tanto più insolubili quanto più sublime è il mistero che esse esprimono. Non si tratta di sopprimere l'antinomia adattando il dogma al nostro intendimento, ma di cambiare il nostro spirito, affinché possiamo pervenire alla contemplazione della realtà che si rivela a noi, elevandoci verso Dio, unendoci a Lui in misura più o meno grande"[55].

La via apofatica priva di ogni appoggio umano, trova il suo unico sostegno in Dio uno e Trino. Soltanto se fondata in Dio la teologia apofatica trova una stabilità incrollabile, un fondamento sicuro; è soltanto così che essa da apofatica diventa catafatica ossia capace di conoscere il Dio concreto di Gesù Cristo e quindi il Dio che è sempre Trinità[56]. "La rivelazione del Dio-Trinità, Padre, Figlio e Spirito Santo, sta alla base di ogni teologia cristiana, è la teologia stessa, nel senso che i Padri greci davano alla parola 'teologia': per loro questa indicava molto spesso il mistero della Trinità rivelato alla Chiesa. La Trinità non è soltanto il fondamento, ma anche il fine supremo della teologia; nel pensiero di Evagrio Pontico, sviluppato poi da san Massimo, conoscere il mistero della Trinità nella sua pienezza significa entrare nell'unione perfetta con Dio, raggiungere la deificazione dell'essere umano, entrare, cioè, nella vita divina, nella vita stessa della Santa Trinità, divenire 'partecipi della natura divina', θείας κοινωνοί φύσεως secondo san Pietro (II,1,4). La teologia trinitaria è dunque una teologia della unione, una teologia mistica che chiama l'esperienza, che presuppo-

---

[54] Cf EVDKOKIMOV P., *L'amour*, 26-27.
[55] CLÉMENT O., *La Chiesa*, 38.
[56] Cf *Ibid*, 58-59.

ne un cammino di mutamenti progressivi della natura creata ed una comunione sempre più intima della persona umana con il Dio-Trinità"[57].

F. La gnoseologia teologica

Il grande teologo greco, Nissiotis, fondato sul detto di S. Giovanni Damasceno "il divino è ineffabile e incomprensibile", ha scritto il suo libro: "Introduzione alla gnoseologia teologica. L'incomprensibilità di Dio e la possibilità di conoscerlo"[58]. I Santi Padri, dice Nissiotis, continuano ad ignorare l'essenza di Dio, ma lo conoscono tramite la partecipazione alle sue divine energie; in questo caso però non si tratta di una conoscenza fatta di speculazione, ma principalmente di 'me-ta-noia'[59], ossia di cambiamento di mentalità e quindi di apertura, di disponibilità di accogliere Dio[60]. Gesù, dice ancora un altro teologo ortodosso, Alivisatos, non ci ha insegnato che dobbiamo fare teologia e neppure come farla, ma ci ha sicuramente insegnato quello che dobbiamo credere invitandoci ad accoglierlo con fede[61].

---

[57] LOSSKY V., *Teologia*, 61; cf anche *Confesser le Christ aujourd'hui*. (*Bucarest-Cernika, Juin 1974*), dans *Con* 27 (1975) 385-388.
[58] ΝΗΣΙΩΤΗΣ Ν., *Προλεγόμενα εἰς τὴν θεολογικὴν γνωσιολογίαν. Τὸ ἀκατάληπτον τοῦ Θεοῦ καὶ ἡ δυνατότης γνώσεως αὐτοῦ*, Ἀθῆναι 1965, 10: "ἄρρητον τὸ θεῖον καὶ ἀκατάληπτον".
[59] *Ibid*, 8: "οἱ Ἕλληνες Πατέρες ἐξακολουθοῦν 'ἀγνοοῦντες' τὴν οὐσίαν τοῦ Θεοῦ, ἀλλὰ γιγνώσκουν πλέον Αὐτὸν ἐν τῇ μετοχῇ εἰς τὰς ἐνεργείας Αὐτοῦ διὰ τῆς γνώσεως πλέον τῶν ὑπὸ Ἐκείνου γνωσθέντων ἀνθρώπων. Πρόκειται δηλαδὴ περὶ τῆς μετοχῆς εἰς τὴν γνῶσιν ταύτην διὰ σκέψεως 'ἄλλης' κυριολεκτικῶς ἐν με-τα-νοίᾳ".
[60] Cf *Ibid*, 34-39.
[61] Cf ΑΛΙΒΙΖΑΤΟΥ Α., *Αἱ σύγχρονοι θεολογικαὶ τάσεις ἐν τῇ ἑλληνικῇ ὀρθοδοξίᾳ*, ἐν *Θεολ* 20 (1949) 22.

Noi possiamo conoscere Dio nella misura in cui siamo conosciuti per primi da lui[62] e questo perché egli non può essere oggetto di pensiero poiché egli è il soggetto vivente della sua ipostasi divina e quindi il creatore e il Signore di tutto[63]. Tra tutte le cose soltanto una non può essere oggetto di conoscenza come tutte le altre; si tratta del Dio vivente e personale. La sua incomprensibilità non è una condanna, ma un dono perché sulla base della sua incomprensibilità Dio viene da noi in persona, si muove continuamente per amore verso noi nello Spirito Santo e nel suo Figlio incarnato e tramite lui ci fa la grazia di una relazione personale con lui[64].

Senza la pneumatologia e la vita nella comunione della Chiesa ogni gnoseologia teologica è soggettivistica e la conoscenza di Dio è opera dello spirito umano[65]; in questo caso l'iniziativa non sarebbe

---

[62] ΝΗΣΙΩΤΗΣ Ν., *Προλεγόμενα*, 10: "Πρόκειται βεβαίως περὶ τῆς γνώσεως ἡμῶν περὶ τοῦ Θεοῦ, ἀλλὰ κατὰ πρῶτον καὶ κύριον λόγον ἐν τῇ πίστει ὅτι πρόκειται περὶ τῆς γνώσεως ὡς ' Επιγνώσεως, ἤτοι ἐκείνης τὴν ὁποίαν ' Εκεῖνος πραγματοποιεῖ καὶ τῆς ὁποίας δυνάμεθα νὰ συμμετάσχωμεν καὶ ἀπὸ κοινοῦ νὰ μεταλάβωμεν ἕκαστος κατὰ τὸ μέτρον τῆς δωρεᾶς τοῦ Χριστοῦ. Δὲν γιγνώσκει τις τὸν Θεὸν εἰμὶ μόνον ἐὰν καὶ ἐφ'ὅσον γιγνώσκεταί τις πρῶτον ὑπὸ τοῦ Θεοῦ".

[63] Cf *Ibid*, 20.

[64] *Ibid*, 23-24: "'Εν μόνον πρᾶγμα δὲν γίνεται ἀντικείμενον γνώσεως ὡς πάντα τὰ ἄλλα ἐπιστητὰ καὶ νοητά: ὁ ζῶν, προσωπικὸς Θεός. Τοῦτο σημαίνει ὅτι τὸ ἀκατάληπτον δὲν εἶναι καταδίκη ἀλλὰ δωρεά, κινεῖται πρὸς ἡμᾶς συνεχῶς ἐν ' ἁγίῳ Πνεύματι καὶ ἐνσαρκοῦται δι'Αὐτοῦ γιγνώσκων πρῶτος Αὐτός, ὡς τὸ ' Απόλυτον ' ὑποκείμενον τῆς ἀνθρωπίνης σκέψεως, τὸν ἄνθρωπον. ' Αντὶ δηλαδή, τῆς ἀδυνάτου καὶ ἀτόπου λογικῆς τοῦ ἀνθρώπου προσπαθείας νὰ διεισδύσῃ ἐκεῖ ὅπου θὰ ἀπλέσῃ τὸ ἴδιόν του ' Εγὼ καὶ θὰ συντριβῇ ἐντὸς τῆς ἀσυλλήπτου θείας οὐσίας, ὁ Θεὸς ἐξ ἀγάπης κινούμενος ἔρχεται πρὸς τὸν ἄνθρωπον ὡς Πρόσωπον εἰς ἄμεσον σχέσιν, εἰς συμβίωσιν, εἰς συνύπαρξιν, τέλος εἰς ἀπόλυτον σαρκικὴν σχέσιν. Αὔτη εἶναι ἡ γνῶσις, ἡ ὁποία ἀναπληροῖ τὴν ἀδυναμίαν κατανοήσεως. 'Γνόντες Θεόν, μᾶλλον δὲ γνωσθέντες ὑπὸ Θεοῦ' (Γαλ. 4,9) σημαίνει ἀκριβῶς τὴν ἐναλλαγὴν ταύτην ἐπὶ τῇ βάσει τῆς χάριτος τοῦ Θεοῦ ἀπὸ τῆς ἀκαταληψίας Αὐτοῦ ὑπὸ ἀνθρώπου εἰς τὴν δωρεὰν τῆς ἀληθοῦς γνώσεως Αὐτοῦ διὰ τῆς προσωπικῆς σχέσεως ἐν Χριστῷ".

[65] Cf *Ibid*, 229.

di Dio dal quale noi siamo conosciuti, ossia amati, ma del raziocinio umano che in quanto tale è sempre limitato[66].

L'ortodossia, dice Staniloaë, rispetta e continuerà a rispettare il carattere misterioso della fede cristiana e questo perché i Padri orientali hanno preferito la teologia apofatica poiché hanno pensato che Dio trascende qualsiasi comprensione di lui o spiegazione data in formule. La teologia ortodossa ha riscoperto di nuovo la teologia del mistero, teologia che, sull'esempio di Gregorio di Nissa e di Gregorio Palamas, non pretende di esaurire pienamente né il contenuto della divina realtà di Dio e di Cristo, né le realtà divino-umane espresse in altri campi di teologia perché riconosce che il sapere si muove nell'immenso oceano del mistero. L'autore riconosce che la teologia ortodossa contemporanea è riuscita a liberarsi dall'influenza dello scolasticismo di questi ultimi secoli che pretendeva di dare una completa definizione di Dio[67]. Questo non significa che la teologia ortodossa disprezzi il progresso scientifico; essa però prende in considerazione il progresso scientifico soltanto quando esso contribuisce al progresso dello spirito umano, e solo nella misura che approfondisce nell'uomo l'esperienza della sua personale realtà e della suprema realtà spirituale; questo tipo di teologia ci dà così la possibilità di comprendere il mistero della relazione tra Dio e l'uomo[68].

---

[66] Secondo il grande teologo greco Nissiotis, ogni conoscenza di Dio viene da lui tramite l'evento della Chiesa e tramite ogni suo membro: ΝΗΣΙΩΤΗΣ Ν., Προλεγόμενα, 230: "Η ἐπίγνωσις τοῦ Θεοῦ προέρχεται ἐξ Αὐτοῦ. διέρχεται διὰ τοῦ γεγονότος τῆς Ἐκκλησίας καὶ δι'ἑκάστου μέλους αὐτῆς, ὡς προσώπου ἀνακαινιζομένου ὑπὸ τῆς κοινωνίας καὶ ἐν αὐτῇ, καὶ διαχέεται δι'αὐτοῦ εἰς ὅλον τὸν κόσμον διὰ τῆς συνεποῦς ἐνεργείας του. ἑπομένως, ἡ γνῶσις τοῦ Θεοῦ προέρχεται ἐκ τῆς κοινωνίας μετ'Αὐτοῦ ἐν Ἐκκλησίᾳ καὶ διερχομένη διὰ τῶν Ἄλλων γίνεται δύναμις νέας συνεχιζομένης δημιουργίας ἐν τῇ καινῇ κτίσει".

[67] STANILOAE D., *Theology and the Church*, New York 1980, 213-214.
[68] Cf *Ibid*, 216.

G. Teologia della comunione ecclesiale, ecumenica e cosmica

La teologia ortodossa nello sperimentarsi come teologia del mistero, si sperimenta al tempo stesso come teologia della spiritualità la quale a sua volta implica la comunione "κοινωνία"; e questo perché la spiritualità implica la comunione con le altre persone e con le loro rispettive complesse situazioni e la comunione a sua volta implica la spiritualità[69]. "Nel futuro, dunque, la teologia ortodossa sarà anche una teologia della Chiesa, perché la Chiesa è la comunione dei fedeli realizzata in Cristo e sostenuta dallo Spirito Santo. È insieme comunione e profonda spiritualità al tempo stesso; e a causa di questo è vita. È comunione nello Spirito Santo. L'esistenza della Chiesa nel creare comunione è un effetto continuamente rinnovato dall'azione dello Spirito Santo"[70].

La teologia ortodossa è convinta di essere in modo tutto speciale la Chiesa della comunione e questo perché la Chiesa e la comunione nello Spirito Santo sono una cosa e la medesima realtà; la Chiesa è comunione, e dove non c'è comunione non c'è Chiesa[71].

La teologia ortodossa è cosciente di essere essere la più adatta non solo per essere la teologia della comunione ecumenica e quindi la teologia che contribuisce al riavvicinamento delle chiese cristiane, ma anche perché facilita la ricapitolazione di tutto il genere umano in Cristo. "Grazie alla forza che poggia sul carattere sinfonico della Chiesa, la teologia ortodossa sarà capace di dare un importante contributo al movimento presente a favore dell'unione delle Chiese. Nell'idea della cattolicità della Chiesa sono contenute grandi possibilità ecumeniche; la teologia ortodossa nel portarle alla luce e nel dare loro il loro giusto posto, può diventare una vera teologia ecumenica e così potrà contribuire grandemente a tale causa. (...) La

---

[69] Cf STANILOAE D., *Theology*, 217-218.
[70] *Ibid*, 218.
[71] Cf *Ibid*, 220.

teologia ortodossa, però, nell'enfatizzare l'aspetto cattolico 'sobornic' o comunitario di qualsiasi vera vita cristiana, può aprire di più il livello dell'ecumenismo cristiano, ma anche il livello delle relazioni tra cristiani e l'umanità in genere. Solo in Cristo vediamo rivelata l'unità universale dell'umanità e il disegno della ricapitolazione dell'umanità e la risurrezione alla vita eterna in Dio. Il Figlio non è diventato un'umana ipostasi individuale, ma l'ipostasi della natura umana in generale, e così una specie di 'ipostasi-capo' di tutta l'umanità, destinata a diventare il soggetto teandrico insieme a tutti gli esseri umani e quindi un essere nel quale tutti gli esseri umani convergono, senza tuttavia esserci una perdita o una confusione delle loro proprie identità".[72].

La teologia ortodossa non vuole essere una teologia individualista o psicologista, preoccupata esclusivamente dei bisogni interiori dell'anima; non può essere neppure teologia confessionale e neanche una realtà che considera la Chiesa come tagliata fuori dal mondo. Deve essere una teologia che percepisce la dimensione cosmica e le complessità di tutta l'umanità. In questo modo la teologia contribuirà a tenere la Chiesa aperta. La teologia deve rimanere aperta, pronta ad abbracciare insieme sia l'umanità che il cosmo. Deve tenere in considerazione sia le aspirazioni dell'umanità che i risultati della scienza moderna e della tecnologia, ma (attenzione!) deve illuminare senza sostituire queste realtà e questo perché deve portare gli uomini a compiere in loro il progetto di Dio che chiama l'intera creazione verso il suo scopo finale[73].

Il compito del teologo nella teologia ortodossa è quello di interpretare l'esperienza di Dio così come è vissuta dalla comunità della Chiesa, un'esperienza in cui egli stesso partecipa; per questo la sua teologia non sarà soltanto la *sua*, ma diventerà la teologia illuminata dallo Spirito Santo che è in opera nella Chiesa; il suo sfor-

---

[72] STANILOAE D., *Theology*, 221-222.
[73] Cf *Ibid*, 225-226.

zo individuale si immergerà nella mente della comunità ecclesiale nella quale lo Spirito Santo è in opera[74].

H. L'articolazione del sapere teologico

La teologia ortodossa, soprattutto quella ellena, non è sminuzzata in tante discipline come in occidente; per esempio è difficile trovare un testo di mariologia o di cristologia come l'abbiamo in occidente, sebbene ultimamente abbiano iniziato a scrivere in questo modo. Solo per motivi pratici e didattici all'università di Atene ci sono undici cattedre ordinarie e cinque straordinarie autonome.

Le cattedre ordinarie di teologia sono: 1) Lingua ebraica, esegesi del Vecchio Testamento sul prototipo ebraico, archeologia ebraica. 2) Introduzione al Vecchio Testamento dei Settanta ed esegesi. 3) Introduzione ed esegesi del Nuovo Testamento. 4) Storia ecclesiastica. 5) Patrologia con lettura dei testi. 6) Storia dei dogmi e simbolica. 7) Archeologia cristiana, epigrafia, paleografia. 8) Dogmatica ed etica. 9) Apologetica ed enciclopedia della teologia. 10) Diritto canonico e pastorale. 11) Teologia pratica (= liturgia, omeletica, catechesi). Le cinque cattedre autonome sono: 1) Storia dei tempi neo-testamentari, delle persone, dell'esegesi, del Nuovo Testamento. 2) Storia delle Chiese autocefale ortodosse specialmente della Chiesa greca. 3) Storia della letteratura ecclesiastica greca del IX secolo. 4) Agiografia ed innologia. 5) Storia delle religioni e del movimento teologico contemporaneo[75].

---

[74] Cf STANILOAE D., *Theology*, 219.
[75] Cf DUMONT P., *La teologia*, 24-25; SERTORIUS L., *La teologia*, 191.

I. La cristologia nel seno della teologia ortodossa

All'interno della teologia ortodossa la cristologia generalmente segue uno schema tradizionale diventato ormai classico. In essa, cioè, non si possono trovare facilmente la pluralità dei modelli cristologici che si trovano in occidente, come il modello storico di B. Forte o il modello trascendentale di K. Rahner (ecc.).

Fino ai nostri giorni l'impostazione classica del discorso cristologico è la presentazione del Verbo fatto carne per la nostra salvezza, ossia della cristologia ontologica che abbraccia sia il mistero dell'incarnazione, sia quello della redenzione. Nessun teologo ortodosso può giustamente osare uscire da quello che è il dogma calcedonese (451). Generalmente, ad eccezione di qualcuno[76] che tuttavia rimane nei limiti dell'ortodossia neopatristica, tutti seguono esplicitamente o implicitamente il seguente schema: 1) motivo dell'umanizzazione del Verbo e quindi della sua opera di redenzione; 2) la persona del Redentore: la sua divinità e la sua umanità; 3) l'unione ipostatica delle due nature nella persona teandrica di Cristo; 4) conseguenze dell'unione ipostatica; 5) soteriologia, ossia la triplice dignità del Signore: profetica, sacerdotale, regale; ed infine 6) la madre del redentore[77].

---

[76] Vedi ad esempio ΓΙΑΝΝΑΡΑΣ Χρ., Ἀλφαβητάρι τῆς πίστης, Ἀθήνα 1988 e le dispense di ΖΗΖΙΟΥΛΑΣ Ι. (ΜΗΤΡΟΠΟΛΙΤΟΥ ΠΕΡΓΑΜΟΥ), Μαθήματα Χριστιανικῆς Δογματικῆς, Α΄-Β΄. Σημειώσεις ἀπό τίς παραδόσεις τοῦ Καθηγητοῦ Ἰ. Δ. Ζηλιούλα στὸ τμῆμα Ποιημαντικῆς τῆς Θεολογικῆς Σχολῆς τοῦ Πανεπιστημίου Θεσσαλονίκης κατὰ τὸ ἀκαδημαϊκὸ ἔτος 1984-1985, 1986-1987. Ἐκδίδονται μὲ τὴν εὐθύνη καὶ τὴ φροντίδα τῶν φοιτητῶν γιὰ χρήση κατὰ τὶς ἐξετάσεις. Ἀριστοτέλειο Πανεπιστήμιο Θεσσαλονίκης 1984-1987.

[77] Cf ΤΡΕΜΠΕΛΑΣ Π., Δογματική Β΄, γ-ε. ΜΟΥΣΤΑΚΗΣ Β., Χριστὸς Ἰησοῦς. Ἡ χριστολογία ὡς κλάδος τῆς δογματικῆς, ἐν ΘΗΕ, 12, 261-272. ΜΑΤΣΟΥΚΑΣ Ν... Δογματική καὶ συμβολική θεολογία. "Ἔκθεση τῆς ὀρθοδόξης πίστης σὲ ἀντιπαράθεση μὲ τῆ Δυτικῆ Χριστιανοσύνη, Α΄-Β΄, Θεσσαλονίκη 1988. ΑΝΔΡΟΥΤΣΟΥ Χρ., Δογματική τῆς ὀρθοδόξου ἀνατολικῆς ἐκκλησίας, Ἀθῆναι 1956. ΚΑΡΜΙΡΗΣ Ι., Σύνοψις τῆς δογματικῆς διδασκαλίας τῆς ὀρθοδόξου καθολικῆς ἐκκλησίας, Ἀθῆναι 1957.

come obiettivo la deificazione della sua stessa natura umana e per estensione anche quella degli altri uomini che attraverso la fede vivono misticamente uniti a lui. Questa deificazione "θέωσις" per i teologi ortodossi è da intendersi in senso etico. Essa consiste nel riplasmare, nel ricreare, nel sostituire la natura umana decaduta, nel riscattarla dalla morte e dalla corruzione fino al punto di introdurre questa realtà creaturale (la natura umana) nello stato dell'infinita eternità nel seno del Dio uno e trino[78].

È dalla parola *Cristo* che deriva il termine *cristologia*; essa è quella parte della teologia che si occupa dell'identità messianica di Gesù, e con un linguaggio neotestamentario si può precisare che essa si riferisce alla teologia riguardante la persona e l'opera di Gesù[79]. Con questa definizione si vuole affermare che nel campo ortodosso è impossibile che ci sia un teologo che osi contestare la cristologia del concilio di Calcedonia o interpretare i Padri in modo tale da accentuare la cristologia funzionale a scapito di quella ontologica. Inoltre per i teologi greci è assurdo introdurre delle interpre-

---

[78] ΜΟΥΣΤΑΚΗΣ Β., *Χριστός*, 265-266: "Ἡ Χριστολογία ἐν τῇ ὀρθοδόξῳ Δογματικῇ συνάπτεται στενώτατα πρὸς τὴν σωτηριολογίαν. Ἤδη ἡ σύστασις τοῦ ἑνιαίου προσώπου τοῦ Χριστοῦ ἀποτελεῖ ἐν ἑαυτῇ σωτηριολογίαν, οἱαδήποτε δὲ παραχάραξις τοῦ χριστολογικοῦ δόγματος παραζημιοῖ καὶ παραβλάπτει καὶ τὸ λυτρωτικὸν ἔργον τοῦ Σωτῆρος. (....) Ἡ Χριστολογία ἐν τῇ Ὀρθοδόξῳ Ἀνατολῇ ἀποτελεῖ ἐν ταὐτῷ καὶ σωτηριολογίαν, διότι, ὡς ἐτονίσθη ἤδη, ἡ σύστασις τοῦ ἑνιαίου προσώπου τοῦ Χριστοῦ ἔχει ὡς ἀποτέλεσμα τὴν θέωσιν τῆς ἀνθρωπίνης φύσεως τοῦ Χριστοῦ, κατ'ἐπέκτασιν δὲ καὶ δυνάμει καὶ τῆς τῶν ὑπολοίπων ἀνθρώπων, τῶν διὰ τῆς πίστεως συναπτομένων καὶ ζώντων μυστικῶς ἐν τῷ Σωτῆρι. Νοεῖται δὲ ἡ θέωσις αὕτη πάντοτε ἐν ἠθικῇ ἐννοια, ὡς ἀνάπλασις, ἀνάκτισις καὶ ἀνστοιχείωσις τῆς πεσούσης φύσεως, ὡς ἀπαλλαγὴ ἐκ τοῦ δημιουργήματος ἐν τῷ κράτει τῆς ἀπεράντου αἰωνιότητος καὶ ἐν τοῖς κόλποις τοῦ ἐν Τριάδι Θεοῦ".

[79] ΑΓΟΥΡΙΔΗΣ Σ., *Χριστὸς Ἰησούς. Βιβλικὴ Χριστολογία*, ἐν *ΘΗΕ*, 12, 215· "Ἐκ δὲ τοῦ Χριστὸς προέρχεται ὁ ὅρος 'χριστολογία', ὁ ὁποῖος σημαίνει τὸ τμῆμα ἐκεῖνο τῆς θεολογίας, ποὺ ἀσχολεῖται μὲ τὴν μεσσιανικὴν ἰδιότητα τοῦ Ἰησοῦ, ἐν εὐρυτέρᾳ δὲ καὶ σαφῶς καινοδιαθηκηκῇ ἐννοίᾳ μὲ τὴν θεολογίαν περὶ τοῦ προσώπου καὶ τοῦ ἔργου τοῦ Ἰησοῦ".

tazioni eterodosse o una varietà di modelli cristologici come nel campo occidentale.

La cristologia nel campo ortodosso va sempre presa in considerazione nell'insieme del mistero trinitario; ecco perché ammettono sì il cristocentrismo, ma cercano di evitare ogni rischio di *cristomonismo* e di conseguenza anche di *patermonismo* e di *pneumamonismo* e questo perché fondati sui Padri della Chiesa, specie di S. Ireneo, considerano la cristologia in stretta relazione con il mistero del Padre e del Figlio[80].

La cristologia ortodossa può essere considerata con Staniloaë[81] cristologia cosmica; la teologia ortodossa basata su Colossesi 1,26-2 vede Cristo in una duplice direzione: a) semplicemente una presenza del Figlio di Dio che egli chiama pre-incarnazionale; questa presenza pre-incarnazionale ha preparato l'incarnazione e anche oggi continua a prepararla; b) una presenza di Gesù Figlio di Dio incarnato; quest'ultima, egli la chiama presenza incarnazionale perché rifà e prosegue la perfezione della presenza preincarnazionale realizzando così la riunificazione di tutte le cose in Lui; ora quest'opera della riunificazione l'autore la identifica con la Chiesa[82].

È grazie al Logos incarnato e glorificato che si aprono ai noi gli spazi trinitari. In Cristo l'umanità è ontologicamente trasfigura-

---

[80] Cf ΝΗΣΙΩΤΗΣ Ν., *Προλεγόμενα*, 221-226.
[81] Egli è un grande teologo della Chiesa di Romania.
[82] STANILOAË D., *La centralité du Christ dans la Théologie, dans la Spiritualité et dans la Mission Orthodoxe*, dans *Con* XXVII (1975) 446: "La théologie orthodoxe voit le Christ selon une double signification cosmique, comme l'a déjà vu saint Paul dans l'épître aux Colossiens (1,26-2). A l'exemple du même Apôtre, elle voit une étroite liaison entre ces deux sortes de présence cosmique comme Fils incarné (Colos. 1,16-17; 1,18-20). La presence du Christ comme Fils de Dieu simplement a préparé avant l'incarnation et prépare aujourd'hui aussi sa présence incarnée et pour cette raison elle peut être nommée présence *préincarnationnelle*. La *présence incarnationnelle* refait et poursuit la perfection de la présence préincarnationnelle, en réalisant ainsi la réunification de toutes chose en Lui, c'est-à-dire l'Eglise".

ta; in Cristo essa ha la possibilità di iscriversi volontariamente e personalmente nell'immenso movimento del sacrificio tramite il quale Cristo consuma ogni separazione e fa sì che l'universo entri in comunione con Dio. Infatti l'uomo agonizza quando si trova privo di qualsiasi comunione con ogni altro uomo. Ma la comunione tra le persone agonizza quando non trova la sua sorgente e il suo fondamento in Dio, Persona infinita o meglio Unità infinita di Persone divine. Ora il tutto avviene tramite lo Spirito Santo che ci mostra il mistero del Dio personale che si rivela, Cristo Gesù, dal quale zampilla senza fine la vita e la luce; senza la comunione con Cristo c'è solo inferno e solitudine[83].

Quello che si è detto della teologia greca in generale vale anche per la cristologia in particolare. Essa cioè è esclusivamente elaborata e compresa all'interno degli schemi della tradizione dei Padri e dei sette primi Concili. Ora i santi Padri hanno sempre sottolineato la divinità della persona di Gesù Cristo, il Verbo preesistente che si è fatto carne per noi; Gesù, il Figlio eterno del Padre attraverso lo Spirito santo, è diventato carne nel seno della Vergine Maria.

Gesù Cristo non è solo Dio ma neppure solo uomo; egli è il Theanthropos che, attraverso la sua opera redentrice, ci ha resi partecipi della sua gloria ossia della sua stessa natura divina. "La cristologia ortodossa della contemplazione della gloria di Dio nel volto del Cristo e della partecipazione redentrice a questa gloria è interamente pervasa dalla rasserenante certezza della definitiva liberazione dell'uomo e del cosmo nell'evento Cristo"[84].

---

[83] STANILOAË D., *Le génie de l'orthodoxie. Introduction Avant-propos du métropolite Damaskinos. Préface d'Olivier Clément* (*Théophanie*), Paris 1985, 15-16; cf anche KHODR G., *L'humanité du Seigneur,* dans *Con* 36 (1984) 174.

[84] Cf AMATO A., Gesù il Signore. Saggio di Cristologia (Corso di teologia sistematica, 4), Bologna 1988, 23.

J. Modelli cristologici

Per quanto riguarda la cristologia greco-ortodossa si deve dire che non ci sono stati al riguardo dei problemi come abbiamo avuto in occidente. Lì, ad esempio, non si dà una pluralità di modelli cristologici, non si è mai messo in dubbio l'esistenza storica o la divinità di Gesù Cristo e non ci si pone neppure il problema della sua psicologia come nel campo cattolico o protestante.

Se si volesse cercare nella teologia ortodossa un qualche modello cristologico, ci si potrebbe accorgere che in realtà esiste un unico modello: quello della gloria di Gesù Cristo, il Cristo Pantocrator che è ben evidenziato anche in tutta la liturgia ed iconografia greca. Cristo Pantocrator è colui che tiene nelle sue mani l'universo intero; ecco perché la cristologia della gloria si può chiamare anche cristologia cosmica e questo perché Cristo Pantocrator è il Signore assoluto del cosmo intero. Per la teologia ortodossa l'incarnazione è un evento cosmico e questo perché l'uomo, essendo stato creato come signore del cosmo e chiamato dal creatore ad attirare tutta la creazione in Dio; a causa della caduta dell'uomo ci è stata una catastrofe cosmica e quindi soltanto un Dio-Uomo poteva orientare di nuovo il cosmo in lui. Ecco perché per la teologia ortodossa si può dire che il concetto cristologico in pratica è quello cosmico. Questo modello cristologico detto "cosmico" si esprime molto bene in tutta l'innologia bizantina[85].

Basandoci su alcune considerazioni di Meyendorff possiamo affermare che la cristologia ortodossa è cosmica perché, come egli ci spiega, "Cristo è un evento cosmico sia perché Cristo è il Logos e quindi in Dio egli è l'agente della creazione - sia perché Egli è uomo, giacché l'uomo è un 'microcosmo'. Il peccato dell'uomo ha immerso il mondo in uno stato di morte e di decadenza, ma la re-

---

[85] Cf MEYENDORFF J., *Byzantine Theology*, 151-152; ΦΑΡΑΝΤΟΥ Μ., Δογματικαὶ τινὲς παρατηρήσεις ἐπὶ τοῦ συμβόλου Νικαίας-Κωνσταντινουπόλεως, ἐν Θεολ 52 (1981) 744.

staurazione dell'uomo in Cristo è una restaurazione del cosmo alla sua bellezza originale"[86].

La preoccupazione principale dell'ortodossia non è tanto quella di interpretare il mistero di Cristo, quanto piuttosto quella di entrare nel mistero di Cristo: "La caratteristica della cristologia ortodossa non è tanto la reinterpretazione contemporanea dell'evento Cristo e del suo influsso concreto sulla prassi ecclesiale e sociale. Essa è data piuttosto dalla tensione alla partecipazione più intima possibile al mistero salvifico di Cristo. Partecipazione che implica illuminazione, contemplazione, adorazione, ascesi e lode continua soprattutto nella liturgia. La cristologia ortodossa è una cristologia 'dall'alto' e parte dall'affermazione giovannea: 'Il Verbo si fece carne' (Gv 1,14). L'inizio del suo discorso è il fatto inaudito, gratuito e gloriosissimo dell'incarnazione, considerata come l'evento cosmico decisivo, che restaura la creazione e la rinnova, restituendo al cosmo e all'uomo la sua originaria gloria divina. E' l'affermazione convinta 'che l'uomo è veramente uomo quando partecipa alla vita di Dio'"[87].

Ecco perché per l'ortodossia al centro di tutto l'evento cristologico c'è la Pasqua del Signore; la sua gloriosa risurrezione costituisce la festa delle feste. Gli ortodossi non si fermano tanto al mistero dell'incarnazione, della crocifissione o della redenzione di Gesù Cristo come nelle cristologie occidentali, quanto piuttosto alla sua risurrezione. Essi accentuano più di tutto la signoria di Gesù Cristo, la sua gloriosa risurrezione, in quanto è per mezzo di essa che avviene la divinizzazione "θέωσις" del vecchio Adamo e quindi di tutto il genere umano[88].

Fondamentalmente io ritengo che tra la cristologia cattolica e quella ortodossa non ci sono delle reali difficoltà in quanto la cristologia ortodossa si fonda come quella cattolica sulla Parola di Dio,

---

[86] MEYENDORFF J., *Byzantine Theology*, 151.
[87] Cf AMATO A., *Gesù*, 22.
[88] ΑΛΙΒΙΖΑΤΟΥ Α., *Ἡ ἑλληνική*, 78-109.

sui Padri e sui primi Concili. L'unica differenza è che la teologia cattolica ha arricchito la cristologia con ulteriori sviluppi ed interpretazioni, mentre quella ortodossa, a differenza dei tentativi di pochi teologi, rifiuta categoricamente ogni riflessione ulteriore al di fuori di quella già fissata nei primi sette concili, soprattutto in quello calcedonese.

Conclusione

A conclusione di questo primo capitolo voglio ringraziare i miei tanti amici e conoscenti greco-ortodossi per la loro fedeltà al Dio di Gesù Cristo. La loro maniera di concepire, di fare e di vivere la teologia e specie la cristologia è una ricchezza per il polmone occidentale della Chiesa. La vera teologia è mettersi in ginocchio di fronte al mistero ineffabile di Dio, mistero che si è fatto Parola per noi nella Persona di Gesù Cristo. Un teologo infatti, dovendo essere a maggior ragione un cristiano autentico, sia egli ortodosso che cattolico, non può aderire a un Cristo diverso da quello presentatoci dalla Bibbia, dai Padri, dai Concili, dalla divina liturgia, dai santi misteri (sacramenti), dall'antica arte cristiana e quindi dalla fede perenne della Chiesa soptrattutto dei primi secoli.

È questo credo che dovrebbe unire maggiormente le due chiese sorelle. È soprattutto in base all'unico fondamento, Gesù Cristo, che l'unica sua Sposa, l'ecclesia "ἐκκλησία" una, santa, cattolica e apostolica deve spiccare il volo verso l'eternità per tuffarsi completamente nel seno trinitario del Dio della tenerezza e della misericordia. Affinché, però, il volo sia sicuro e spedito, l'unica Chiesa di Cristo, mettendo da parte rancori, pregiudizi, fanatismi e tutto ciò che la divide, deve servirsi pienamente e al più presto, come nei primi secoli del cristianesimo, delle sue due ali: l'ortodossia-oriente ed il cattolicesimo-occidente. Fin quando ci sarà lo scisma tra le due Chiese sorelle, il volo continuerà ad essere sempre difettoso e farà ridere sempre più quelli che l'osservano dal di fuori, rendendo il messaggio, e quindi l'ultimo testamento di Gesù Cristo, nuova ed eterna alleanza d'amore, privo di ogni valore e credibilità. Possa la

SS. Trinità concedere quanto prima alla Chesa del Verbo incarnato la grazia dell'unità.

CAP. II
DAL MISTERO DELLA TRINITÀ AL MISTERO DELL'INCARNAZIONE

Introduzione

Per la teologia ortodossa è pacifico che Gesù Cristo non è un uomo qualsiasi, ma è il Figlio eterno del Padre che si è incarnato in un preciso momento storico per opera dello Spirito Santo nel seno purissimo di Maria Vergine; l'incarnazione del Figlio, evento storico, è letta dalla teologia ortodossa in chiave cosmica[89] e questo anche in base alla definizione calcedonese. Perciò penso sia utile riflettere, sebbene brevemente, sulla preesistenza del Verbo nel seno della SS. Trinità per passare poi a considerare il mistero dell'incarnazione.

I teologi ortodossi sono consapevoli che il mistero della SS. Trinità è stato rivelato solo nel Nuovo Testamento. Nell'Antico Testamento, infatti, anche se ci è stata la preparazione della fede nella Trinità, essa tuttavia non fu rivelata e tanto meno conosciuta in Israele che ha sempre adorato l'unica persona del suo Dio nel suo

---

[89] MEYENDORFF J., *Byzantine Theology*, 152: "The Incarnation of the Logos was very consistently considered by Byzantine theologians as having a *cosmic* significance. The cosmic dimension of the Christ-event is expressed particularly well in Byzantine hymnology: 'Every creature made by Thee offers Thee thanks: the Angels offer Thee a hymn; the heavens, a star; the Magi, gifts; the shepherds, their wonder; the earth, its cave; the wilderness, the manger; and we offer Theé a Virgin Mother'. The connection between creation and the Incarnation is constantly emphasized in the hymns: 'Man fell from the divine and better life; though made in the image of God, through transgression he became wholly subject to corruption and decay. But now the wise Creator fashions him anew; for He has been glorified'. Similarly, the hymnology of Good Friday stresses the involvement of creation as a whole in the death of Christ: 'The sun beholding Thee upon the Cross covered itself with gloom; the earth trembled for fear...' ".

più rigido monoteismo[90]. Nell'Antico Testamento ci fu soltanto l'attesa o meglio l'apertura crescente verso il Cristo del Vangelo[91]. Per la teologia ortodossa il mistero cristologico va visto in maniera armoniosa nell'insieme del mistero trinitario; i diversi trattati teologici sono strettamente collegati tra di loro. Ecco perché Staniloaë, un prete sposato e grande teologo della Romania, ci dice che il mistero dell'incarnazione e il mistero della Trinità sono inseparabili. Questo carattere d'inseparabilità si accentua sia perché Cristo manifesta il Padre, sia anche per il fatto che il Padre manifesta se stesso in Cristo, è presente in lui per mezzo dello Spirito Santo. Prima dell'incarnazione del Verbo il Padre conduceva l'umanità, per mezzo dello Spirito, verso Cristo, dopo l'incarnazione invece lo fa in modo ancora più evidente ed esplicito[92].

Il Nuovo Testamento sin dall'inizio pone i fondamenti per la rivelazione della Trinità. Abbiamo così una teofania trinitaria sia nell'annunciazione che nel battesimo del Signore. La rivelazione della SS. Trinità si evidenzia anche nel discorso di addio di Gesù dove fa riferimento ad un altro paracleto, lo Spirito Santo, che avrebbe inviato il Padre; ci sono così due paracleti: il Figlio e lo Spirito Santo. Gesù, chiamando lo Spirito l' 'altro parakleto' con il termine 'altro' indica la differenza della ipostasi, mentre con il termine 'parakleto' indica la somiglianza, l'identità, la parentela della

---

[90] Cf ΤΡΕΜΠΕΛΑΣ Π., Δογματική, Α', 232 soprattutto dove spiega che: "Ἐν τῇ Π.Δ. προπαρασκευάσθη τὸ ἔδαφος διὰ τὴν πίστιν πρὸς τὴν Τριάδα, πρὸ πάντος διὰ τῆς περὶ Σοφίας διδασκαλίας, δὲν ἀπεκαλύφθη ὅμως οὐδὲ ἐγένετο γνωστὴ ἡ Τριὰς εἰς τὸν Ἰσραήλ, ὅστις ἐγνώρισε καὶ ἐδιδάχθη τὸν Μονοθεϊσμὸν ὡς λατρείαν ἑνὸς ἀληθινοῦ καὶ μονοπροσώπου Θεοῦ".

[91] Cf BOBRINSKOY B., *Le mystère*, particolarmente 69: "S'il n'y a pas, dans l'Ancien Testament, de théologie trinitaire au sens littéral, formel, explicite, il y a, d'une manière croissante, une attente, une ouverture, des données éparses qui se précisent et se rassemblent, prennent peu à peu forme, langage, structure, mais qui ne le feront pleinement qu'en prenant chair dans l'Évangile".

[92] Cf STANILOAË D., *Le génie*, 116.

natura[93]. Dopo quest'introduzione possiamo tentare di penetrare il concetto del mistero trinitario secondo la teologia ortodossa per passare poi al mistero di Cristo.

A. Il mistero della Trinità

Il mistero della Trinità nel mondo ortodosso è qualcosa di molto vivo, è una fede accolta e vissuta in maniera vitale da ogni semplice cristiano: "Il nostro programma sociale, dice il filosofo russo Fedorov, è scritto nel dogma della Trinità. L'ortodosso crede fermamente che la dottrina della Santissima Trinità non è una elaborazione di 'alta teologia' riservata agli eruditi professionisti, ma che essa ha un'importanza *effettiva*, reale, per ogni cristiano"[94]. Questa importanza è del resto espressa con il frequente segno della croce fatto con le prime tre dita unite (pollice, indice, medio), espressione di fede nell'unità e nella trinità di Dio e le due ultime dita (anulare e mignolo) piegate espressione dell'unione ipostatica di Cristo nella sua duplice natura: divina ed umana; e questo perché è tramite la fede nel mistero di Cristo che si entra (con la fede) nel mistero della Trinità; il mistero cristologico è inscindibile dal mistero trinitario.

Le tre ipostasi della divinità costituiscono insieme un unico principio e sono coeterne; infatti, il Padre, il Figlio e lo Spirito Santo, pur essendo perfettamente uniti tra di loro, sono tuttavia distinti, ma non separati. Il Padre è al di sopra di tutti come principio e fonte; il Figlio invece è colui per mezzo del quale sono state fatte tutte le cose, e lo Spirito Santo infine è colui nel quale sono state fatte tutte le cose ed a sua volta è in esse. Ognuna delle tre persone

---

[93] Cf ΤΡΕΜΠΕΛΑΣ Π., *Δογματική*, Α'. 232-242.
[94] WARE T., *L'orthodoxie*, 285. Per avere una visione molto biblica e patristica della Trinità nella teologia ortodossa vedi anche BOBRINSKOY B., *Le mystère*.

divine è l'essere ed inseparabilmente costituiscono l'unica ed adorabile Trinità[95].

Nella Trinità ci sono solo due promanazioni; esse hanno in comune lo stesso principio e sono ambedue eterne. Si tratta della generazione del Figlio e della processione dello Spirito Santo prima del tempo. Queste due promanazioni si differenziano dalle promanazioni degli esseri razionali che, come si sa, sono deboli e temporanee, mentre quelle della divinità sono ipostatiche, perenni ed inseparabili tra di loro. Le ipostasi della SS. Trinità, pur avendo in comune la stessa natura e gli stessi suoi attributi (della natura), tuttavia sono distinte tra di loro con delle caratteristiche esclusivamente proprie. In questo modo solo il Padre è il principio e la radice ingenerata nella divinità; al Figlio soltanto si può attribuire la generazione ed infine allo Spirito Santo la processione. Queste caratteristiche distintive, le cosiddette proprietà delle persone della Trinità, sono considerate da qualche teologo ortodosso, ad esempio Trembelas, come tre modi di sussistenza che manifestano le relazioni reciproche delle tre ipostasi[96].

Sia il Figlio che lo Spirito Santo hanno il loro principio nel Padre che giustamente è considerato la radice e la sorgente del Figlio e dello Spirito Santo. La comune natura delle tre persone divine salvaguarda l'unicità della loro divinità. Allo stesso tempo, essendo l'origine della generazione del Figlio e della processione dello Spirito la medesima persona, e cioè il Padre, si salvaguarda anche la

---

[95] Cf WARE T., L'orthodoxie, 227-228.
[96] Cf ΤΡΕΜΠΕΛΑΣ Π., Δογματική, Α', 269, specialmente dove dice: "Ἐνῷ αἱ ἐν τῇ οὐσίᾳ τῆς θεότητος προβολαὶ διακρίνονται μὲν ἀλλήλων ὡς ἴδιαι ὑποστάσεις ἢ πρόσωπα ὁμότιμα, συγχρόνως ὅμως εἶναι καὶ ἀχώριστοι ἀλλήλων κοινὴν τὴν οὐσίαν καὶ πάσας τὰς ἰδιότητας αὐτῆς ἔχουσαι καὶ μόνον προσιδιαζούσας τὰς προσωπικὰς ἰδιότητας ἢ τὰ ὑποστατικὰ ἰδιώματα κεκτημέναι, αἵτινες διακρίνουσι τὸν Πατέρα ὡς ἀρχὴν καὶ ῥίζαν ἐν τῇ θεότητι, τὸ δεύτερον δὲ πρόσωπον γεννητῶς καὶ τὸ τρίτον ἐκπορευτῶς. Τὰ γνωριστικὰ ταῦτα τῶν ἐν τῇ θεότητι ὑποστάσεων ἰδιώματα μὴ ὄντα οὐσίας παραστατικά, ἀλλὰ τρόποι ὑπάρξεως τῶν ὑποστάσεων ἢ προσώπων εἶναι δηλωτικὰ σχέσεων μεταξὺ αὐτῶν".

'monarchia' nella divinità. Tuttavia tale 'monarchia' non va intesa nel senso che soltanto l'ipostasi del Padre è il principio della Trinità in modo tale da ammettere una subordinazione delle altre due ipostasi a lui. La 'monarchia', secondo i teologi ortodossi, va intesa nel senso che nella divinità c'è la stessa unità, dignità e identità di natura. Per cui anche se c'è una distinzione numerica nella Trinità, tuttavia nella natura le tre ipostasi non si dividono ma rimangono unite e inseparabili come un unico Dio[97].

Se da una parte la stessa dignità e la stessa comunione della natura nella Trinità fanno sì che gli attributi della divinità siano comuni a tutte e tre le persone, dall'altra la distinzione delle tre ipostasi comporta delle proprietà personali e quindi incomunicabili tra di loro. Queste proprietà non creano inuguaglianza tra le persone, ma sono il modo di essere e di esistere e cioè di sussistenza delle loro reciproche relazioni[98].

Mentre da una parte le proprietà ipostatiche indicano le relazioni reciproche delle divine persone senza tuttavia rompere l'unità della natura divina, dall'altra esse distinguono chiaramente ogni persona dall'altra in quanto queste proprietà non possono essere do-

---

[97] Cf ΤΡΕΜΠΕΛΑΣ Π., *Δογματική*, Α΄, 272. WARE T., *L'Orthodoxie*, 289-290 si esprime in maniera analoga: "En langage théologique le Père est la 'cause', la 'source' de la divinité. Il est le principe (*arche*) d'unité des trois; et c'est dans ce sens que l'orthodoxe parle de la 'monarchie' du Père. L'origine des deux autres personnes remonte au Père et ce sont leurs relations avec Lui qui les définissent l'une et l'autre. Le Père est la source de la divinité, né de rien, ne procédant de rien; le Fils est né du Père de toute éternité (avant tous les siècles, dans les termes du *Credo*); l'Esprit procède du Père de toute éternité.

C'est à ce point que la théologie catholique romaine commence à être en désaccord. Selon la théologie romaine, l'Esprit procède éternellement du Père *et du Fils;* en conséquence le Père cesse d'être la source unique de la divinité, puisque le Fils en est aussi une source. Et puisque de ce fait le principe d'unité ne peut plus être la personne du Père, Rome trouve le principe d'unité dans la substance, ou l'essence, commune aux trois personnes. Pour l'orthodoxe le principe de l'unité de Dieu est personnel; il ne l'est pas pour les catholiques romains".

[98] Cf ΤΡΕΜΠΕΛΑΣ Π., *Δογματική*, Α΄, 273.

nate o comunicate alle altre persone. Nella divinità c'è un'unica natura indivisibile e tre ipostasi ugualmente perfette e realmente distinte tra di loro senza tuttavia dividersi la divinità. La divinità infatti non può essere divisa né nella volontà né nella forza; le tre ipostasi sono perfettamente uguali in quanto le loro proprietà non annullano l'uguaglianza che c'è tra di loro; infine non si può neppure ammettere che in una delle ipostasi possa esserci qualsiasi tipo di mancanza[99].

Le tre persone dunque si distinguono ma non si separano in tre dei. I Padri, spiega Trembelas, si sono serviti di diverse immagini per indicare questa unione e distinzione; in realtà, però, sono tutte immagini deboli destinate all'insuccesso. L'essenziale è credere che la paternità si può attribuire solo al Padre, la generazione e quindi la figliolanza soltanto al Figlio e la processione e quindi la spirazione soltanto allo Spirito Santo. Il Figlio, in quanto generato, è altro dal Padre, tuttavia egli, in quanto Dio, è identico a lui; non si può ammettere una divinità nel Figlio e un'altra divinità nel Padre perché il Figlio e il Padre sono uno, hanno la stessa proprietà, la stessa familiarità e la stessa identità della natura. C'è, dunque, un'unica divinità distinta in Dio Padre, Dio Figlio e Dio Spirito Santo; una natura in tre persone perfette, uguali e sussistenti che, anche se sono distinte nel numero (un numero che rimane limitato a tre senza uno in più o in meno), rimangono indivisibili nella divinità. Da queste considerazioni, però, non si può trarre la conclusione che ci sia una natura

---

[99] Cf ΤΡΕΜΠΕΛΑΣ Π., *Δογματική* Α'. 299: "Τὰ ὑποστατικὰ ἰδιώματα, ὡς ἤδη εἴπομεν, ἐνῷ, ἐξ ἑνὸς δηλοῦσι σχέσιν τῶν θείων προσώπων μετ'ἀλλήλων καὶ δὲν διασπῶσι τὴν ἑνότητα τῆς θείας οὐσίας, ἐξ ἑτέρου διακρίνουσι τρανῶς καὶ καθαρῶς ἕκαστον πρόσωπον ἀπὸ τοῦ ἑτέρου καὶ εἰσιν ἀκοινώνητα καὶ ἀμετάδοτα. (...) Ἐν τῇ θεότητι, ὑπάρχει μία οὐσία ἀδιαίρετος ἐν τρισὶ προσώποις τελείοις, διακρινομένοις ἀλλήλων πραγματικῶς, ἀλλ'ου διαιρετοῖς τῇ θεότητι. (....) Ἡ θεότης οὔτε βουλήσει οὔτε δυνάμει μερίζεται, ἀλλ'ἀμέριστός ἐστιν ἐν μεμερισμέναις καὶ ἀδιασπάστως μετ'ἀλλήλων ἡνωμέναις ταῖς ὑποστάσεσι, τὰ δὲ ὑποστατικὰ ἰδιώματα τῶν τριῶν προσώπων δὲν καταλύουσι τὴν μεταξὺ αὐτῶν ἰσότητα, οὐδὲ δημιουργοῦσιν ἔλλειψιν τινα παρ'αὐτοῖς". Vedi anche ΓΙΑΝΝΑΡΑΣ Χρ., *Ἀλφαβητάρι*, 39-62.

superiore alle tre persone divine perché allora si cadrebbe in un'altra eresia in quanto si annullerebbe l'uguaglianza reciproca della natura di Dio e si annullerebbe l'uguaglianza reciproca delle tre persone; la divinità, pur sussistendo in tre persone perfettamente uguali tra di loro, rimane assolutamente una[100].

C'è una ed identica energia, forza, parere e volontà nel Padre, nel Figlio e nello Spirito Santo. Tra le tre persone divine c'è perfetta sinergia; il Padre non opera nulla senza il Figlio e lo Spirito Santo; il Figlio non opera nulla senza il Padre e lo Spirito Santo e lo Spirito Santo non opera nulla senza il Padre e il Figlio. Quello che vuole il Padre, lo vuole anche il Figlio e lo Spirito Santo e così via. Le distinzioni nella Trinità sono persone reali e non modi appartenenti ad una sola ipostasi[101].

In genere la teologia ortodossa rifiuta ogni interpretazione trinitaria basata su delle analogie umane, ad esempio quella psicologica di Agostino; queste analogie rimangono vane perché ogni tentativo del genere spoglierebbe il mistero della Trinità dal suo carattere soprannaturale introducendo in essa delle condizioni puramente razionali; ora il mistero infinito di Dio uno e trino rimarrà sempre inafferrabile e incomprensibile nelle menti delle esistenze finite[102]. Ricordo che nell'ortodossia non si fa teologia catafatica, ma teologia apofatica, ossia non comprensione del mistero attraverso la speculazione, quanto piuttosto adorazione del mistero con l'ossequio della fede che nasce dallo stupore e dalla meraviglia di fronte alla grandezza del 'Pantrokrator'; quest'ossequio perdura anche quando esso rimane quasi del tutto ottenebrato dall'incomprensione della mente.

Queste riflessioni ci aiutano a capire che Gesù Cristo non è diventato Dio o un essere superiore soltanto con la sua risurrezione perché egli è Dio da sempre, è Dio dall'eternità e quindi prima del

---

[100] Cf ΤΡΕΜΠΕΛΑΣ Π., Δογματική, Α΄. 299-304.
[101] Cf Ibid, 305.
[102] Cf Ibid, 306-310; LOSSKY V., Teologia, 74.

tempo; egli è Dio di pari dignità e con gli stessi attributi divini della natura dello Iahvé. Nella teologia ortodossa non c'è spazio per il modalismo o il subordinazionismo; le tre persone sono realmente tre ipostasi e quindi tre modi di sussistenza della medesima e dell'unica natura divina in quanto partecipano in ugual modo delle sue stesse caratteristiche aventi così la stessa energia, la stessa volontà, la stessa sapienza e la stessa potenza. Le ipostasi, infatti, non sono subordinate l'una all'altra, ma sono perfettamente uguali, distinguendosi l'una dall'altra dalle loro reciproche relazioni e quindi dalle loro proprietà personali.

Dio allora è uno, ma è anche tre; questo è il mistero della SS. Trinità, è il mistero dell'unità nella diversità e della diversità nell'unità; tutte tre le persone sono un Dio in una essenza; insieme sono il Dio consostanziale "ὁμοούσιος Θεός". Il Padre, nato dal nulla, è la fonte della divinità, mentre il Figlio è generato sin dall'eternità dal Padre e lo Spirito Santo invece procede eternamente dal Padre[103]. Evdokimov spiegando che soltanto il Padre è monarcos della divinità, ne salvaguarda al tempo stesso l'unità: "Così il Padre genera il Figlio e manifesta la sua essenza nell'ipostasi del Figlio; allo stesso modo egli spira lo Spirito Santo e manifesta la sua vita nell'ipostasi dello Spirito. Dato che il termine è specificamente riservato al Padre, la formulazione latina del *Filioque* è assolutamente impensabile nella tradizione greca. La teologia ortodossa distingue nettamente tra il piano causale intradivino (della origine) e il piano manifestatorio extra-divino (della vita, della rivelazione, della testimonianza nel mondo creato). Soltanto il Padre è principio causale, *monarchos*. Egli è Padre, sorgente, principio dell'esistenza e dell'unità divina (la *enosis* di San Gregorio Nazianzeno). Inizio assoluto, egli è anche il principio di circuminsessione, questo 'movimento eterno di amore', movimento circolare della vita divina, che parte dal Padre si manifesta e parla nel Figlio mediante il di-

---

[103] Cf WARE T., *L'orthodoxie*, 289-290.

namismo dello Spirito Santo, per inabissarsi di nuovo nel Padre, generazione e spirazione eterne in atto, che escono dalla sorgente e vi ritornano"[104]. Ma qual è il ruolo di Cristo nel mistero trinitario?

B. Il mistero di Cristo

Solo attraverso la fede si può penetrare il mistero di Cristo; solo attraverso la fede si può credere che il figlio del carpentiere di Nazaret, l'uomo Gesù, vissuto appunto 2000 anni fa, non è soltanto e puramente uomo, ma Dio, uguale al Dio anticotestamentario.

La teologia ortodossa spiega con insistenza che Gesù Cristo è il Figlio di Dio per natura perché sin dall'eternità è stato *generato* "γεννηθής" dal Padre, ma non è *diventato* "γενηθής", cioè non è creato dal Padre come tutte le altre cose. Gesù Cristo è da sempre una delle ipostasi dell'unica ed indivisibile natura divina. Egli non ha solo una parte della divinità bensì tutta la divinità; egli, cioè, possiede la pienezza della divinità come la possiede il Padre e lo Spirito Santo[105]. Anzi "ognuna delle tre Persone (ipostasi) della SS. Trinità è l'intera divinità. (...) Ognuna delle tre agisce insieme alle altre due; tuttavia ognuna di loro si relaziona alla creazione in maniera personale: il Padre è colui che concepisce il piano della creazione (e della restaurazione della creazione nel suo Cristo); il Figlio di Dio rende il progetto del Padre inerente alla creazione (e la salvezza della creazione) una realtà; lo Spirito Santo guida il progetto della creazione di Dio (il Padre) (e la restaurazione della

---

[104]EVDOKIMOV P., *L'Ortodossia,* 197; per avere una comprensione più approfondita sul rifiuto del Filioque da parte dei fratelli ortodossi vedi WARE T., *L'orthodoxie,* 287-294; ΦΑΡΑΝΤΟΥ Μ., Δογματικαί, 732-747; BOULGAKOF S., *Le Paraclet (Les Religions,* 3), Paris 1946, 87-143; LOSSKY V., *La procession du Saint-Esprit dans la doctrine trinitaire orthodoxe. Essai,* Paris 1948.
[105]Cf ΤΡΕΜΠΕΛΑΣ Π., Δογματική, Α', 242.

creazione in Cristo, il Logos di Dio incarnato) alla perfezione"[106] e ancora "Dio il Padre concepisce il piano, il Figlio lo esegue, lo Spirito Santo lo porta a compimento e lo porta alla perfezione e finalizzazione"[107].

Gesù Cristo è consostanziale "ὁμοούσιος" del Padre. Gesù Cristo, perfetto conoscitore del Padre, si può dire che è l'immagine vivente, l'immagine più autentica del Padre, che in quanto tale, è degna dello stesso onore perché anch'egli ha creato l'universo in piena sinergia con il Padre[108]. Il grande teologo Zizioulas così si esprime: "soltanto il Verbo di Dio conosce fondamentalmente Dio. Perché solo egli si trova eternamente in una relazione d'amore con lui, la quale rivela, infine, manifesta, rende conoscibile l'identità di Dio come Padre, come persona. Perciò, come dice il vangelo secondo Giovanni, nessuno conosce il Padre se non il Figlio e solo per mezzo del Figlio puoi conoscere il Padre. Ma il conoscere Dio secondo Massimo è questione di relazione d'amore che esiste tra il Padre e il Figlio sin dall'eternità, tramite la quale s'identifica Dio come Padre, si rivela, si conosce, chiamatelo come volete, dice cioè 'esisti come Padre mio'. Dentro questa relazione del Padre e del Figlio si rivela Dio, viene conosciuto Dio come verità. Già S. Atanasio fa delle considerazioni simili, quando dice, per combattere gli ariani, che il Figlio era sempre insieme al Padre, è impossibile che Dio fosse esistito senza il suo Figlio, perché - come dice - il Figlio è la verità del Padre. Egli è l'Immagine e la Verità del Padre. Icona e Verità è la stessa cosa"[109].

Gesù Cristo, immagine del Padre con la sua incarnazione, rispecchia la vita, l'amore e la santità del mistero di Dio uno e trino:

---

[106] AGHIORGOUSSIS M., *The Dogmatic Tradition*, 158.
[107] *Ibid*, 162; cf anche ΦΑΡΑΝΤΟΥ Μ., *Δογματικαί*, 747.
[108] Cf ΤΡΕΜΠΕΛΑΣ Π., *Δογματική*, Α'. 245; ΜΑΤΘΟΠΟΥΛΟΥ Ε., *Ὁ προορισμὸς τοῦ ἀνθρώπου ἤτοι τὶς εἶνε ὁ σκοπὸς τῆς ὑπάρξεως καὶ τῆς ζωῆς τοῦ ἀνθρώπου καὶ τίνι τρόπῳ ἐπιτυγχάνεται οὗτος,*' Ἀθῆναι 1929, 13-15.
[109] ΖΗΖΙΟΥΛΑΣ Ι., *Μαθήματα*, Α'. 39.

"Cristo è dunque - scrive Bobrinskoy - in una maniera totale e personale, la rivelazione in pienezza del mistero di Dio, della vita, dell'amore, della santità di Dio, e della sua 'tri-unità': in Cristo conosciamo il Padre, Egli stesso è il Figlio incarnato, e annuncia lo Spirito Santo. Verbo di Dio fatto carne, fa entrare questa pienezza della divinità nel tempo e nello spazio, nelle dimensioni dell'essere creato non soltanto limitate in se stesse, ma decadute a causa del peccato. Egli assume una genealogia, un popolo, una madre, e da essa un corpo vivente, un'umanità reale, un volto"[110].

Gesù Cristo è Figlio di Dio in un senso unico ed esclusivo in quanto è in comunione della stessa natura e della stessa dignità divina del Padre; non possiede la grazia della figliolanza dall'esterno, come un'aggiunta e con una certa misura come gli esseri creati, bensì interiormente e sostanzialmente egli ne possiede la pienezza. La relazione del Figlio verso il Padre è dunque ontologica e quindi metafisica. Gesù Cristo è per natura, e cioè in senso ontologico, Figlio del Padre, in quanto egli partecipa della stessa sua sostanza perché sin dall'eternità è stato generato direttamente da lui e senza nessun intervento dall'esterno; il tutto è fondato biblicamente soprattutto sul prologo di S.Giovanni (cf Gv 1,1ss) e sulla lettera agli Ebrei (1,1-3). I brani come Gv 14,28 che potrebbero farci sospettare di qualche subordinazionismo sono da attribuire non alla natura divina preesistente di Gesù Cristo, bensì alla sua natura umana, natura assunta nel tempo[111].

---

[110] BOBRINSKOY B., *Le mystère*, 71.
[111] Cf ΤΡΕΜΠΕΛΑΣ Π., *Δογματική*, Α', 247-254. ID., *Δογματική*, Β', 47-53. ΚΑΡΜΙΡΗΣ Ι., Σύνοψις, 42-52. ΓΙΑΝΝΑΡΑΣ Χρ., *Αλφαβητάρι*, 39ss. ΓΓΕΑΡ Κ. (ΕΠΙΣΚΟΠΟΥ ΔΙΟΚΛΕΙΑΣ), *Ο Ορθόδοξος Δρόμος. Ο Θεὸς ὡς Μυστήριο, Τριάς, Δημιουργός, Άνθρωπος, Πνεῦμα, Προσευχή, Αἰωνιότητα*, Ἀθήνα 1987, 33-49. MEYENDORFF J., *La teologia bizantina. Sviluppi storici e temi dottrinali* (*'Dabar'. Saggi teologici*, 9), trad. it., Casale Monferrato 1984, 218-230. STANILOAE D., *Theology*, 73-108. ΖΗΖΙΟΥΛΑΣ Ι., *Μαθήματα*, Α', 43 spiega che se dovesse mancare il Figlio, verrebbe a mancare anche il Padre e

Il Verbo di Dio, secondo Zizioulas, non è da interpretare in senso puramente mentale, bensì in senso ontologico. Il Verbo "è una persona che è amata e che ama; è una persona che a causa della sua relazione di amore conosce e si uguaglia ontologicamente con l'altro. Di conseguenza Dio è conosciuto eternamente, c'è un'eterna conoscenza di Dio. Non si aspetta che sia creato il mondo affinché Dio venga conosciuto. Dio è conosciuto mediante il suo Figlio, nel suo Figlio, e per mezzo dell'amore che c'è tra loro due"[112]. La Trinità infatti, spiega Staniloaë, è il culmine dell'umiltà e del sacrificio di amore[113].

Il Figlio di Dio è Figlio sin dall'eternità; non si può usare un'analogia basata sulla nostra esperienza della figliolanza umana per dire che Gesù Cristo, essendo il Figlio di Dio Padre, è inferiore al Padre in quanto, secondo la nostra esperienza umana, un padre di solito c'è prima ancora del figlio. Non è così nei rapporti trinitari. Il Padre è 'Padre' da sempre come il Figlio è 'Figlio' da sempre; non c'è un tempo in cui Dio non era ancora 'Padre' come non c'è stato un tempo in cui il Figlio non era 'Figlio' del Padre. Il Figlio, essendo eternamente generato dalla natura del Padre e non dalla sua volontà come le cose create, è e rimane completamente inseparabile da lui; egli è la coeterna irradiazione proveniente dall'eterna luce del Padre. In questo senso Gesù Cristo da sempre è preesistito e da sempre è in intima unione con il Padre e con lo Spirito[114]. La rela-

---

se viene a mancare il Padre anche il Figlio mancherà. C'è una relazione personale che è ontologica.

[112] ZHZIOYΛAΣ I., Μαθήματα, A', 40.

[113] STANILOAE D., Theology, 89: "The Trinity is the culmination of the humility and sacrifice of love. It represents the continual mortification of each 'I', for it is the self-assertion of these 'I's' that would make the absolute unity of love impossible, and thus give birth to individualism. and it is the sin of individualism that hinders us from understanding fully that the Holy Trinity is a complete identification of 'I's' without their disappearance or destruction". Anche il teologo greco Farantou si esprime in maniera analoga: Cf ΦΑΡΑΝΤΟΥ M., Δογματικὰ καὶ ἠθικά,' Αθῆναι 1983, 32.

[114] Cf ΤΡΕΜΠΕΛΑΣ Π., Δογματική, A', 269-277.

zione di Cristo con il Padre nel seno della Trinità è una relazione filiale eterna, relazione che non si perde con l'incarnazione, anzi la comunica a noi[115].

Staniloae nello spiegare le opere comuni della Trinità parla anche della filiazione di Gesù che a sua volta esprime in termini di *Io* filiale in relazione con l'*Io* paterno di Dio."L'affermazione dell'*Io* filiale dal paterno *Io* e viceversa è manifestato concretamente nel fatto che tutte le opere del Padre sono effettuate dal Figlio, e viceversa. È in questo senso che dobbiamo capire l'idea che tutte le attività sono comuni alle tre Persone. Nell'atto eterno in cui l'*Io* dell'altro rimpiazza reciprocamente l'*Io* di ogni altra Persona, è il Padre che ha continuamente l'iniziativa. Egli fa del Figlio il vero possessore oppure il portatore attuale dell'atto dell'intellezione che nasce essenzialmente dal Padre (...). La rappresentazione del Padre dall'*Io* del Figlio, e viceversa, è capace di raggiungere questo genere di perfezione perché l'*Io* del Figlio, quest'altro modo di essere del divino universo, è amato dal Padre"[116]. Ed è nel Logos incarnato, nel Logos amato e glorificato che si aprono a noi gli spazi trinitari; è grazie a lui che l'umanità è ontologicamente trasfigurata fino al punto di essere immersa nel movimento infinito del sacrificio tramite il quale Gesù consuma ogni separazione e integra a Dio l'universo[117].

C. Il mistero dell'incarnazione
1. *Il motivo dell'incarnazione*

La teologia ortodossa per secoli continua ad annuncaire che Dio si è fatto uomo affinché l'uomo diventi Dio. Gesù è Dio per natura, mentre l'uomo diventa nella filiazione di Cristo, "Dio" per

---

[115] Cf ΖΗΖΙΟΥΛΑΣ I., Μαθήματα, Α', 44.
[116] STANILOAE D., *Theology*, 89-90.
[117] Cf ID., *Le génie*, 15.

grazia. L'incarnazione della seconda persona della Trinità, secondo la teologia ortodossa, non fu un'opera condizionata e quindi decisa in seguito al peccato dell'uomo. Dio previdente e provvidente sin dall'eternità ha previsto la caduta dell'uomo, ma sin dall'eternità ha previsto e provveduto anche alla salvezza dell'uomo[118]. Bisogna evidenziare che da parte di Dio il mistero dell'incarnazione è un evento deciso liberamente sin dall'eternità; esso è un atto d'amore gratuito della Trinità verso l'umanità, mentre da parte dell'uomo si può dire che per la teologia ortodossa il mistero dell'incarnazione costituiva una necessità.

a) *A partire dalla libera volontà di Dio*

La redenzione voluta da Dio sin dall'eternità è rimasta sempre un mistero nascosto. Siccome questo mistero supera infinitamente la capacità di comprensione da parte della mente umana, esso diventa accessibile all'uomo soltanto attraverso la luce della fede. La volontà di Dio di redimere il mondo fu inseparabile da quella del disegno della creazione compiuto prima dei secoli e quindi sin dall'eternità[119].

"È per questo - dice Staniloaë - che Dio si è incarnato, ha sofferto ed è risuscitato: per stabilire in una maniera ormai indistruttibile la comunione tra Lui e noi, unendo la nostra natura alla Sua in Una delle Persone divine"[120].

Il progetto salvifico di Dio, secondo la teologia ortodossa, è comune alle tre persone della SS. Trinità. Le persone della Trinità, infatti, avendo un'unica e una medesima natura, hanno di conseguenza un'unica volontà ed un'unica energia comune alle tre ipo-

---

[118] Cf ΤΡΕΜΠΕΛΑΣ Π.., Δογματική, Β'. 2.
[119] Cf *Ibid*, 2.
[120] Cf STANILOAË D., *Le génie*, 113.

stasi. Per questo motivo sia il disegno della creazione come quello della redenzione, sono opera comune alle tre persone divine[121].

Se la volontà della redenzione sin dall'eternità era legata a quella della creazione, è evidente che la volontà della redenzione del genere umano, esistette inseparabilmente dal disegno della creazione. In altre parole non si tratta di un disegno subentrato in un secondo momento ma è eterno e simultaneo a quello della creazione stessa. La teologia ortodossa in genere si basa su S. Atanasio il quale paragonava il disegno di Dio a quello di un sapiente architetto che nel preparare il disegno di una casa pensa anche come ripararla e quindi come ricostruirla in caso di distruzione; l'architetto, nel consegnare il disegno della casa ai responsabili della costruzione, indica loro anche quello della riparazione perché, in caso di distruzione, possano e sappiano come ricostruirla. Secondo il modo di pensare di Sant'Atanasio nella mente di Dio la volontà del progetto salvifico precederebbe quasi quella del progetto della creazione[122].

Per quanto riguarda l'ipotesi dell'incarnazione nel caso in cui l'uomo non avesse peccato, anche nel campo ortodosso c'è una divergenza di opinioni. In genere però prevale l'opinione fondata su S. Ireneo, secondo la quale l'unica causa dell'incarnazione è stata l'urgenza della salvezza provocata dal peccato dell'uomo perché se non doveva essere salvata la carne, il Verbo di Dio non si sarebbe fatto carne; così ad esempio Trembelas e Romanides[123]. Altri come Zizioulas, Ware, Evdokimov ecc., basandosi su S. Massimo il Confessore[124], mentre affermano che di fatto il Verbo si è incarnato per

---

[121] Cf ΤΡΕΜΠΕΛΑΣ Π., Δογματική, Β', 320. 369
[122] Cf Ibid, 8-9.
[123] Cf Ibid, 9-10. ΡΩΜΑΝΙΔΗΣ Ι., Τὸ Προπατορικὸν ἁμάρτημα, Ἀθῆναι 1957, 79.
[124] Cf MAXIMUS CONFESSOR (S.), *Quaestiones ad Thalassium*, q. LX, n. 209-212 (PG 90, 620-625), dove egli, coerente con la sua teoria riguardo alla natura, concepisce la natura creata non come una realtà statica bensì dinamica; essa è orientata verso un fine escatologico. Il Logos allora non sarebbe solo il suo principio, ma anche il suo fine ultimo perché la realtà creaturale non solo

salvarci, dall'altra dicono che anche se l'uomo non avesse peccato il Verbo si sarebbe incarnato lo stesso. Zizioulas, il metropolita di Pergamo, ad esempio, spiega che il Verbo si sarebbe ugualmente incarnato affinché il mondo potesse superare la sua natura corruttibile per essenza e la morte; secondo Zizioulas, la natura corruttibile e la morte c'erano indipendentemente dal peccato dell'uomo in quanto esse sono implicite alla realtà creaturale dell'uomo. Affinché l'uomo potesse superare questa sua realtà creaturale fatta di corruzione e di morte, avrebbe dovuto unirla con la realtà non-creaturale di Dio. Con il peccato tutto è stato accentuato perché mischiato con la menzogna; perciò non soltanto era necessaria da parte dell'uomo l'incarnazione, ma anche l'assoluta iniziativa del non-creato a favore dell'unione con la natura umana creata. Ecco perché Cristo si è fatto uomo e non angelo[125].

Nellas si pone sulla stessa direzione; egli commentando, Cabasilas, afferma che la dimensione dell'uomo essendo ontologicamente *teologica* e *iconica* costituisce una potenzialità reale dell'uomo esprimente donazione, finalità, conquista e prospettiva; l'essere creato "ad immagine di Dio" dell'uomo comporta in sé una potenzialità reale, una sorte di fidanzamento che conduce al matrimonio, ossia all'unione ipostatica, all'unione e fusione senza confusione della natura divina con la natura umana in quanto l'uomo trova il suo contenuto ontologico soltanto nel suo archetipo; ecco per-

---

esiste 'per mezzo di lui', ma anche 'in lui'. Ora per essere in Cristo la creazione necessitava di essere da lui assunta; per cui l'incarnazione, indipendentemente dalla caduta dell'uomo, appare come una precondizione della glorificazione finale dell'uomo; cf anche LIMOURIS G., *Confessing Christ Yesterday and Today: a Christological Exploration*, in *OF* 5 (1991) 27.

[125] Cf ZHZIOΥΛΑΣ I., *Μαθήματα*, Β', 32-38; BOULGAKOF S., *Du Verbe Incarné (Agnus Dei)* (*Les réligions*, 1), Paris 1943, 222-223 considera la corruzione e quindi la morte come una potenzialità che c'era nella creaturalità stessa del primo uomo, Adamo, potenzialità del suo stato creato che secondo lui è diventata attualità soltanto dopo la caduta.

ché l'incarnazione di Cristo non costituisce un semplice episodio o avvenimento nel corso della storia; essa non è l'effetto della vittoria del diavolo sull'uomo. L'incarnazione è frutto della preeterna volontà di Dio perché l'uomo da sempre si trovava prospetticamente in una condizione di *avanti Cristo* nel senso che egli prima ancora del peccato aveva bisogno di salvezza perché egli non era ancora completo, era un fanciullo. Ora la natura umana non poteva compiersi semplicemente attraverso un certo orientamento, una certa tensione verso l'archetipo, ma aveva bisogno di realizzare l'unione con lui. Ora essendo Cristo il capo dell'umanità, fin quando egli non fosse unito ipostaticamente con lei, sarebbe rimasta incompiuta perché in un certo qual modo era ancora priva di una sua ipostasi; le mancava cioè un effettivo *sussistere secondo Cristo*. Per questo l'incarnazione costituisce il compimento della creazione della natura umana, diventa per lei il giorno natale della sua umanità, l'incarnazione le dona il suo compimento: essere in Dio, essere creatura nuova. Secondo Nellas il primo motivo dell'incarnazione, prima ancora del peccato e quindi della necessità della salvezza, è la *ricapitolazione* in Cristo, la *divinizzazione* e quindi la *cristificazione* della natura umana perché Dio non costituisce per essa un principio esterno, ma il suo principio ontologico e il suo fine che in quanto tale è teocentrico[126].

Ware, il vescovo di Dioclias, mentre da una parte dice che nella nostra odierna condizione non si può dare una risposta nel caso l'uomo non avesse peccato, tuttavia prosegue rifacendosi oltre che a S. Massimo il Confessore, anche a S. Isacco il Siro il quale affermava che anche se non ci fosse stata la caduta dell'uomo, Dio, nel suo infinito ed estatico amore, avrebbe ugualmente scelto di identificare se stesso con la sua creazione facendosi appunto uomo. Ware prosegue affermando: "L'incarnazione di Cristo, vista in questo modo, ha un significato più grande rispetto a una sottrazione

---

[126] Cf NELLAS P., *Voi siete dei. Antropologia dei Padri della Chiesa*, Roma 1993, 47-55; ID., *De la Mère de Dieu*, dans *Con* XXXXV (1993) 260-261.

dalla colpa o di un'apocatastasi dell'uomo alla sua condizione iniziale nel paradiso. L'evento di Dio che si fa uomo, segna l'inizio di uno stadio sostanzialmente nuovo nella storia dell'uomo e non solo per un ritorno al passato. L'incarnazione innalza l'uomo a un livello nuovo; l'ultima condizione è superiore alla prima. Solo in Gesù Cristo vediamo rivelate tutte le possibilità della nostra natura umana (...). La vera immagine e somiglianza di Dio è lo stesso Cristo; perciò dal primissimo momento della creazione dell'uomo ad immagine di Dio, l'incarnazione di Cristo, in qualche modo, era sottintesa. La vera causa dunque dell'incarnazione non si trova nella peccaminosità dell'uomo, ma nella sua natura prima della caduta, ossia nella sua esistenza che è stata fatta secondo l'immagine divina ed è capace di unirsi con Dio"[127].

Il motivo dell'incarnazione è comunque per un ortodosso quello della ricapitolazione "ἀνακεφαλαίωσις" in Cristo di tutto il genere umano (cf Ef 1,1-14): "La Trinità ha deciso l'incarnazione, la crocifissione, la risurrezione e l'ascensione al cielo, come uomo, di una delle Sue Persone, affinché questa Persona ricapitoli in Essa tutti gli uomini e li conduca così alla comunione eterna con il Dio trino. È un movimento circolare che parte dalla Trinità verso gli uomini per condurli nella Trinità. È un movimento della Trinità verso noi, per ritornare a se stessa con noi.. Una Persona divina di-

---

[127] ΓΓΕΑΡ Κ., *Ὁ Ὀρθόδοξος*. 83-84. Vedi anche ID., *L'orthodoxie*, 303-304 dove, presentando l'icarnazione come atto dell'amore di Dio verso l'umanità, ripete la stessa idea: "L'incarnation est un acte de la *philantropia* de Dieu, de sa bonté-aimante pour l'homme. Quelques auteurs orientaux ont prétendu que même si l'homme n'était pas tombé, Dieu, dans son amour pour l'humanité, se serait quand même fait homme: l'incarnation doit être comprise comme une part des intentions éternelles de Dieu et non pas simplement comme une réponse à la chute. Tel était le point de vue de Maxime le confesseur et d'Isaac le Syrien, telles aussi ont été les vues de certains écrivains occidentaux, notamment de Duns Scot (1265-1308). Par la chute de l'homme, l'incarnation n'est plus seulement un acte d'amour, mais de salvation, Jésus-Christ, en unissant en Lui l'humanité et la divinité, a ouvert de nouveau à l'homme la voie d'union avec Dieu".

scende dalla Trinità per ritornarci non soltanto come persona divina, ma anche come persona incarnata, avendo unito a Sé tutta l'umanità per una comunione con la Trinità infinita"[128].

Anche Tsirpanlis condivide la stessa opinione; egli, fondato su S. Atanasio, rileva che il motivo dell'incarnazione è duplice: la deificazione "θέωσις" e la salvezza "σωτηρία" dell'uomo. La "soteria", non si identifica con la "redenzione", ma va presa in senso molto più ampio e ricco rispetto a quest'ultima; non è questione di redenzione dal solo peccato, ma è salvezza totale dell'uomo, cioè liberazione integrale da ogni forma di schiavitù. Tuttavia, spiega Tsirpanlis, il motivo ultimo e più grande dell'incarnazione è la deificazione e questo perché il più grande bisogno dell'uomo, indipendentemente, del peccato era la deificazione. L'incarnazione del Verbo rientra nel piano originale di Dio; infatti già sin dalla creazione ebbe inizio la nostra salvezza tramite il Verbo, tanto è vero che il nostro Salvatore non si è accontentato con la sola restaurazione della nostra natura umana, riportandola cioè al suo stato di incorruttibilità ed immortalità originale, ma l'ha elevata molto di più tramite la grazia della divinizzazione. Per questo il Logos ha assunto la nostra natura umana: per farci diventare Dio. Dio allora si è incarnato perché l'uomo da solo non avrebbe potuto raggiungere lo scopo finale della sua creazione: la deificazione; era necessario dunque che, anche indipendentemente del peccato dell'uomo, Dio si facesse carne affinché l'uomo divenisse Dio[129].

Bulgakov, basato sui brani biblici (1 Pr 1,20; 1Cor 2,7; Ef 1,4) e sul credo dove dice che Cristo si è incarnato *per noi* e *per la nostra salvezza*, afferma che il motivo dell'incarnazione è duplice: a) *per noi* con un senso più generale indicante la ricapitolazione di tutto l'universo in Cristo; esso cioè ha un senso escatologico e b)

---

[128] STANILOAË D., *Le génie*, 122.
[129] TSIRPANLIS C. N., *Introduction to Eastern Patristic Thought and Orthodox Theology* (*Theology and Life Series, 30*), Collegeville, Minnesota 1991, 65-68.

per la nostra salvezza con un significato più particolare e quindi specifico; quest'ultimo ha un senso soteriologico[130].

Le due proposizioni del nostro *Credo* secondo Bulgakov non devono essere viste come giustapposte: *o - o*, ma come congiunte: *e - e*. L'incarnazione - spiega Bulgakov - si è compiuta nella totalità del suo significato così come era eternamente stabilita nel consiglio di Dio, ma si è compiuta a causa dell'uomo caduto. Bulgakov continua dicendo tra le atre cose che il caso irreale sarebbe che Dio non si sarebbe incarnato se non ci fosse stata la caduta dell'uomo. Ma in questo senso si farebbe dipendere l'incarnazione di Dio dal peccato dell'uomo, anzi dalla malizia del serpente. In realtà Dio ha creato il mondo in vista dell'incarnazione e quindi essa non dipende dal peccato dell'uomo anche se, conclude Bulgakov, in effetti l'incarnazione ebbe luogo in concreto come redenzione[131].

---

[130] BOULGAKOF S., *Du Verbe*, 95.

[131] BOULGAKOF S., *Du Verbe*, 95-96: "L'incarnation s'est accomplie dans la totalité de sa signification telle que'elle était éternellement établie dans le conseil de Dieu, mais elle s'est accomplie à cause de l'homme tombé. Par suite de la chute, elle apparut *avant tout* comme le moyen de salut et de la rédemption, en conservant pourtant toute la plénitude de son sens, même au delà de la rédemption, car cette derniére ne l'épuise point. Le *casus irrealis* consiste ici à admettre que Dieu aurait pu ne pas S'incarner, si l'homme n'avait point péché. L'incarnation de Dieu est mise, par là même, sous la dépendance de l'homme et précisément de sa chute, du péché originel, en dernière analyse - du serpent même. Au contraire, dans les témoignages cités de la Parole divine, le mystère de l'Incarnation était décidé 'dès avant la création du monde'; c'est-à-dire qu'il exprime la relation la plus fondamentale et déterminante de Dieu avec le monde, et non point seulement un événement particulier de la vie de ce dernier, encore que capital pour nous. Dieu créa donc le monde en vue de l'Incarnation, et ce n'est point le monde qui contraignit Dieu à S'incarner par le truchement de la chute de l'homme. Cette dernière hypothèse contient une évidente disproportion. Toutefois, l'incarnation s'accomplit d'une façon concrète, justement en tant que rédemption, et nous devons l'entendre comme telle. A ce sujet, on invoque souvent la *prescience* de Dieu pour Qui la chute de l'homme était connue à l'avance, ce pour quoi Dieu créa le monde en incluant dans Son plan, dès l'origine, l'incarnation. Un tel commentaire n'est point ontologique, mais anthropomorphique, et on le souligne encore quand on admet que Dieu au-

Altrove Boulgakov sviluppa la stessa idea affermando che se la creazione del mondo è l'opera dell'amore divino del sacrificio in quanto Dio, l'Assoluto, ha posto accanto a sé l'essere relativo, l'incarnazione divina invece è l'amore del sacrificio di Dio, dell'umiliazione della Divinità che si abbassa fino ad unirsi ipostaticamente con l'uomo. Secondo Boulgakov questo amore sacrificale di Dio per il mondo è il fondamento dell'incarnazione sin dall'eternità per cui l'incarnazione costituisce il secondo atto della conclusione della creazione del mondo in quanto Dio ha creato il mondo assumendo su di sé la responsabilità della sua salvezza e decise sin dall'eternità di supplire egli stesso alle insufficienze della creatura divinizzandola e dando così l'eternità al creato. Nell'eterno Adamo Dio aveva già previsto l'immagine del Nuovo Adamo, e in Eva quella della nuova Eva. L'incarnazione è perciò immanente alla creazione stessa del mondo, come del resto secondo Boulgakov lo è anche la redenzione, anzi gli è ontologicamente identica. Dio ha voluto entrare nel mondo per fargli superare la sua creazione dal nulla e quindi la sua imperfezione dovute al fatto che era soggetto al limite, alla relatività e alla convertibilità contenente in sé la possibilità di peccato perché egli nel suo amore non poteva abbandonare il mondo alla sua sorte; il mondo, anche se perfetto in sé, aveva tuttavia un'imperfezione ontologica irrimediabile; Dio nel suo grande amore sacrificale s'incarna per perfezionarlo e quindi per divinizzarlo, per farlo entrare in piena comunione d'amore con lui[132].

Evdokimov pure, fondato su Bulgakov, si mette sulla stessa linea; egli basandosi anche su S. Isacco il Siro (VII sec.) afferma, come i teologi sopra citati, che Cristo si sarebbe ugualmente incarnato indipendentemente dal peccato e questo appunto a causa della

---

rait pu sauver l'homme par des moyens autres que l'incarnation. Ici, on attribue à Dieu un choix à l'humaine entre différents moyens et différentes possibilités. Une seule chose est incontestable: le monde de créature recélait, dans sa condition de créé, la possibilité de la chute".
[132] Cf BOULGAKOF S., *Du Verbe*, 279-282.

sua filantropia[133]. "La lettura della creazione - spiega Evdokimov - è possibile soltanto nel Dio-Uomo: il mondo è concepito e creato in tutta la realtà grandiosa dell'incarnazione. Al di sopra della curva possibile della caduta, Dio scolpiva già il volto umano, guardando nella sua Sapienza all'umanità celeste ed eterna di Cristo"[134]. Secondo Evdokimov creazione e incarnazione sono co-implicate, l'una culmina nell'altra. Per questo l'incarnazione avrebbe avuto luogo anche al di fuori della caduta come l'espressione-limite dell'amore divino[135].

Come si vede, tra i teologi ortodossi non c'è convergenza di opinione riguardo al motivo dell'incarnazione: un numero di teologi molto noti, non legano l'incarnazione al peccato dell'uomo ma alla preeterna volontà di Dio e quindi al suo progetto di divinizzazione dell'uomo tramite appunto l'assunzione della natura umana da parte del suo Figlio[136].

Per quanto riguarda il pensiero passato della teologia bizantina con Florovskij e con Meyendorff possiamo dire che in genere questa questione non costituiva l'oggetto di riflessione dei teologi ortodossi: "la questione se l'incarnazione sarebbe avvenuta qualora non ci fosse stata la caduta non fu mai al centro dell'attenzione per i bizantini; i teologi di Bisanzio considerarono piuttosto il fatto concreto della

---

[133] EVDOKIMOV P., *L'Ortodossia*, 83: "In Oriente la testimonianza così significativa di un sant'Isacco Siriaco (VII secolo) ci reca non soltanto le concezioni, ma l'esperienza di un grande asceta, nelle cui parole si respira tutta l'aridità del deserto, ma in cui soprattutto si sente ancora la traccia vivente di quella 'fiamma delle cose' di cui egli era il grande veggente. Nella missione terrestre del Cristo egli contempla la sua compassione infinita verso gli uomini. L'amore del Filantropo supera per lui infinitamente l'aspetto soteriologico e giunge all'ampiezza così sconvolgente dell'incarnazione *che avrebbe avuto luogo anche senza la caduta*".
[134] *Ibid*, 85.
[135] ID., *La connaissance*, 15: "Création et Incarnation sont co-impliquées, l'une achève l'autre. C'est pourquoi l'Incarnation aurait eu lieu même en dehors de la chute, comme l'expression-limite de l'amour divin".
[136] Vedi anche NELLAS P., *Voi siete*, 33.

mortalità umana: una tragedia cosmica in cui Dio mediante l'incarnazione accettò di essere personalmente - meglio ipostaticamente - coinvolto. La più importante e, in apparenza, unica eccezione a questa dottrina generale è rappresentata da Massimo il Confessore per il quale l'incarnazione e la 'ricapitolazione' di tutte le cose in Cristo sono il vero 'scopo' e la 'mèta' della creazione; l'incarnazione perciò fu prevista e preordinata indipendentemente dal tragico abuso che l'uomo fece della sua libertà"[137].

Se, come abbiamo visto nella teologia ortodossa contemporanea, c'è chi afferma che il Verbo si sarebbe incarnato indipendentemente dal peccato dell'uomo, tuttavia ci sono anche tanti teologi ortodossi che la pensano in modo diverso.

Trembelas, ad esempio, rimanendo fedele al suo modo di concepire la verità rivelata, e cioè come realtà da adorare con l'ossequio della fede piuttosto che esplorare con le speculazioni della ragione, afferma che, siccome la volontà di Dio rimane inesplorabile, sarebbe un tentativo pericoloso volerla scrutare in pieno. Secondo lui, si può esaminare l'ipotesi dell'eventuale mancata incarnazione del Verbo solo in relazione all'uomo. Secondo Trembelas, se Adamo non avesse peccato, il Verbo si sarebbe incarnato solo nell'ipotesi in cui la divina rivelazione non fosse stata sufficiente ad insegnare all'uomo la verità necessitando così di un compimento. Dal momento però che Adamo sin dall'inizio si è presentato come ispirato e guidato da Dio non sembra che ci fosse bisogno di un ulteriore compimento della divina rivelazione. Da qui si potrebbe concludere che, secondo Trembelas, se l'uomo non avesse peccato, se cioè non fosse caduto nel bisogno di essere salvato, la seconda persona della SS. Trinità, il Verbo di Dio, non si sarebbe incarnato. Per l'autore questa rimane però una pura e semplice ipotesi specu-

---

[137] MEYENDORFF J., *La teologia*, 197. FLOROVSKY G., *Creation and Redemption*, III, Belmont 1976, 163-170.

lativa perché nessuno di noi potrebbe esplorare l'imperscrutabile volontà di Dio[138].

In genere si può dire che, a parte queste considerazioni, secondo la teologia ortodossa in genere il primo e il più grande motivo dell'incarnazione è la libera volontà di Dio e la sua prescienza grazie alla quale aveva previsto la caduta dell'uomo; questo motivo costituisce il punto di partenza per la maggioranza degli ortodossi; ma, come abbiamo visto, c'è anche un buon numero di teologi ortodossi i quali affermano che l'incarnazione non dipende dal peccato dell'uomo; l'incarnazione ci sarebbe stata comunqe anche se il peccato non ci fosse stato appunto perché progettata sin dall'eternità a favore della deificazione dell'uomo, ossia della natura umana. Un altro motivo che spiega l'incarnazione si fonda sulla dignità dell'uomo caduto, creato a immagine e somiglianza di Dio.

b) *A partire dalla necessità dell'uomo*

Il diavolo, a differenza dell'uomo, secondo Trembelas, non si è mai pentito del proprio peccato. Per questo motivo l'uomo è maggiormente degno di essere perdonato. Inoltre l'uomo caduto non ha peccato perché spinto da una sua malizia interiore, come nel caso del diavolo, ma soltanto perché è stato provocato dall'esterno e appunto dallo stesso satana; ecco perché l'uomo merita di essere perdonato. È in questo modo che, secondo la teologia ortodossa, la pensavano i Padri, soprattutto il Damasceno[139].

La natura del diavolo, l'angelo caduto, con il peccato fu totalmente corrotta, mentre quella dell'uomo no. Il peccato non ha corrotto sostanzialmente la natura dell'uomo e quindi in modo irreparabile; secondo Trembelas, che ciò sia vero si evidenzia dal fatto

---

[138] Cf ΤΡΕΜΠΕΛΑΣ Π., Δογματική, Β΄. 11. Alla stessa maniera la pensa LOSSKY V., *Teologia*, 130-131.

[139] Cf ΤΡΕΜΠΕΛΑΣ Π., Δογματική, Β΄. 2-3.

che l'uomo caduto sente un grande dolore e un grande dispiacere del proprio peccato indicante così che nell'uomo è rimasto ancora un fondamento buono. Mentre la natura del diavolo, dunque, fu del tutto corrotta e quindi mutata fino al punto di trasformarlo in padre della menzogna, quella dell'uomo, invece, no, tanto è vero che quando non c'è coerenza con la sua natura, quando cioè mentisce, è prigioniero del diavolo[140]. Per questa ragione l'uomo caduto può essere ancora penetrato dalla grazia divina; con la sua caduta l'uomo non assunse né lo stato del diavolo e neanche lo stato degli animali irrazionali. Nella sua condizione di peccato l'uomo non ha bisogno, dunque, di un mutamento della sua natura, in quanto il peccato non gli ha mutato la natura, ma ha bisogno semplicemente di una rinascita[141].

Come si è detto, la volontà del progetto salvifico di Dio mediante la realizzazione dell'incarnazione del Verbo, è del tutto libera; essa sfugge alla comprensione da parte della mente umana. Non si può dire, invece, la stessa cosa da parte dell'uomo. L'uomo peccatore da sempre ha sentito l'esigenza e quindi la necessità di essere salvato. Segno di questa necessità di riconciliazione con Dio è il moltiplicarsi dei sacrifici cruenti, dei riti e delle penitenze di vario genere. Sin dall'inizio della sua caduta l'uomo non ha cessato di avere rimorsi di coscienza per il proprio peccato, per la propria colpa; è da questo suo stato di disagio che si nota l'esigenza di un intervento diretto dell'amore misericordioso di Dio. Il peccato ha recato all'uomo una debolezza tale che egli da solo non poteva salvarsi radicalmente[142].

L'amore misericordioso di Dio verso l'uomo caduto, che pur non essendo stato mutato nella sua natura, tuttavia è stato indebolito a causa del peccato, si è manifestato nell'invio del suo diletto Figlio nel mondo delle tenebre. Soltanto Gesù Cristo ci poteva salvare

---

[140] Cf ΤΡΕΜΠΕΛΑΣ Π., Δογματική, Β'. 3.
[141] Cf Ibid, 3.
[142] Cf Ibid, 4.

perché soltanto lui è nello stesso tempo perfetto Dio e perfetto uomo. Per questo il mistero della redenzione costituisce il dogma per eccellenza, esso è il sole centrale, il quale presentando il Dio trino che sin dall'eternità vuole la salvezza dell'uomo, fa luce su tutte le verità della divina rivelazione. Il progetto salvifico di Dio è e rimane dono della libera volontà di Dio uno e trino; esso rimane un mistero che a livello puramente naturale nessuno prima poteva prevedere, ma neppure dopo la sua realizzazione riesce a capire e ad approfondire a pieno con la luce della mente; per capirne qualcosa è necessaria la fede semplice e la ragione umana priva di malizia[143].

2. L'evento dell'incarnazione

L'incarnazione, come si è già visto, è opera comune di tutta la SS. Trinità. Non si dà separazione tra il mistero trinitario e il mistero dell'incarnazione e quindi della redenzione; sono i due lati della stessa medaglia. L'incarnazione del Verbo è frutto dell'unica energia della Trinità. Il mistero dell'incarnazione, in base alla tradizione patristica, fondata biblicamente, può essere indicato con diversi termini: umanizzazione "ἐνανθρώπισις" (ITim 3,16; IGv 1,2; 3,8), apparizione "φανέρωσις", manifestazione-Teofania, incorporazione "ἐπιφάνεια-θεοφάνια, ἐνσωμάτωσις" (II Tim 1,10; Tit 2,11; 3,4), svuotamento, discesa "κένωσις, κατάβασις, συγκατάβασις" (Fil 2,7) e incarnazione "ἐνσάρκωσις" (Gv 1,1)[144].

Con queste espressioni la teologia ortodossa vuole fortemente affermare che Dio si è fatto carne, ossia non Dio, senza però cessare di essere Dio. Questo uomo diventa così la chiave di tutto il creato. L'incarnazione ci vuole quindi dire che Dio è uscito dall'assoluta eternità del suo essere e da Creatore, per mezzo del quale tutto è stato compiuto, si è fatto lui stesso creatura; questo è il significato

---

[143] Cf Cf ΤΡΕΜΠΕΛΑΣ Π., Δογματική, Β', 4-7.
[144] Cf Ibid, 24.

della condiscendenza di Dio e di tutti gli altri termini sopraelencati indicanti l'evento dell'incarnazione. La discesa dal cielo come ci spiega Boulgakof non ha certo un senso empirico, geografico, astronomico altrimenti in questo caso non avrebbe avuto senso, bensì un significato profondamente metafisico e ontologico. Dio, ponendo fuori di sé il mondo che ha creato, è divenuto il Creatore e incarnandosi entra in relazione ancora più stretta poiché egli stesso, in quanto Assoluto, entra in relazione con la creatura pur non cessando di restare nei cieli, ossia al di fuori della realtà creata e al di sopra di essa. È questo il significato di questo paradosso dell'essere increato e creato, divino e umano nella sua antinomia purché lo si consideri nella sua cruda realtà senza alcun docetismo: Dio fatto carne assume la forma di servo, ossia di fronte a Dio si pone in una relazione di creatura[145].

Anche se solo la seconda persona della Trinità, e cioè il Figlio Verbo di Dio, ha assunto la natura umana, tuttavia tutta la Trinità coopera per la realizzazione concreta di questo fine e quindi per la nuova creazione[146]. Zizioulas riconosce che su questo punto c'è la massima convergenza tra oriente e occidente; ambedue infatti affermano che l'attività di Dio *"ad extra"* è una e indivisibile; dove c'è il Figlio c'è anche il Padre e lo Spirito Santo e viceversa, anche se il contributo di ciascuna persona comporta delle caratteristiche proprie[147]. Al Padre infatti è attribuita la compiacenza e quindi l'iniziativa dell'invio del suo Figlio, al Figlio la discesa e la conse-

---

[145] Cf BOULGAKOF S., *Du Verbe*, 139-143.
[146] Cf ΤΡΕΜΠΕΛΑΣ Π.. *Δογματική*, Β', 195; ΝΗΣΙΩΤΗΣ Ν.. *Προλεγόμενα*, 227-240; LOSSKY V., *Teologia*, 75-77; ZIZIOULAS J., *Being as Communion. Studies in Personhood and the Church*, New York 1985, 111, soprattutto quando afferma: "The Christ-event is not an event defined in itself-it cannot be defined in itself for a single instant even theoretically - but - *is an integral part of the economy of the Holy Trinity*. (...) For the Incarnation (...) is formed by the work of the Spirit, and is nothing else than the expression and realization of the will of the Father".
[147] Cf ZIZIOULAS J., *Being*, 129.

guente incarnazione, e infine allo Spirito Santo spetta il ruolo della santificazione della Vergine e il dono ad essa della forza generatrice. Anche se solo il Figlio si è fatto uomo, tuttavia tutta la natura della divinità in una delle sue tre ipostasi, si è unita con la natura umana[148].

Per il fatto che tutta la Trinità ha voluto e ha cooperato per l'incarnazione della seconda ipostasi, non bisogna pensare che il Verbo abbia aderito per forza a questo divin disegno. Il consenso del Figlio non fu una imposizione da parte delle altre due ipostasi ma fu un consenso che si caratterizza con il termine biblico: "compiacenza" "εὐδοκία". È così infatti che ha cantato l'angelo e una moltitudine dell'esercito celeste nell'annunciare ai pastori la grande gioia della nascita del Salvatore (cf Lc 2,1-20). Gli angeli confermavano così che sulla terra veniva la pace e la salvezza come dono della libera volontà e bontà di Dio. Dio ha creato il mondo e l'umanità per la sua gloria, ma se l'umanità non avesse dato questo inno di gloria o se Dio avesse punito definitivamente l'uomo, la sua gloria non sarebbe venuta meno. Se l'uomo ha ricevuto misericordia per mezzo dell'incarnazione, questo è avvenuto perché così ha voluto il Dio uno e trino nella sua assoluta libertà e signoria. Non c'è nessuna necessità, nessuna costrizione dunque da parte del Verbo d'incarnarsi; al contrario, però, da parte dell'uomo; che egli infatti necessitasse dell'incarnazione per la propria salvezza, si evi-

---

[148] ΤΡΕΜΠΕΛΑΣ Π., *Δογματική*, Β', 22: "Ἡ ἐνανθρώπησις, ἢ ἄλλως καὶ σάρκωσις καὶ ἐπιφάνεια καὶ θεοφάνεια καὶ ἐνσωμάτωσις καὶ κένωσις καλουμένη, καίπερ συντελεσθεῖσα διὰ κοινῆς τῆς ὅλης ἁγίας Τριάδος ἐνεργείας, ὑπῆρξε πρόσληψις τῆς ἀνθρωπίνης φύσεως ὑπὸ μόνου τοῦ Υἱοῦ καὶ Λόγου τοῦ Θεοῦ καὶ εἰς τὸ διηνεκὲς ἕνωσις αὐτοῦ μεταυτῆς. Οὕτως ἐν τῇ ἐνανθρωπήσει ὁ μὲν Πατὴρ ηὐδόκησεν, ἵνα ἀποστείλῃ τὸν Υἱὸν αὐτοῦ εἰς τὸν κόσμον, ὁ δὲ Υἱὸς κατῆλθε καὶ ἐνηνθρώπησε καὶ τὸ Ἅγιον Πνεῦμα ἐξαγιάσαν τὴν Παρθένον παρέσχεν εἰς ταύτην καὶ δύναμιν γεννητικήν. Καὶ μόνον μὲν ὁ Υἱὸς ἐνηνθρώπησε, πᾶσα ὅμως ἡ φύσις τῆς θεότητος ἐν μιᾷ τῶν τριῶν αὐτῆς ὑποστάσεων ἡνώθη μετὰ τῆς ἀνθρωπίνης φύσεως".

denzia dalla grandezza e dalla crudeltà del sacrificio che Gesù Cristo ha dovuto offrire al Padre per la riconciliazione dell'umanità[149].

Sin dal primo istante della concezione la madre di Gesù divenne la "Θεοτόκος" in quanto in quel momento si realizzò l'unione ipostatica; Maria ha concepito così colui che è insieme Dio e uomo "Θεάνθρωπος". Tuttavia Maria, anche se da quel momento, a causa dell'intervento dello Spirito Santo, divenne la creatura più santa, essa non si può dire, secondo la Chiesa ortodossa, che sia stata nel senso più assoluto del termine priva di peccato. Solo Gesù Cristo fu del tutto privo di peccato. Gesù Cristo ha assunto la natura umana, formandosi come uomo dal sangue purissimo della Vergine Tutta Santa. Egli ha preso dalla sua madre tutto ciò che ogni bambino prende dal seno materno per poter formarsi e quindi per poter nascere. La Madre di Dio, concependo e partorendo la seconda persona della Trinità, non l'ha concepita e partorita secondo la sua natura divina, ma secondo la sua natura umana[150]. Il Verbo incarnato infatti ha assunto la natura umana enipostatizzandola nella sua persona divina. È per questo che la Vergine Maria non può essere chiamata solo madre di Cristo "Χριστοτόκος" nel senso nestoriano, ma deve essere considerata anche e soprattutto Madre di Dio "Θεοτόκος"[151].

La teologia ortodossa, servendosi del linguaggio "ireneano", paragona la nascita di Gesù Cristo a quella di Adamo. Come il primo Adamo è stato concepito dalla terra, avendo come suo creatore soltanto Dio, così il secondo Adamo, il nuovo capostipite dell'umantià, la quale doveva essere da lui ricapitolata, doveva nascere per un intervento diretto dell'energia creatrice di Dio in modo che il nuovo genere umano fosse sano e senza il peccato del primo Adamo. E come il primo Adamo fu creato dalla terra vergine, così

---

[149] Cf ΤΡΕΜΠΕΛΑΣ Π., Δογματική, Β'. 23-32.
[150] Cf ID., Ἡ Μήτηρ τοῦ Λυτρωτοῦ, ἐν ΕΕΘΣΑ 12 (1956-57) 215-229.
[151] Cf Ibid, 220-222; ΑΝΔΡΟΥΤΣΟΥ Χρ., Δογματική, 183-184.

il secondo Adamo nasce alla stessa maniera dell'uomo caduto, nel seno di Maria, la terra vergine, per operare la nostra salvezza[152]. La nascita di Cristo si differenzia dalla nostra in quanto avvenne per opera dello Spirito Santo che ha santificato la Vergine; per questo motivo la Vergine avrebbe potuto fare a meno di presentare Gesù al tempio, anche per il fatto che questo bambino avrebbe offerto tutto se stesso, dall'inizio della sua esistenza terrena fino alla fine, come sacrificio grande ed esclusivo a Dio; questo sacrificio sarebbe stato così il compimento per eccellenza di tutti i sacrifici della Legge[153]. In genere la nascita di Gesù è considerata insieme alla sua risurrezione il miracolo per antonomasia della storia evangelica[154].

Tra il mistero della Trinità e il mistero dell'incarnazione c'è, dunque, uno stretto legame; infatti nell'incarnazione del Verbo si evidenziano le proprietà della divinità del Verbo, ossia di quella sua natura che è comune alle tre persone divine. Queste proprietà, secondo Gregorio di Nissa con il quale la teologia ortodossa va pienamente d'accordo, sono: la bontà, la sapienza, la giustizia e la potenza[155].

La *bontà* di Dio si vede soprattutto nel suo smisurato amore; egli per primo ci ha amati fino al punto di non risparmiare il suo Figlio, ma l'ha consegnato per noi. Il suo Figlio è morto per noi peccatori, cioè per dei nemici; per degli uomini che non mostravano a lui il dovuto rispetto[156].

La *sapienza* di Dio uno e trino si evidenzia dal fatto che è riuscito a mantenere le sue promesse anche se contrastanti. Da una

---

[152] Cf ΤΡΕΜΠΕΛΑΣ Π., Δογματική, Β', 67; ΓΙΑΝΝΑΡΑΣ Χρ., Τὸ Ἀλφαβητάρι, 146; TSIRPANLIS C. N., Introduction, 50-55; BOULGAKOF S., Du Verbe, 127-128.
[153] Cf ΤΡΕΜΠΕΛΑΣ Π., Ἡ πρώτη εἴσοδος τοῦ Ἰησοῦ εἰς τὸν ναόν, ἐν Ζωὴ 22 (1932) 24.
[154] Cf ID., 'Ἰησοῦς ὁ ἀπὸ Ναζαρέτ,' Ἀθῆναι 1955, 440.
[155] Cf ID., Δογματική, Β', 33.
[156] Cf Ibid.

parte, cioè, come aveva promesso ad Adamo, l'ha punito per aver mangiato dall'albero proibito perché se non l'avesse fatto non sarebbe stato sincero con se stesso, e dall'altra, rimane fedele alla sua bontà e misericordia in quanto nella sua sapienza fa sì che un uomo, il suo Figlio, subisca le conseguenze del peccato di Adamo, affinché l'uomo si possa salvare. Nella sua sapienza, cioè, trova il mezzo della soddisfazione del giusto e contemporaneamente con lo stesso mezzo salva l'uomo caduto, mantenendo così contemporaneamente sia la sua promessa di minaccia e di castigo e sia la sua proprietà di bontà e quindi la sua promessa di salvezza[157].

La *giustizia* di Dio si mostra per il fatto che Dio avrebbe potuto liberare l'uomo dalla tentazione diabolica ma non lo ha fatto perché avrebbe violentato la libertà dell'uomo. Avrebbe potuto salvare l'uomo dando un prezzo di riscatto all'uomo posseduto dal diavolo. Ma in questo modo il nemico dell'uomo non sarebbe stato vinto in modo equo. Il diavolo sarebbe stato vinto direttamente da Dio e non dall'uomo; invece essendo stato vinto da uno che aveva la nostra stessa natura umana, si può dire che la vittoria è anche nostra. Inoltre Dio mantiene la sua minaccia di morte nei confronti di Adamo caduto nel senso che Gesù in quanto uomo è morto per tutti soddisfacendo così la divina giustizia[158]. "Il Cristo - dice Clément - è il guerriero che affronta vittoriosamente 'l'uomo forte' (Mt 12,29), il diavolo, e distrugge il suo regno, cioè l'inferno e la morte. In questa prospettiva l'umiliazione liberamente affrontata dal Dio-uomo assume segretamente un carattere di trionfo"[159].

La *potenza* di Dio si mostra, ancor più che nella creazione, nell'incarnazione, per il fatto che egli rimane insieme Dio e uomo; questo è il segno della sua potenza[160].

---

[157] Cf ΤΡΕΜΠΕΛΑΣ Π. *Δογματική* Β'. 33.
[158] Cf *Ibid*, 34-35; NELLAS P., *De la Mère*, 257.
[159] CLÉMENT O., *La Chiesa*, 34.
[160] Cf *Ibid*, 35-36.

Il Figlio di Dio fatto uomo è la rivelazione definitiva di Dio e la realizzazione suprema dell'uomo, il compimento della vocazione umana. In Cristo, Dio si rivela all'uomo come Amore e Filantropia, e l'uomo invece come teophoros, tempio e carne della divinità, figlio di Dio, è "Dio" per grazia. Nellas, fondato come tutti gli ortodossi sul principio atanasiano della deificazione, afferma che nell'incarnazione ci sono tre momenti importanti: a) l'incarnazione è la rivelazione di Dio; b) l'incarnazione fa entrare Dio nella storia degli uomini; gli dona la possibilità di agire nella storia in persona e non più soltanto tramite le sue sole energie; c) l'incarnazione è la sublimazione dell'uomo; è soltanto con l'incarnazione che l'uomo compie la sua vocazione, diventa Dio-uomo[161].

In oriente l'incarnazione è considerata come un mistero, ma anche come un invito affinché l'uomo, trasformato dallo Spirito del risorto, vi partecipi con una vita nuova attraverso una decisione esistenziale e una esperienza vissuta della fede ecclesiastico-liturgica tutta orientata all'evento escatologio. In occidente, invece, l'accento riguardo alla finalità ultima dell'incarnazione generalmente non è messo sulla partecipazione e quindi divinizzazione dell'uomo, ma sulla redenzione. Queste due tendenze non devono essere assolutizzate perché a volte ci sono degli elementi tipici della teologia ortodossa anche in quella cattolica e viceversa[162].

L'evento dell'incarnazione, il modo con cui è avvenuta l'unione ipostatica, rimane non tanto un enigma (perché l'enigma anche se con fatica può essere risolto umanamente), quanto piuttosto un mistero divino[163] e quindi imperscrutabile e inafferrabile dalla nostra capacità intellettuale. Il mistero dell'incarnazione costituisce l'epifania sublime dell'amore misterioso, ma concreto, di Dio uno e trino verso l'umanità creata in Cristo a sua immagine e so-

---

[161] Cf NELLAS P., *De la Mère*, 251-252.
[162] Cf NISSIOTIS N., *La finalité de l'incarnation et ses répercutions théologiques*, dans *EEΘΣA* 24 (1979-80) 161-167.
[163] Cf ΤΡΕΜΠΕΛΑΣ Π., *Δογματική*, B', 26.

miglianza[164] e come mistero rimane e rimarrà sempre imperscrutabile e inafferrabile dalla nostra capacità intellettuale.

Conclusione

Parlare del mistero ineffabile della SS.ma Trinità è cosa assai ardua non soltanto per i semplici cristiani, ma anche per gli eruditi di teologia. Soltanto Gesù Cristo, il Verbo di Dio fatto carne, è diventato l'epifania tangibile del mistero trinitario e quindi l'esegeta del medesimo.

La teologia ortodossa immersa nella fede della Chiesa è convinta che solo grazie all'umanizzazione di Cristo si può cogliere con la fede il mistero trinitario. Mistero cristologico e mistero trinitario sono due realtà inscindibili. In realtà tutta la cristologia ortodossa va vista in chiave trinitaria; essa è collegata in modo armonioso con l'insieme del mistero rivelato.

Nella teologia ortodossa si può parlare di cristocentrismo, ma non di cristomonismo perché è Cristo che illumina ogni aspetto della nostra fede come l'unità e la trinità di Dio, la mariologia, l'ecclesiologia, i sacramenti, la liturgia, l'antropologia, l'etica, l'escatologia e così via; si può accettare così il cristocentrismo, ma non si può ammettere il cristomonismo, o il pneumamonismo, o il patermonismo. Tutte le opere al di fuori del seno della Trinità sono azione comune delle tre persone anche quando ognuna di esse svolge un suo ruolo specifico: il Padre è l'ideatore del progetto d'amore

---

[164]Nella teologia cattolica tradizionalmente, ad eccezione dei francescani, seguaci di Duns Scoto, si segue la via tomista; tuttavia da alcuni anni si fa sempre più strada l'ammissione anche della teoria scotista del primato di Cristo. I teologi contemporanei cercano, se non altro, di armonizzare le due teorie: Cf GALOT J., *Gesù liberatore. Cristologia*, II, (*Nuova collana di teologia cattolica*,12), Firenze 1983, 11-31; AMATO A., *Gesù*, 348-357; SERENTHÀ M., *Gesù Cristo ieri oggi e sempre. Saggio di Cristologia*, Leumann (To) 1982, 344.

extra-trinitario, il Figlio è l'esecutore, colui cioè che fa sì che questo progetto diventi realtà ed infine lo Spirito Santo è il santificatore, il perfezionatore di questo progetto[165]. Tutto il progetto dal punto di vista storico si deve dire che ebbe il suo centro nell'incarnazione del Verbo nel seno purissimo della Vergine Maria Madre di Dio, la "Θεοτόκος".

Nel passato generalmente la teologia ortodossa non si poneva il problema ipotetico se, nel caso in cui l'uomo non avesse peccato, Cristo si sarebbe incarnato o meno. Nella teologia ortodossa contemporanea invece c'è un numero considerevole di teologi ortodossi che tocca questo problema. C'è chi, come nel campo cattolico, afferma che Cristo in concreto si è incarnato soltanto per salvare l'uomo dal peccato, per cui nel caso l'uomo non avesse peccato non ci sarebbe stata l'incarnazione e c'è invece un buon numero di teologi, come Zizioulas, Evdokimov che, fondati su S. Massimo il Confessore e S. Isacco il Siro, affermano che il progetto dell'incarnazione precede la caduta dell'uomo; perciò nel caso in cui l'uomo non avesse peccato, essa sarebbe avvenuta lo stesso non tanto per salvare l'uomo quanto piuttosto per divinizzarlo perché questo era l'orientamento iniziale della creazione dell'uomo.

Ora, con la caduta è subentrato anche un secondo scopo: la salvezza dell'uomo dal suo peccato e dalle sue rispettive conseguenze, ma il motivo principale dell'incarnazione rimane sempre quello

---

[165] Vedi anche MARTZELOS G. D., *Theological Animism and Orthodox Pneumatology. An Orthodox Perspective Prompted by the Provocative Paper of Professor Chung Hyung at the 7th General Assembly of the World Council of Churches in Canberra*, in *OF* 8 (1994) 68 dove ribadisce che il Padre è la causa preliminare, il Figlio la causa creativa che compie creativamente il volere del Padre e lo Spirito Santo come la causa perfezionativa che compie l'azione creativa del Figlio: "Each person of the Holy Trinity accomplishes a different work in the manifestation of their common action. The Father, who constitues the intra-trinitarian source of divine action acts as a preliminary cause, the Son as a creative cause, creatively carrying out the will of the Father, and the Holy Spirit as a perfective cause, fulfilling the creative work of the Son".

della sublimazione, della divinizzazione dell'uomo ossia della trasformazione della creatura umana in "Dio" per grazia; ho detto che con la divinizzazione l'uomo è trasformato in "Dio" per grazia perché per la teologia ortodossa è sottinteso che solo Gesù Cristo è Dio per essenza ed è soltanto in lui che noi possiamo essere divinizzati e quindi abilitati a penetrare, mediante la sua unione ipostatica, il seno sublime della Trinità.

CAP. III
GESÙ CRISTO IL "ΘΕΑΝΘΡΩΠΟΣ" PER ANTONOMASIA

Introduzione

In un bellissimo paragrafo del suo libro, *"Cristo nel pensiero russo"*, Evdokimov ci lascia intendere che se Gesù Cristo è lo stesso per tutti coloro che professano il suo nome, tuttavia, egli va compreso da ciascun popolo, e si potrebbe aggiungere da ciascuna religione cristiana, anzi da ogni uomo, in maniera diversa. In fondo Gesù Cristo rimane il Dio-Uomo per i fratelli dell' oriente come anche per quelli dell'occidente, ma il modo di vederlo, come ci fa capire Evdokimov, cambia; ci sono delle sfumature diverse: "L'ideale religioso di un popolo si forma partendo dalla sua visione molto personale di Dio, dall'immagine artisitica, iconografica che si fa del Cristo. Esiste un Cristo russo che ha qualche cosa di essenzialmente evangelico sotto l'aspetto kenotico del Fratello umile degli umiliati, colui che è sempre con i poveri, gli infermi e i sofferenti. Il pittore Nesterov l'ha espresso molto bene nel suo celebre quadro 'Il Cristo e la Santa Russia', in cui si vede il Cristo circondato da mendicanti, infermi e piccoli di questo mondo"[166].

A. L'unione ipostatica

I nostri fratelli cristiani ortodossi esprimono molte volte al giorno la loro fede in Gesù Cristo il Dio-Uomo "Θεάνθρωπος" per antonomasia attraverso il frequente segno della croce. Il segno della croce, come abbiamo visto sopra, è fatto tenendo sollevate e unite le tre dita (pollice, indice, medio) segno della loro fede in Dio uno e

---

[166] EVDOKIMOV P., *Cristo nel pensiero russo*, Roma 1972, 40.

trino e piegate le due ultime dita (anulare e mignolo) proprio per esprimere la loro fede nella duplice natura di Gesù Cristo, ossia nella sua perfetta divinità e nella sua perfetta umanità unite tra loro nella sua unica persona senza confusione, senza mutamento, senza divisione e senza separazione, così come è stato definito dal concilio di Calcedonia nel 451[167].

"Il dogma cristologico del IV Concilio di Calcedonia - dice Evdokimov - è un testo sintomatico per giudicare la spiritualità di ogni epoca. Nel Medio Evo, l'esagerata accentuazione del divino suscita la reazione del Rinascimento con l'accentuazione esclusiva dell'umano. Da questo punto di vista, il compito della storia moderna sarebbe quello di ritrovare l'equilibrio autenticamente teandrico. La teologia ha parlato di Dio, ha parlato del Dio-Uomo, e molto poco dell'uomo in Cristo. Il problema d'oggi, così come si presenta un po' dappertutto, è proprio l'antropologia alla luce della cristologia, l'antropologia cristologica. Questa si è imposta nel Concilio Vaticano II e nell'Assemblea del Consiglio Ecumenico delle Chiese a Uppsala. L'Ortodossia è stata sempre molto sensibile a questo tema, che si trova approfondito in modo particolare nella teologia russa. Tutta una pleiade di teologi e di pensatori religiosi l'ha messo al centro della propria riflessione. Tre correnti principali vi si delineano: cristocentrica, nelle linee classiche; cosmocentrica, che traccia una prospettiva sofiologica; antropocentrica, che si apre sull'escatologia"[168].

L'unità dell'ipostasi di Cristo, così come è stata definita dal concilio di Calcedonia, garantisce la vita, mentre la dualità delle nature garantisce la complessità e la dualità della vita. L'unione

---

[167] "ἕνα καὶ τὸν αὐτὸν Χριστὸν υἱὸν Κύριον μονογενῆ ἐν δύο φύσεσιν ἀσυγχύτως, ἀτρέπτως, ἀδιαιρέτως, ἀχωρίστως γνωριζόμενον, οὐδαμοῦ τῆς τῶν φύσεων διαφορᾶς ἀνῃρημένης διὰ τὴν ἕνωσιν, σῳζομένης δὲ μᾶλλον τῆς ἰδιότητος ἑκατέρας φύσεως, καὶ εἰς ἓν πρόσωπον καὶ μίαν ὑπόστασιν συντρεχούσης, οὐκ εἰς δύο πρόσωπα μεριζόμενον ἢ διαιρούμενον, ἀλλ'ἕνα καὶ τὸν αὐτὸν υἱὸν μονογενῆ Θεὸν λόγον, κύριον Ἰησοῦν Χριστόν" (DS 302).
[168] EVDOKIMOV P., *Cristo*, 55.

ipostatica comporta una doppia unità talmente nuova e talmente particolare che mai prima è esistita né nella divinità, neppure nell'umanità[169].

Nell'unica persona di Gesù Cristo sono uniti, in maniera del tutto nuova, Dio e l'uomo per ricreare e rinnovare l'uomo vecchio e quindi l'uomo corrotto[170]. I vangeli, la tradizione ecclesiastica e i Padri sin dall'inizio e in modo costante hanno presentato Gesù come il Figlio di Dio che è apparso in forma umana; essi annunciano la divinità di Gesù Cristo senza fare eccezione per la sua umanità. Sono tutti concordi nell'affermare che le due nature di Gesù Cristo si sono unite in persona e cioè nell'eterna ipostasi del Verbo di Dio che attraverso l'incarnazione nel seno della Vergine ha ricevuto la natura umana senza una sua propria ipostasi. La Scrittura conferma sia direttamente che indirettamente questo misterioso evento; questa unione è affermata direttamente quando proclama che il Verbo si è fatto carne e quando dice che ha svuotato se stesso ricevendo la forma di servo; mentre indirettamente è affermata quando attribuisce al Figlio dell'uomo delle qualità divine non conformi alla natura umana e come pure quando attribuisce al Verbo di Dio una provenienza umana, un corpo passibile fino al punto di patire sulla croce versando il proprio sangue fino alla morte[171].

---

[169] Cf BOULGAKOF S., *Du Verbe*, 109; Cf ΑΝΔΡΟΥΤΣΟΥ Χρ. *Δογματική*, 170-177.

[170] ΤΡΕΜΠΕΛΑΣ Π., *Ὁ νεοποιὸς νέος, ἐν Ζωὴ* 26 (1936) 20: "'Εν τῷ προσώπῳ Του (di Gesù) κατὰ τρόπον πρωτοφανῆ συνηντήθη ὁ Θεὸς καὶ ὁ ἄνθρωπος, διὰ νὰ ἀναδημιουργήσῃ καὶ ἀνανεώσῃ τὸν παλαιωθέντα καὶ διαφθαρέντα ἄνθρωπον".

[171] Cf ID., *Ἰησοῦς ὁ ἀπὸ Ναζαρέτ*, 58 e *Δογματική*, B', 81: "Τὴν ὑποστατικὴν ταύτην ἕνωσιν τῶν δύο ἐν Χριστῷ φύσεων μαρτυρεῖ ἡ Γραφὴ εἴτε ἐμμέσως, εἴτε ἀμέσως. Καὶ ἐμμέσως μὲν μαρτυρεῖ ταύτην, ὅταν ἀποδίδῃ εἰς τὸν Υἱὸν τοῦ ἀνθρώπου ἰδιότητας θείας, μὴ προσηκούσας εἰς τὴν ἀνθρωπίνην φύσιν, καθὼς καὶ ὅταν εἰς τὸν Χριστὸν ὡς Λόγον καὶ Υἱὸν τοῦ Θεοῦ ἀποδίδῃ γέννησιν καὶ καταγωγὴν ἀνθρωπίνην, σῶμα παθητὸν καὶ πάθημα μετ'ἐκχύσεως αἵματος συνοδευομένης ὑπὸ θανάτου. Ἀμέσως δὲ μαρτυρεῖ περὶ τῆς ἑνώσεως ταύτη ἡ Γραφή, ὅταν διακηρύττῃ, ὅτι ὁ Λόγος σάρξ ἐγένετο καὶ ἐκένωσεν ἑαυτὸν μορφὴν δούλου λαβών".

Gli evangelisti, dunque, se da una parte hanno attribuito subito una provenienza umana, una vita sensibile e un corpo corruttibile a Cristo in quanto Dio, dall'altra hanno presentato Gesù Cristo come il Figlio dell'uomo preesistente "προϋπάρχων", come colui che c'era da sempre e quindi anche prima che Adamo fosse. Lo stesso Gesù spesso ha parlato di sé in modo molto evidente; egli manifestava chiaramente di essere, in quanto unigenito Figlio di Dio e in quanto uomo, l'unica e la medesima persona[172].

Nell'assumere la nostra natura umana il Verbo di Dio non ha mutato la sua natura divina; essa è rimasta se stessa[173]. E, come spiegava Didimo il cieco, anche i teologi ortodossi precisano che nell'unione ipostatica delle due nature non esiste l'una e l'altra persona: "ἄλλος καὶ ἄλλος", ma esiste l'una e l'altra realtà o cosa: "ἄλλο καὶ ἄλλο". In questo modo allora si potrebbe dedurre che la persona risponderebbe alla domanda "chi", mentre le nature risponderebbero alla domanda "che cosa"? Ci sono cioè nel Dio-Uomo due diverse nature e poiché non si può ammettere che ci siano due diverse persone, le due nature totalmente diverse esistono nell'unica e nella medesima persona[174].

Staniloaë parlando dell'unione ipostatica, la definisce *dogma d'amore*, si tratta della più grande unione che possa esistere tra la natura umana e la natura divina: "Il Figlio di Dio non si unisce con una persona umana, perché, in questo caso, in Cristo, ci sarebbero due persone e l'uomo sarebbe rimasto separato da Dio; ciò lasce-

---

[172] ΤΡΕΜΠΕΛΑΣ Π., Δογματική, Β', 84-85: "Αὐτὸς ἄλλως τε ὁ Κύριος, ὁσάκις ὡμίλησε περὶ ἑαυτοῦ, ἐξεφράσθη κατὰ τρόπον, ἐκ τοῦ ὁποίου ἐδηλοῦτο σαφῶς, ὅτι ὁ Υἱὸς τοῦ Θεοῦ ὁ μονογενὴς εἶναι ἓν καὶ τὸ αὐτὸ πρόσωπον πρὸς τὸν Υἱὸν τοῦ ἀνθρώπου, ὅπως οἱ Ἀπόστολοι του ἕνα καὶ τὸν αὐτὸν παρουσιάζουσι Κύριον, Σωτῆρα παθόντα ὑπὲρ ἡμῶν καὶ Υἱὸν τοῦ Θεοῦ". Cf anche STANILOAË D., *Le génie*, 116.
[173] Cf ΤΡΕΜΠΕΛΑΣ Π., *Δογματική*, Β', 84-85.
[174] Cf *Ibid*, 91 specialmente: "ὑπάρχουσι δηλαδὴ ἐν τῷ θεανθρώπῳ δύο διάφοροι φύσεις, οὐχὶ ὅμως καὶ δύο διάφορα πρόσωπα, ἀλλ'αἱ διάφοραι φύσεις ὑπάρχουσιν ἐν ἑνὶ καὶ τῷ αὐτῷ"; ΑΝΔΡΟΥΤΣΟΥ Χρ., *Δογματική*, 170-177.

rebbe gli altri uomini al di fuori della comunione perfetta con la Persona divina, e di conseguenza, fuori della comunione perfetta con la Trinità. Il Verbo si è unito con la natura umana tutta intera. Tuttavia questa unione non comporta nessuna confusione tra la natura divina e la natura umana. La natura umana non si unisce così con ogni Persona divina. In questo caso, non sarebbe stato possibile all'uomo essere adottato da Dio perché giustamente sarebbe il Figlio di Dio a divenire Figlio dell'uomo"[175].

La teologia ortodossa sostiene con insistenza che l'unione ipostatica delle due nature nella persona divina del Verbo si è verificata sin dal primo istante della concezione verginale. Nel seno della vergine non c'era una ipostasi di natura umana preesistente con la quale sarebbe unito il Verbo, ma è il Verbo che si è fatto carne, che ha assunto cioè nella sua stessa ipostasi divina la natura umana animata e razionale. Questa umanizzazione del Verbo non è dovuta ai nostri eventuali meriti, ma è un dono divino, un carisma soprannaturale. L'uomo Gesù dunque, sin dal primo momento della sua concezione, era anche il Figlio di Dio, l'unigenito. Non si può, cioè, affermare che l'uomo Gesù per qualche suo merito si è unito in modo meraviglioso a Cristo Dio. Tale unione è avvenuta con l'ipostasi del Logos e non con la sua natura, altrimenti si dovrebbe ammettere una confusione delle due nature. Le due nature infatti si uniscono in modo inconfondibile in modo tale che ognuna ha conservato intatta le sue proprietà le quali rimangono immutabili. È un'unione che avvenne senza nessuna confusione e senza nessun mutamento; per questo motivo infatti si può chiamare Cristo: "Dio-Uomo", "Θεάνθρωπος" e Dio incarnato[176].

In questo modo Cristo rimane al tempo stesso Dio perfetto e Uomo perfetto e di conseguenza l'unico vero mediatore "μεσίτης"

---

[175] STANILOAË D., *Le génie*, 113-115.
[176] Cf ΤΡΕΜΠΕΛΑΣ Π., *Δογματική* Β'. 110-111; STANILOAË D., *Le génie*, 115. ID., *Dieu*, 66. ΜΑΤΣΟΥΚΑΣ Ν., *Δογματική*, Β'. 262-263. ΓΓΕΑΡ Κ., *Ο Ὀρθόδοξος*, 84; ΑΝΔΡΟΥΤΣΟΥ Χρ., *Δογματική*. 170-177.

della nostra comunione con Dio perché egli con la sua incarnazione entra in comunione perfetta con gli uomini e noi, a causa della comunione con lui, entriamo tutti[177] e ciascuno[178] in perfetta comunione con tutte le Persone della Trinità. In lui ogni uomo diventa per grazia figlio di Dio Padre e in lui trova la gioia perfetta del Padre e del Figlio e il Padre gioisce nell'amore perfetto dell'uomo-Cristo, amore nel quale si riuniscono tutti coloro che credono; infatti solo la Trinità è il senso supremo della nostra esistenza e l'appagamento definitivo di ogni nostra aspirazione. In Cristo Dio ha rivelato il suo amore folle per l'umanità; in lui la temporalità viene a coincidere con l'eternità[179].

Il mistero della cristologia - dice Zizioulas - parte dal Padre e conduce al Padre. Perché lì il Figlio e lo Spirito Santo devono portare al Padre tutta la realtà dell'unione del creato con l'increato. Tutta la cristologia è un movimento dal Padre verso il Padre, con la presenza e l'energia stabile e durevole dello Spirito Santo. È questione di persone libere e non di cose create che operano i miracoli per il fatto che si uniscono in maniera meccanica[180]. Il fatto che Cristo, svuotandosi si unisce alla natura umana e quindi creata, non è motivo di interruzione della sua relazione personale con il Padre e lo Spirito Santo. Abbiamo detto che la cristologia va sempre vista

---

[177] A causa della medesima natura umana.
[178] A causa della molteplicità di persone che compongono la natura umana.
[179] Cf STANILOAË D., *Le génie*, 114. ID., *Dieu*, 66-100; EVDOKIMOV P., *L'Ortodossia*, 199-203.
[180] ΖΗΖΙΟΥΛΑΣ Ι., *Μαθήματα*, Β', 43: "πάντοτε το μυστήριο της Χριστολογίας ξεκινάει απο τον Πατέρα και καταλήγει στον Πατέρα. Διότι εκεί πρέπει ο Υιός και το Πνεύμα να φέρουν όλη αυτή την πραγματικότητα της ενώσεως του κτιστού και του ακτίστου, στον Πατέρα. Είναι λοιπόν όλη η Χριστολογία μια κίνηση απο τον Πατέρα προς τον Πατέρα με παρούσια και ενέργεια του Αγίου Πνεύματος μόνιμη και διαρκή. Είναι μια υπόθεση ελευθέρων προσώπων και όχι κτίσεων που διενεργούν θαύματα με το να συναντώνται κατά τρόπο μηχανικό".

in chiave trinitaria e la Trinità va compresa pienamente ed esplicitamente soltanto in chiave cristologica[181].

Essendo le due nature di Gesù Cristo unite, ma non confuse, distinte, ma non separate, rimangono tali anche fin dopo la sua passione e morte. Anche sulla croce stessa non ci fu un momento di scissione tra le due nature. Solo nel caso in cui ci fosse stato il peccato, la natura umana di Gesù si sarebbe separata da quella divina; ma poiché Gesù era del tutto privo di peccato tale separazione era impossibile. Anche l'enigmatica esclamazione di Gesù sulla croce, riguardante l'abbandono di Dio, non può essere intesa come una separazione momentanea dell'unione ipostatica. Questo momento è interpretato da alcuni, ad esempio Trembelas, come un ritiro da parte di Dio della sua protezione nei riguardi del Figlio; Gesù, cioè, non si sentiva più protetto dal Padre. Per questo motivo non si può assolutamente ammettere un'eventuale separazione temporanea tra le due nature di Cristo unite ipostaticamente. Secondo Trembelas la dimostrazione della non scissione delle due nature è l'incorruttibilità della natura umana di Cristo anche dopo la morte, tanto è vero che andando d'accordo con S.Gregorio di Nissa, Trembelas porta come prova il fatto che Gesù ha potuto condurre il buon ladrone in paradiso. Gesù Cristo come uomo ha versato il suo sangue per noi, ma poiché la sua natura umana era unita ipostaticamente a quella divina, si deve affermare che il sangue versato dall'uomo Gesù era sangue del Theanthropos, ossia dell'unica e della medesima persona del

---

[181] Ibid: "Το ένα λοιπόν απο τα πρόσωπα της Αγίας Τριάδος, ο Υιός κενούται, δηλαδή δεν διακόπτει την προσωπική του σχέση με τον Πατέρα και το Άγιο Πνεύμα γιατί αυτό είναι αδιανόητο, αλλά Αυτός και μόνο αναλαμβάνει την μοίρα του κτιστού σαν προσωπική Του' μοίρα. Το ότι δεν συμπαρασύρει σ'αυτή την πράξη Του, σ'αυτή την ενέργεια και τ'άλλα δύο πρόσωπα της Αγίας Τριάδος, οφείλεται στο ότι τα πρόσωπα της Αγίας Τριάδος είναι πλήρη και ελεύθερα όντα. Το κάθε πρόσωπο έχει οντότητα, έχει πληρότητα οντολογική και γιαυτό έχει μεγάλη σημασία αυτό που τονίσαμε στο περί Θεού δόγμα".

Verbo in quanto le sue due nature erano unite ipostaticamente senza che ci sia mai stata una separazione[182].

Non si può paragonare l'unione ipostatica all'unione della grazia come avviene con l'anima del fedele; quest'ultima è un'unione etica con la quale l'uomo diventa "Θεόφορος" (portatore di Dio), ma mai "Θεάνθρωπος" (Uomo-Dio). Mentre nell'uomo c'è solo una natura composta di anima e di corpo, nel Theanthropos ci sono due nature che si uniscono inconfondibilmente in una persona. È sottinteso però che il modo di questa unione ipostatica permane un mistero incomprensibile alla ragione umana. La natura umana non viene assunta dalla natura divina affinché dia una perfezione, un compimento alla natura divina, ma al contrario è la natura umana che nell'incarnazione, non avendo una sua ipostasi, riceve la pienezza dell'ipostasi del Verbo. Il Verbo, preesistente sin dall'eternità, nel ricevere la natura umana non muta in essa la sua natura divina; quest'ultima è caratterizzata dall'assoluta semplicità e perfezione. Anche la natura umana, però, rimane perfetta in se stessa senza essere assorbita e quindi annullata da quella del Verbo[183].

Cristo è Dio e doveva essere Dio nella sua ipostasi se voleva che il cosmo fosse salvato dalla sua complessa situazione di malattia e di morte; se Cristo fosse stato uomo nella sua ipostasi allora egli stesso si troverebbe impigliato in questo circolo vizioso di peccato e di morte del nostro cosmo e quindi non avrebbe potuto salvare la realtà creata. Era perciò necessario da parte nostra che ci fosse l'incarnazione del Verbo, che il Verbo divenisse uomo, ma senza che avesse l'ipostasi umana, bensì l'ipostasi dell'increato. La se-

---

[182] Cf ΤΡΕΜΠΕΛΑΣ Π., Δογματική Β΄. 112-113 e ID., Δογματική Α΄. 253: "Προδήλως ἐν ταῦθα μαρτυρεῖται σαφῶς ἡ θεότης τοῦ Ἰησοῦ Χριστοῦ, ὅστις ὡς ἄνθρωπος μὲν ἔχυσε τὸ αἷμα αὐτοῦ πρὸς ἐξαγορὰν τῆς ἀνηκούσης εἰς αὐτὸν ἐκκλησίας, ἀλλ' ἡ ἀνθρωπίνη φύσις αὐτοῦ ἦτο ὑποστατικῶς ἡνωμένη μετὰ τῆς θείας φύσεώς του, ὥστε τὸ ἐκχυθὲν αἷμα του νὰ εἶναι αἷμα θεανθρώπου". Cf anche ΓΙΑΝΝΑΡΑΣ Χρ., Ἀλφαβητάρι, 143-147; LOSSKY V., Teologia, 129.

[183] Cf ΤΡΕΜΠΕΛΑΣ Π., Δογματική Β΄. 114-116 e 225.

conda condizione era che quest'umanizzazione si distinguesse dalla nostra con una nascita diversa dalla nostra nascita biologica e questo perché se la sua nascita fosse stata uguale alla nostra, allora si sarebbe legato con la nostra finta vita, con la nostra vita menzognera, carica di morte, senza alcuna via di uscita. È fondamentale per la nostra fede dunque la nascita verginale del Figlio di Dio; nascita verginale avvenuta nella più assoluta libertà e gratuità da parte di Dio e attraverso il consenso assolutamente libero da parte del mondo creato rappresentato dal *"sì"* di Maria, l'Eva compiuta, *sì* libero il quale fa in modo che questa nascita umana di Dio si differenzi da ogni nascita delle divinità della mitologia le quali hanno sempre implicato una costrizione, una violenza della libertà personale dell'uomo. Quest'unione ipostatica di Cristo avvenuta in modo miracoloso vuole anche significare che egli non si lega alle condizioni puramente biologiche della natura[184].

Gesù Cristo è vero Dio e vero uomo. Le sue due nature unite nell'unica persona divina non hanno mai subito alcun mutamento; esse rimangono sempre identiche a se stesse per questo, come dice la catechesi liturgica, Gesù è il Theanthropos[185].

Gesù dunque anche se non era un semplice uomo[186], tuttavia era perfettamente un uomo come noi. Infatti egli, il cui principio è eterno, nascendo ha avuto tutta la debolezza, tutta l'umiltà di ogni neonato; ha avuto bisogno di tutto, anche di essere avvolto in fa-

---

[184] Cf ZHZIOΥΛΑΣ I., *Μαθήματα,* B', 34-36; LOSSKY V., *Teologia,* 133; EVDOKIMOV P., *L'Ortodossia,* 215-216; NELLAS P., *De la Mère,* 261; MEYENDORFF J., *Christ's Humanity: The Paschal Mystery,* in *SVThQ* 31 (1987) 33-34; KHODR G., *L'humanité,* 176.

[185] ΙΩΑΝΝΙΔΟΥ Χ. Β. - ΣΚΟΥΤΕΡΗ Κ. Β., *Κατήχησις καὶ Λειτουργική,* Ἀθῆναι 1966, 58: "Ποιστεύομεν λοιπόν, ὅτι ἐν τῷ Ἰησοῦ Χριστῷ ἡνώθησαν αἱ δύο φύσεις, ἡ θεία καὶ ἡ ἀνθρωπίνη, ἀλλὰ κατὰ τοιοῦτον φυσικὸν τρόπον, ὥστε οὐδεμία ἐξ αὐτῶν ὑπέστη ἀλλοίωσιν. Διὰ τοῦτο παραδεχόμεθα καὶ ὁμολογοῦμεν, ὅτι ὁ Ἰησοῦς ἐἶναι Θεάνθρωπος, ἤτοι ἐν αὐτῷ ἔχομεν ἕν πρόσωπον μὲ δύο φύσεις, τὴν θείαν καὶ τὴν ἀνθρωπίνην, αἱ ὁποῖαι ἡνώθησαν ἀσυγχύτως, ἀδιαιρέτως, ἀτρέπτως καὶ ἀχωρίστως".

[186] Cf ΤΡΕΜΠΕΛΑΣ Π., *Ἰησοῦς ὁ ἀπὸ Ναζαρέτ,* 14.

sce[187] (cf Lc 2,7). Dio, ricevendo la natura umana, entra nel tempo, si inserisce nella storia umana. Gesù Cristo è vero uomo perché nasce in un concreto tempo e contesto storico da una madre il cui albero genealogico si radica in una concreta tribù di Israele e quindi sottomesso, come gli uomini del suo tempo, al regime politico di allora ossia al potere dei romani[188].

Il teologo greco Trembelas come anche altri teologi ortodossi come Boulgakof, considerano a lungo la natura umana di Gesù Cristo. Secondo loro, diversi brani del NT presentano l'umanità di Gesù e questo già a partire dall'elenco delle genealogie. I vangeli infatti evidenziano l'umanità di Gesù con la sua presentazione al tempio e con la sua circoncisione; se il bambino Gesù ha potuto essere circonciso nella sua carne è perché era veramente uomo. Così pure la sua discussione al tempio all'età di dodici anni è indice che come ogni bambino aveva sete di conoscere e quindi di imparare le cose. Egli, come ogni uomo, ha provato la stanchezza, l'amarezza, ha avuto fame e sete, ha dormito per esempio nella barca, si è commosso fino al punto di piangere, ha esultato di gioia, ma ha anche sofferto fino al punto di sudare sangue nella terribile agonia del Getsemani ed infine fino alla sua morte altrettanto umana ha provato tutti i sentimenti e tutte le sensazioni che prova ogni uomo. Soltanto in una cosa Gesù fa eccezione, soltanto di una cosa non ha fatto mai l'esperienza, soltanto nel peccato egli si differenzia da noi. Egli cioè, in quanto uomo, non ha mai commesso il peccato, ma nel resto Cristo ha assunto la natura dell'Adamo integrale, totale[189].

La natura umana di Gesù Cristo sin dal primo istante della sua concezione fu del tutto priva di peccato; come aveva preannunciato

---

[187] Cf ΤΡΕΜΠΕΛΑΣ Π., *Χριστὸς γεννᾶται, ἐν Ζωῇ* 14 (1924) 1; KHODR J., *L'humanité*, 175.
[188] Cf ΓΙΑΝΝΑΡΑΣ Χρ., *Ἀλφαβητάρι*, 153-154.
[189] Cf ΤΡΕΜΠΕΛΑΣ Π., *Δογματική*, Β', 60-61; ΑΝΔΡΟΥΤΣΟΥ Χρ., *Δογματική*, 173; AGHIORGOUSSIS M., *The Dogmatic Tradition*, 163; BOULGAKOF S., *Du Verbe*, 143. 186-187.

l'angelo alla Vergine, egli doveva essere chiamato il santo di Dio. Ora questo non toglie nulla alla perfezione reale dell'umanità di Gesù[190]. Il peccato, infatti, all'inizio non faceva parte integrale dello stato naturale dell'uomo. Il peccato è subentrato dopo. Il primo uomo, l'uomo ancora sano, era perfetto e in amicizia con Dio proprio perché era ancora privo di peccato. È per questo che Gesù ha assunto la condizione sana della natura umana, la stessa natura che aveva Adamo prima di peccare; Gesù, essendo nato privo del peccato come il primo uomo, era libero di non peccare. Gesù Cristo dunque è l'uomo perfetto come lo fu il primo Adamo prima di peccare nel paradiso[191], con la differenza che con la sua entrata nel mondo Cristo fa esperienza della corruzione e della morte che per fortuna, tramite questa medesima esperienza, vengono superate con la sua risurrezione[192].

Nell'unica e nella medesima persona o ipostasi di Gesù Cristo, dunque, si conciliavano perfettamente la sua natura umana e la sua natura divina; esse erano unite ma non separate e non mutate l'una nell'altra, erano cioè distinte senza nessuna confusione. Tramite l'unione ipostatica non è soltanto la seconda persona della Trinità che entra nel mondo creato, ma proprio perché le persone della SS.

---

[190] ΤΡΕΜΠΕΛΑΣ Π., *Δογματική*, Β', 66: la natura umana di Gesù: "ὑπῆρξεν ἀπολύτως ἀναμάρτητος καὶ ἁγία ἐξ αὐτῆς τῆς συλλήψεως, ὡς ἤδη κατὰ τὴν ὥραν τοῦ εὐαγγελισμοῦ ἐμαρτυρήθη καὶ ὑπὸ τοῦ ἀγγέλου εἰπόντος εἰς τὴν Παρθένον, ὅτι τὸ ἐκ σοῦ γεννώμενον ἅγιον κληθήσεται Υἱὸς Θεοῦ'. Ἀλλὰ ταῦτα δὲν ἐξασθενοῦσιν οὐδ'ἐπ'ἐλάχιστον τὴν ἀδιάρρηκτον πρὸς ἡμᾶς συγγένειαν τοῦ Ἰησοῦ Χριστοῦ, ὅστις ἂν καὶ ὑπερφυσικῶς ἐν τῇ Παρθένῳ συνελήφθη, δὲν παύει νὰ εἶναι ἀληθὴς ἄνθρωπος ἀδελφὸς ἡμῶν ὅμοιος πρὸς ἡμᾶς, φέρων αὐτὴν ταύτην τὴν ἀνθρωπίνην φύσιν". Cf anche ΙΩΑΝΝΙΔΟΥ Χ. Β. - ΣΚΟΥΤΕΡΗ Κ. Β., *Κατήχησις*, 58; ΜΑΤΣΟΥΚΑΣ Ν., *Δογματική*, Β', 281-289 soprattutto dove spiega che non solo la non peccaminosità di Gesù, ma anche l'impossibilità di peccare non è da intendere in senso etico, bensì ontologico.

[191] Cf ΤΡΕΜΠΕΛΑΣ Π., *Δογματική*, Β', 61-67. Vedi anche 66-80 dove l'autore presenta anche un'ampia serie di riflessioni dei Padri e degli eterodossi riguardo a questo tema.

[192] Cf ΖΗΖΙΟΥΛΑΣ Ι., *Μαθήματα*, Β', 38-41.

Trinità sono inseparabili, non sono assenti dall'azione della persona del Figlio. Tutta la Trinità è coinvolta nella cristologia; il Figlio è colui che si identifica con la realtà decaduta del mondo creato; non ci sarebbe stata questa tautologia della seconda persona della Trinità se il Padre non l'avesse voluto "εὐδοκεῖ"; se non ci fosse stata la compiacenza "εὐδοκία" del Padre la cristologia non si sarebbe realizzata. Il Padre è colui che vuole questo progetto, il Figlio è colui che accoglie questo progetto, colui che va d'accordo, acconsente "συμφωνεῖ, συγκατατίθεται" e lo Spirito Santo è colui che assiste, che è sempre presente, che coopera "συμπαρίσταται, συνεργάζεται" con il Figlio per la perfetta realizzazione di questo eterno progetto d'amore[193]. È opportuno però vedere le conseguenze concrete di quest'unione ipostatica.

B. Conseguenze dell'unione ipostatica

Per il fatto che le due nature, la divina e l'umana, si siano unite inseparabilmente e indivisibilmente nella persona del Logos, non per questo viene eliminata la loro differenza, ma al contrario la proprietà di ogni natura concorre in un'unica persona ed ipostasi. In altre parole è sempre la stessa persona che opera sia le cose divine che le cose umane[194].

---

[193] Cf ZHZIOΥΛΑΣ I., *Μαθήματα*, Β', 39.
[194] ΤΡΕΜΠΕΛΑΣ Π., *Δογματική* Β', 116: "Οὕτω, συντελεῖται ἐν τῷ προσώπῳ τοῦ θεανθρώπου ἡ λεγομένη ἀντίδοσις ἢ κοινοποίησις τῶν ἰδιωμάτων διὰ τὴν εἰς ἄλληλα τῶν μερῶν περιχώρησιν καὶ τὴν καθ'ὑπόστασιν ἕνωσιν, ἐξ οὗ καὶ ὀνομάζομεν τὸν Χριστὸν ποτὲ μὲν ἐκ τῶν ὑψηλῶν μόνον, ποτὲ δὲ ἐκ τῶν ταπεινῶν μόνον κατηγοροῦντες ἐπὶ τῆς μιᾶς ὑποστάσεως αὐτοῦ ἀμφοτέρων τῶν φύσεων τὰ ἰδιώματα, χωρὶς ὅμως καὶ νὰ συγχέωμεν τὰς φύσεις". MEYENDORFF J., *Byzantine Theology*, 155: "The hypostatic union implies also that the Logos made humanity *His own* in its totality; thus the Second Person of the Trinity was indeed the subject, or agent, of the *human* experiences, or acts, of Jesus".

Gli atti soprannaturali relativi alla natura umana della persona di Cristo sono operati con la forza dello Spirito Santo e questo senza sopprimere la sua natura umana la quale, al contrario, è portata dal medesimo Spirito al vertice della sua pienezza e della sua realizzazione. In Cristo tutta la natura umana viene pneumatizzata e quindi abilitata ad entrare in comunione con Dio. In Cristo vediamo il legame perfetto tra il più alto livello spirituale e il superamento delle leggi della natura che conducono alla morte; la risurrezione è l'effetto del livello spirituale supremo raggiunto dalla natura umana di Cristo nell'unione con la divinità. La natura umana di Cristo diventa in questo modo la primizia di tutti coloro che credono in lui perché in lui la nostra esistenza umana trova il suo senso e in lui si realizza la nostra unione totale con Dio, non tramite un annientamento come è capitato nell'Incarnazione del Verbo, ma tramite una sublimazione della nostra natura[195]. "Con l'unione del vero Dio e del vero uomo, la vita divina sboccia nell'umanità e tutto ciò che si opponeva a questa unione è in qualche maniera esaurito, svuotato dal di dentro, consumato nel fuoco della divinità"[196]. Questa consumazione di ciò che è negativo però non vuol significare che anche l'umanità di Gesù veniva consumata e che perdesse quindi in qualche modo la propria identità, perché come spiega Khodr, servendosi della visione del roveto ardente di Mosé (cf Es 3,2), il fuoco della

---

[195] Cf STANILOAË D., *Le génie*, 60-65. MEYENDORFF J., *Byzantine Theology*, 152 così si esprime: "In Jesus Christ, God and man are *one;* in Him, therefore, God becomes accessible not by superseding or eliminating the *humanum,* but by realizing and manifesting humanity in its purest and most authentic form" e ancora, 153: "This conformity of the *humanum* with the *divinum* in Christ is, therefore, not a diminution of humanity, but its restoration: 'Christ restore nature to conformity with itself..... Becoming man, He keeps His free will in impassibility and peace with nature'. 'Participation' in God - as we have shown - is the very nature of man, not its abolition. This is the key of Eastern Christian understanding of the God-man relationship".

[196] CLÉMENT O., *L'Église*, 34.

divinità di Cristo ardeva senza che bruciasse la sua umanità[197], ossia senza che essa venisse annichilita nella divinità di Gesù.

1. *La pericoresi*

A causa dell'unione ipostatica, nella persona del Verbo avviene la pericoresi "περιχώρησις", ossia la compenetrazione, la comunicazione delle proprietà delle due nature: *communicatio idiomatum seu proprietatum* e in greco ἡ κοινοποίησι ἤ ἀντίδοσις τῶν ἰδιωμάτων, si tratta cioè della compenetrazione reciproca tra le qualità delle due nature di Cristo a causa dell'unicità della sua persona[198].

Dal momento che con l'unione ipostatica si continua ad avere una sola persona, la persona divina della seconda persona della Trinità, abbiamo di conseguenza l'espressione degli idiomi, non come realtà separate, bensì come realtà unite. Tutto ciò che Gesù Cristo fa ed opera come Dio, diventa idioma e realtà anche della sua natura umana; e ciò che Gesù fa ed opera come uomo si trasporta nella natura divina, ma non come natura, per questo di conseguenza la pericoresi cristologica non influisce sulle altre due persone della Trinità; e questo perché questa trasmissione non si realizza in base

---

[197] KHODR G., *L'humanité*, 180: "le feu du Seigneur brûle ce qui relève du mal mais il ne consume pas ce qu'il allume. Il transforme le buisson en buisson ardent sans pour cela le réduire en cendres. Ceci est justement ce qui s'est passé à l'Incarnation: le divin prend possession du Christ-homme et l'humanité du Seigneur atteint sa plénitude sans pour cela devenir autre que ce qu'elle est".

[198] In genere, in questo caso i teologi ortodossi ripetono il pensiero di S. Giovanni Damasceno; vedi ad esempio: DRAGAS G. D., *Exchange of Properties and Deification or 'Communicatio Idiomatum' and 'Theosis'. Orthodox/reformed Dialogue Limassol, Cyprus, January 1994*, in 'Απόστολος Βαρναβας ΝΕ' (1994) 331-345.

alle due nature di Gesù Cristo prese isolatamente, ma è a causa dell'unicità della sua persona che essa ha luogo. Se invece la comunicazione degli idiomi, la pericoresi fosse stata operata direttamente tra le due nature di Gesù allora questi idiomi dovrebbero trasmettersi anche alle altre due persone della SS. Trinità e quindi al Padre e allo Spirito Santo a causa della loro comune natura[199].

Così, a causa dell'unione ipostatica sono attribuite allo stesso Verbo sia le proprietà della natura divina, sia le proprietà della natura umana. Per questo, senza confondere le due nature di Cristo, si può dire ad esempio che Gesù Cristo è il nostro Dio che si è manifestato sulla terra e allo stesso modo si può dire che l'uomo Gesù, è increato, impassibile e indescrivibile; e allo stesso modo si può affermare che il Verbo è il crocifisso e che il crocifisso è il Signore della gloria. In altre parole si può attribuire alla sua stessa persona sia le qualità più alte possibili, sia quelle più basse[200].

La comunicazione delle proprietà tra le due nature o pericoresi "περιχώρησις" può essere intesa in un triplice senso:

---

[199] Cf ΖΗΖΙΟΥΛΑΣ I., Μαθήματα, Β', 51-52. TSIRPANLIS C. N., Introduction, 77-80; MEYENDORFF J., Christ's humanity, 20-22; ID., Le Christ dans la théologie byzantine (Bibliothèque oecuménique, 2), Paris 1969, 231; BOULGAKOF S., Du Verbe, 135-137. 175-190; quest'ultimo insiste moltissimo sulla divinizzazione della natura umana di Gesù Cristo da parte della sua natura divina.

[200] ΤΡΕΜΠΕΛΑΣ Π., Δογματική, Β', 116: "Οὕτω, συντελεῖται ἐν τῷ προσώπῳ τοῦ θεανθρώπου ἡ λεγομένη ἀντίδοσις ἢ κοινοποίησις τῶν ἰδιωμάτων διὰ τὴν εἰς ἄλληλα τῶν μερῶν περιχώρησιν καὶ τὴν καθ'ὑπόστασιν ἕνωσιν, ἐξ οὗ καὶ ὀνομάζομεν τὸν Χριστὸν ποτὲ μὲν ἐκ τῶν ὑψηλῶν μόνον, ποτὲ δὲ ἐκ τῶν ταπεινῶν μόνον κατηγοροῦντες ἐπὶ τῆς μιᾶς ὑποστάσεως αὐτοῦ ἀμφοτέρων τῶν φύσεων τὰ ἰδιώματα, χωρὶς ὅμως καὶ νὰ συγχέωμεν τὰς φύσεις". Cf anche ΑΝΔΡΟΥΤΣΟΥ Χρ., Δογματική, 178-180; ΙΩΑΝΝΙΔΟΥ Χ. Β. - ΣΚΟΥΤΕΡΗ Κ. Β., Κατήχησις, 58; AGHIORGOUSSIS M., The Dogmatic Tradition, 163-164. ΜΑΤΣΟΥΚΑΣ Ν., Δογματική, Β', 276-281; LOSSKY V., Teologia, 135-139.

a) *etico*: esso consiste nell'interpretazione nestoriana della pericoresi, la quale si basa sulle relazioni delle due persone, ossia sull'eventuale persona umana e su quella divina.

b) *monofisita*: la comunicazione non ha un significato proprio in quanto c'è confusione tra le due nature; ossia, poiché le due nature sarebbero confuse, non c'è comunicazione vera e propria.

c) *ortodosso*: qui, poiché le due nature rimangono inconfuse e inseparate, possono comunicare i loro attributi nell'unica persona di Gesù Cristo nella quale fisicamente e inseparabilmente si uniscono senza, però, essere trasmissibili ad altri[201].

Come il Logos si è incarnato senza che mutasse la sua natura divina, così la natura umana di Gesù Cristo è stata arricchita dall'unione ipostatica ma non ha subito alcun mutamento nella sua sostanza. Come il ferro nell'unirsi col fuoco si distingue da esso, così la divinizzazione della natura umana di Cristo si distingue da quella divina; la kenosi della divinità porta all'apoteosi della sua umanità. Ora la divinizzazione della natura umana non fa sì che delle due nature ci sia una terza natura risultante dalla confusione della natura umana con quella divina perché la natura umana e quella divina sono unite senza confusione e di conseguenza ognuna rimane se stessa[202].

Non bisogna confondere la pericoresi fra le due nature del Verbo incarnato con quella della Trinità. Mentre infatti la pericoresi nella Trinità è perfetta perché avviene tra tre persone distinte, coeterne e di pari dignità, ma con la medesima ed unica natura infinita, la pericoresi invece tra le due nature del Theanthropos, Gesù Cristo, avviene tra due nature diverse e infinitamente distanti tra di

---

[201] Cf ΤΡΕΜΠΕΛΑΣ Π., *Δογματική* Β', 119-120. ΜΑΤΣΟΥΚΑΣ Ν., *Δογματική* Β', 281-284. ΓΙΑΝΝΑΡΑΣ Χρ., *Ἀλφαβητάρι*, 147-151.
[202] Cf ΤΡΕΜΠΕΛΑΣ Π., *Δογματική* Β', 120-121; ΑΝΔΡΟΥΤΣΟΥ Χρ., *Δογματική*, 180; STANILOAË D., *Le génie*, 59-78; BOULGAKOF S., *Du Verbe*, 166.

loro unite però nell'unica persona o ipostasi del Verbo[203]. In Dio invece, c'è un'unità naturale e una tri-unità ipostatica perché ogni ipostasi possiede interamente la natura. Nella nostra umanità invece c'è unità di natura e una pluralità di centri ipostatici dei quali ognuno di essi possiede personalmente la natura. Diversamente nella teantropia di Cristo ci sono due nature distinte conservanti ciascuna la sua autonomia, ma riunite senza divisione in un'unica ipostasi[204].

La natura divina di Cristo penetra pienamente e perfettamente la sua natura umana e tramite la pericoresi e l'unione ipostatica l'umanità viene perfezionata, anche se permane sempre nei limiti della sua creaturalità e questo perché il medesimo Verbo incarnato compie e subisce sia le realtà divine che quelle umane; così il Verbo incarnato soffre e opera i miracoli, si umilia ed è glorificato, muore e risorge[205].

---

[203] Cf ΤΡΕΜΠΕΛΑΣ Π., Δογματική, Β', 121: "Διότι ἡ ἐν τῇ Τριάδι περιχώρησις λαμβάνει χώραν μεταξὺ τῶν τριῶν συναϊδίων καὶ συνανάρχων προσώπων, τῶν διακρινομένων μὲν ἀπ' ἀλλήλων, ἀλλ'ἐν τῇ μιᾷ καὶ ἑνιαίᾳ καὶ ἀπείρῳ οὐσίᾳ τῆς θεότητος· ἐνῷ ἐν τῷ προσώπῳ τοῦ Θεανθρώπου, μεταξὺ τῶν δύο φύσεων, ἐκ τῶν ὁποίων μόνον ἡ θεία εἶναι ἄπειρος, ἐνῷ ἡ ἀνθρωπίνη παραμένει πεπερασμένη, διεισδυομένη μὲν πλήρως ὑπὸ τῆς θείας, μὴ διεισδύουσα δὲ ἐξ ἴσου διὰ τὸ πεπερασμένον καὶ διάφορον αὐτῆς εἰς τὴν θείαν φύσιν". Cf anche ΜΑΤΣΟΥΚΑΣ Ν., Δογματική, Β', 279-280 particolarmente: "Ἡ μοναδικότητα καί ταυτότητα τοῦ προσώπου τοῦ Χριστοῦ συντελεῖ ἐπίσης καί στήν περιχώρηση τῶν δύο φύσεων, τῆς θεότητας καί τῆς ἀνθρωπότητας. ὡστόσο ἐδῶ, ἐπειδή ἡ ἀνθρωπίνη φύση εἶναι κτιστή καί ἑτερούσια πρός τή θεία, ἡ περιχώρηση ἀναφέρεται στήν ταυτότητα τῆς μιᾶς ὑπόστασης, ὥστε νά γίνεται ἡ ἀντίδοση τῶν ἰδιωμάτων, καί δέν νοεῖται κατά τήν περιχώρηση τῶν φύσεων ὅπως συμβαίνει στίς ὑποστάσεις τῆς ἁγίας Τριάδας".

[204] BOULGAKOF S., *Du Verbe*, 109: "Car, chez la Divinité, il y a unité naturelle et tri-unité hypostatique, étant donné que chaque hypostase possède entièrement la nature. Et dans l'humanité, il y a unité de nature et pluralité des centres hypostatiques, dont chacun a la nature en possession personnelle. Or, dans la Théanthropie du Christ, il y a deux natures distinctes, réunies sans division en une seule hypostase, mais conservant chacune son être autonome".

[205] ΜΑΤΣΟΥΚΑΣ Ν., Δογματική, Β', 280: "Ἡ θεότητα περιχωρεῖ πλήρως καί τελείως τήν ἀνθρωπότητα, καί διαμέσου τῆς περιχώρησης καί τῆς ὑποστατικῆς ἕνωσης ἀναδεικνύεται καί τελειώνεται ἡ ἀνθρωπότητα. Ἀλλά ἡ ἀνθρωπότητα παραμένει στά ὅρια τῆς κτιστότητας, ποτέ καθεαυτή δέν νοεῖται

In base alla pericoresi, la natura divina del Verbo comunica tutte le sue perfezioni alla natura umana, la quale le riceve secondo la misura delle proprie capacità senza che si muti in quella divina; essa cioè rimane se stessa. Poiché la natura divina del Verbo è infinitamente semplice e perfetta in se stessa, non riceve assolutamente nulla dalla natura umana, ma anzi è soltanto lei che opera e che comunica le proprie perfezioni; e, come il sole, che comunicandoci le sue energie non diventa partecipe delle nostre, così a maggior ragione, il creatore e il Signore del sole arricchendo la natura umana non riceve nessuna energia da essa[206].

Clément parlando appunto della pericoresi ed estendendola a tutto il mistero di Cristo, soprattutto a quello pasquale, si espirme in maniera analoga: "L'opera di Cristo si presenta di conseguenza come una vera ri-creazione: *poiché la nuova creazione non è altro che il suo corpo glorioso*. L'unione perfetta dell'umanità e della divinità in Cristo ha comportato in effetti la loro compenetrazione 'energetica': è la concezione fondamentale della *perichoresis*. Effondendosi dall'*essenza* non mescolata, le onde luminose e vivificate dall'*energheia* contenuto ontologico della volontà divina unita alla

---

μέ τίς ἰδιότητες τῆς θεότητας· ἁπλῶς ὁ σαρκωμένος Λόγος πράττει καί πάσχει ὁ ἴδιος τά ἀνθρώπινα καί τά θεῖα. "Ετσι ὁ σαρκωμένος Λόγος πάσχει καί θαυματουργεῖ· ταπεινώνεται καί δοξάζεται· θανατώνεται καί ζωοποιεῖται".
[206] ΤΡΕΜΠΕΛΑΣ Π., *Δογματική*, Β', 121-122: "Κατά φυσικόν λόγον λοιπόν ἐν τῇ περιχωρήσει ταύτῃ τῶν δύο φύσεων, ἡ μὲν ἄπειρος φύσις τοῦ Λόγου οὐδὲν μεταλαμβάνει ἐκ τῆς πεπερασμένης ἀνθρωπίνης φύσεως, ἀλλ'αὐτὴ μόνη εἶναι ἡ ἐνεργοῦσα καὶ μεταδίδουσα ἐκ τῆς ἀπείρου αὐτῆς τελειότητος εἰς τὴν ἀνθρωπίνην φύσιν. Ἡ δὲ ἀνθρωπίνη φύσις δέχεται τὰς ἐκ τῶν τελειοτήτων τῆς θείας φύσεως χάριτας κατὰ τὸ πεπερασμένον μέτρον τῆς περιωρισμένης δεκτικότητος αὐτῆς, ὥστε αὕτη ἐξυψοῦται μὲν ὑπὸ τῆς ἑνώσεως αὐτῆς μετὰ τῆς θείας φύσεως, δὲν ἐκτέρπεται ὅμως τοῦ πεπερασμένου αὐτῆς χαρακτῆρος, ἀλλὰ παραμένει πάντοτε ἀνθρωπίνη καὶ ἀσύγχυτος πρὸς τὴν θείαν. Οὕτως ἡ θεότης μεταδίδωσι τῶν οἰκείων αὐχημάτων' τῇ ἀνθρωπίνῃ φύσει, διαμενούσῃ πάντοτε ἐν τῷ ἰδίῳ αὐτῆς ὅρῳ τε καὶ λόγῳ, κατὰ τὸν διατυπωθέντα ὑπὸ τῆς ΣΤ' Οἰκουμενικῆς Συνόδου ὅρον, αὕτη ὅμως 'διαμένει ἀμέτοχος τῶν τῆς σαρκὸς παθῶν' καὶ διήκει διὰ πάντων καθὼς βούλεται, περιχωρεῖ δὲ δι'αὐτῆς οὐδέν'. Εἰ γὰρ ὁ ἥλιος ἡμῖν τῶν οἰκείων ἐνεργειῶν μεταδιδοὺς μένει τῶν ἡμετέρων ἀμέτοχος, πόσῳ μᾶλλον ὁ τοῦ ἡλίου ποιητής τε καὶ Κύριος'";

volontà umana, penetrano l'umanità del Cristo e la trasfigurano come il fuoco che arroventa il ferro. 'Nel Cristo abita corporalmente la pienezza della divinità' (Col 2,9). Superando lo spazio eterno e separatore, il corpo che attraversa, lasciandola intatta, la carne della Vergine, è lo stesso che, dopo la risurrezione, spunterà fra i discepoli con tutte le porte chiuse. Ma questa umanità deificata, paradisiaca, deve lasciar iscrivere in sé tutte le situazioni del nostro decadimento, per trasformarle in altrettante vie verso la pienezza. Ecco perché essa sprofonda nella nostra umanità contro-natura - fino alla passione, fino alla croce. È solo sul Tabor che Cristo lascia, attraverso la carne i suoi stessi vestiti, risplendere la sua gloria. Ma una volta toccato il fondo infernale della nostra caduta, è al contrario l'umanità deificata che assorbe, senza abolirla, l'umanità umiliata: finalmente, la croce è anch'essa trasfigurata, affinché attraverso tutte le nostre croci, identificate con quella del Maestro, ci venga la vita"[207].

Le due nature del Verbo, dunque, essendo unite nell'unica ipostasi di Gesù Cristo, possono comunicare l'una all'altra le loro proprietà senza che si confondano tra di loro, ma anzi la differenza di ognuna permane sempre.

2. Un unico Figlio ed un'unica adorazione

Un'altra conseguenza dell'unione ipostatica è l'affermazione di un unico Figlio e di un'unica adorazione di Gesù Cristo. La teologia ortodossa rifiuta l'adozionismo[208].

In base alla S.Scrittura, la teologia ortodossa afferma che non ci sono due figli in quanto è lo stesso unigenito Figlio del Padre che si è incarnato e ha dato se stesso per la nostra salvezza. Per il fatto

---

[207] CLÉMENT O., La Chiesa, 35.
[208] Cf ΤΡΕΜΠΕΛΑΣ Π., Δογματική, Β'. 122; ΑΝΔΡΟΥΤΣΟΥ Χρ., Δογματική, 184.

che nel Dio-Uomo si accetta un'unica ipostasi, l'ipostasi del Verbo, generata eternamente da Dio Padre, si deve dire che in essa e soltanto in essa è stata assunta la natura umana non come ipostasi in se stessa ma come enipostatizzata nel Verbo, e quindi non si possono affermare due filiazioni nel Verbo incarnato. Se si ammettesse questo significherebbe sostenere che ci sono due figli: uno che viene da Dio e uno che viene dal seno materno di Maria. Nel Theanthropos Gesù ci sono, dunque, sì due nature, ma un unico e medesimo Figlio[209].

Un'altra conseguenza dell'unione ipostatica è l'ammissione di un'unica latria nei confronti di Gesù Cristo. Egli, essendo l'unico figlio del Padre nato da Maria Vergine, va onorato come è onorato il Padre stesso.

Poiché Gesù Cristo è il Theanthropos, di conseguenza non si deve distinguere una latria indirizzata alla divinità del Verbo da un'altra indirizzata alla sua umanità. La carne in se stessa non è da adorare ma la si adora nel Verbo incarnato[210]. E questo perché non c'è separazione tra la natura divina e la natura umana del Verbo; le due nature sono unite nella sua unica persona.

L'unica adorazione è indirizzata all'unico Figlio di Dio nato da Maria Vergine, che di conseguenza è Madre di Dio "Θεοτόκος" e non semplicemente Madre di Cristo "Χριστοτόκος"; e questo non perché il Verbo abbia ricevuto da lei il suo principio, ma perché il Verbo divino preesistente ha abitato nel suo seno purissimo e si è incarnato senza mutare la sua natura divina[211].

---

[209] ΤΡΕΜΠΕΛΑΣ Π., *Δογματική*, Β', 123: "Διότι ἐφ'ὅσον δεχόμεθα ἐν τῷ θεανθρώπῳ μίαν ὑπόστασιν, τὴν ὑπόστασιν τοῦ Λόγου, τὴν γεννηθεῖσαν ἀϊδίως ἐκ τοῦ Θεοῦ Πατρός, ἐν αὐτῇ δὲ καὶ μόνῃ προσελήφθη ἡ ἀνθρωπίνη φύσις οὐχὶ ὡς ἰδιοϋπόστατος ἀλλ'ὡς ἐνυπόστατος ἐν τῷ Λόγῳ, δὲν δυνάμεθα πλέον νὰ ὁμιλῶμεν περὶ δύο υἱοτήτων ἐν τῷ σαρκωθέντι Λόγῳ". Cf anche ΜΑ-ΤΣΟΥΚΑΣ Ν., *Δογματική*, Β', 263.
[210] Cf ΤΡΕΜΠΕΛΑΣ Π., *Δογματική*, Β', 124-126.
[211] Cf *Ibid*, 126-127; ΑΝΔΡΟΥΤΣΟΥ Χρ., *Δογματική*, 183-184.

Gesù Cristo, l'unico Figlio di Dio, nato da Maria Vergine, la "Θεοτόκος", deve essere adorato con un'unica adorazione, cosicch? se si adora l'umanità di Gesù Cristo si adora al tempo stesso la sua divinità e viceversa[212]; questo è reso possibile per il fatto che in Gesù Cristo le sue nature sono unite ma non confuse, distinte ma non separate nell'unica ipostasi del Verbo.

3. *La capacità conoscitiva di Gesù Cristo*

In base all'unione ipostatica e quindi alla *"communicatio idiomatum"*, si attribuisce a Gesù Cristo in quanto uomo, ma ad un livello superiore di un semplice uomo, un triplice modo di conoscenza: a) una conoscenza diretta di Dio e delle cose celesti a causa di una cntemplazione immediata di Dio; b) una conoscenza innata, ossia una sapienza che gli veniva dall'interno e c) una conoscenza che gli derivava dall'esterno, ossia dalla propria esperienza[213].

a) *Contemplazione diretta*

Gesù Cristo si differenzia dagli altri uomini che, ignorando completamente le realtà celesti, si servono dei sillogismi e della rivelazione naturale per arrivare ad avere una qualche e graduale cono-

---

[212] Cf ΜΑΤΣΟΥΚΑΣ Ν., *Δογματική*, Β', *291-292.*
[213] ΤΡΕΜΠΕΛΑΣ Π., *Δογματική*, Β', 130: "'Εκτὸς ὅμως τῆς ἐκ τῆς ὑπερφυοῦς ταύτης ἐνοράσεως καὶ τῆς ἔνδοθεν μεταδιδομένης εἰς τὸ ἐν τῷ Χριστῷ ἀνθρώπινον θείας σοφίας, ὁ Θεάνθρωπος προσεκτᾶτο καὶ τὴν ἐκ τῆς πείρας καὶ τὴν ἐκ τῆς διὰ μέσου τῶν αἰσθήσεων προσκτωμένην γνῶσιν, προκόπτων καὶ ἐν τῇ ἀνθρωπίνῃ γνώσει κατὰ τὸ Λουκ. β' 52, κατὰ μέτρον θὰ ἠδυνάμεθα νὰ εἴπωμεν ὑπερβαῖνο ἐκεῖνο καθ'ὃ θὰ προέκοπτε συνήθης τις ἄνθρωπος"; Androutsos invece attribuisce a Cristo due tipi di conoscenze: una conoscenza divina e una conoscenza veramente umana la quale però viene illuminata dalla conoscenza divina; cf ΑΝΔΡΟΥΤΣΟΥ Χρ., *Δογματική*, 181-182. In genere, però, eccetto casi sporadici, come nel caso di Trembelas, questo argomento non è per niente trattato dalla cristologia ortodossa.

scenza di Dio e delle realtà celesti. Egli infatti godeva di una contemplazione immediata e quindi diretta di Dio[214].

La contemplazione diretta di Gesù si evidenzia molto bene nel quarto vangelo, e precisamente quando egli diceva che rendeva testimonianza di ciò che aveva visto e sentito dal Padre suo; o ancora quando egli faceva soltanto ciò che gli mostrava il suo Padre (cf Gv 8,1ss); ora questa sua conoscenza o missione che operava in quanto mostratagli dal Padre, si riferisce alla sua attività di Theanthropos e cioè alla sua attività compiuta nel tempo. Gesù aveva una conoscenza che gli veniva direttamente dal Padre il quale gliela mostrava e insegnava non in quanto Dio, ma in quanto uomo, in quanto cioè aveva la forma di servo[215].

b) *Conoscenza innata*

Gesù sin dalla sua infanzia ha anche una conoscenza innata di Dio, una conoscenza, cioè, che gli veniva dall'interno.

Per convincersi di questo, dice il teologo ortodosso, basta ricordare l'episodio del dodicenne Gesù tra i dottori (cf Lc 2,41-50); da questo avvenimento è evidente che Gesù era tutto assorto nelle cose del Padre suo fino al punto di dimenticare i suoi cari secondo la carne. Questa conoscenza di Gesù è innata; è così infatti che l'hanno chiamata i Padri "ἔμφυτον γνῶσιν" ed è in questo senso che si può dire che Gesù cresceva in età, sapienza e grazia (cf Lc 2,51-

---

[214]ΤΡΕΜΠΕΛΑΣ Π., *Δογματική*, Β', 128: "Καὶ ὡς πρὸς μὲν τὰς μεταληφθείσας ἐκ .τῆς θείας φύσεως τελειότητας τῆς ἀνθρωπίνης γνώσεως τοῦ Θεανθρώπου θὰ ἔπρεπε πρωτίστως νὰ σημειώσωμεν, ὅτι ὁ Κύριος ἀνήγειτο εἰ τὴν γνῶσιν τοῦ Θεοῦ καὶ τῶν ἐπουρανίων διἀμέσου ἐποπτείας, καὶ οὐχὶ ὡς οἱ λοιποὶ ἄνθρωποι, οἵτινες ἀπὸ πλήρους ἀγνοίας ἐκκινοῦντες καὶ εἰς πεπλανημένας ἐκδοχὰς ὑποκείμενοι, τοῦτο μὲν διὰ συλλογισμῶν καὶ τοῦ ἐκ τῆς φυσικῆς ἀποκαλύψεως φωτός, τοῦτο δὲ διὰ μυήσεων εἰς τὰ μυστήρια τῆς ὑπερφυσικῆς ἀποκαλύψεως, ἄγονται βαθμηδὸν εἰς γνῶσιν τοῦ Θεοῦ καὶ τῶν θείων".

[215] Cf *Ibid*, 129.

52) in quanto la sua natura divina veniva rivelata all'umanità di Gesù Cristo secondo la misura della sua età corporale[216].

Gesù Cristo dunque in quanto uomo non veniva informato sulla sua divinità dall'esterno ma era reso sempre più sapiente da una conoscenza innata e quindi interiore.

c) *Conoscenza esperienziale*

Gesù Cristo in quanto "Θεάνθρωπος" non aveva soltanto una conoscenza derivatagli dalla contemplazione immediata di Dio o una conoscenza innata, ma anche una conoscenza che gli veniva dall'esperienza e dai sensi. Se, cioè, è vero che Gesù esigeva per sé in modo esclusivo il titolo di maestro, se si è presentato come colui che conosce i segreti più intimi dell'uomo e le cose che sarebbero successe nel lontano futuro, è altrettanto vero che egli ignora determinate cose per cui sente l'esigenza, come ogni uomo, di arricchire le sue conoscenze.

Diversi brani del Nuovo Testamento fanno vedere che Gesù conosceva umanamente anche in base alla propria esperienza (cf Lc 2,52). Nel tempio infatti se da una parte la sua sapienza suscita meraviglia e ammirazione, dall'altra egli stesso fa delle domande manifestando così la sua sete di conoscere maggiormente quello che già sa. Per esempio non sa il luogo dove è sepolto Lazzaro, come pure scendendo dal monte della trasfigurazione, nel guarire un indemoniato, chiede a suo padre da quanto tempo era così impossessato. Inoltre, tutta la lettera agli Ebrei fa vedere come Gesù, in quanto uomo, avesse imparato, dalla propria esperienza di sofferenza, l'obbedienza al Padre e la solidarietà con gli uomini fino al punto estremo, ossia la morte[217].

---

[216] Cf ΤΡΕΜΠΕΛΑΣ Π., *Δογματική*, Β', 129-130.
[217] Cf *Ibid.*

È evidente che la triplice capacità conoscitiva di Gesù Cristo, del Dio-Uomo, non è da riferirsi alla sua divinità, ma soltanto alla sua umanità. In base all'unione ipostatica si può dire che è la persona di Gesù Cristo che conosce, ma tale conoscenza non è da identificare, per quanto superiore sia alla nostra, all'infinita sapienza e conoscenza di Gesù Cristo in quanto Dio[218].

La teologia ortodossa pare volerci dire che come in Gesù Cristo ci sono due energie e due volontà dovute alla sua unione ipostatica, così ci sono due conoscenze. E cioè senza separare le due nature del Verbo incarnato, bisogna ammettere una distinzione reale tra la sua conoscenza dovuta alla sua divinità da quella che gli deriva dalla sua umanità, ma ad un livello superiore e quindi diverso dalla nostra capacità conoscitiva a causa dell'unione ipostatica. Per questo motivo se l'uomo Gesù Cristo, da una parte, è presentato come la pienezza della verità, dall'altra è presentato come colui che ignora i dettagli di certe verità[219].

Gesù Cristo, dunque, in quanto uomo aveva un triplice modo di conoscenza: una conoscenza che aveva in base alla contemplazione diretta di Dio, una conoscenza innata e una conoscenza basata sull'esperienza e sui sensi. Gesù Cristo, essendo un'unica persona con due nature, poteva avere sì due energie e due volontà, ma anche due conoscenze: una infinita attribuita esclusivamente alla sua di-

---

[218] ΤΡΕΜΠΕΛΑΣ Π., Δογματική, Β', 130: "Πρόδηλον ἐκ τῶν εἰρημένων, ὅτι ἐφ'ὅσον ἥ τε ὑπερφυὴς καὶ ἐξ'ἀμέσου θεοψίας καὶ ἀποκαλύψεως σοφία καὶ ἡ ἐκ τῆς παρατηρήσεως τοῦ ὑλικοῦ κόσμου γνῶσις τοῦ Θεανθρώπου ὑπέκειτο εἰς προκοπήν, δὲν θὰ ἠδύνατο νὰ ταυτισθῇ πρὸς τὴν πανσοφίαν καὶ τὴν ἄπειρον γνῶσιν τοῦ Λόγου".

[219] Ibid, 131: "'Αλλ'ἐνῷ ὁ Κύριος εἶναι καὶ κατὰ τὸ ἀνθρώπινον τὸ πλήρωμα τῆς σώζουσης ἀληθείας, καὶ οὐδὲν τῶν εἰς σωτηρίαν ἀναγκαίων καὶ συντελούντων ἀγνοεῖ, ἀλλ'ἀλαθήτως καὶ ἀπλανῶς διερμηνεύει τὴν τελείαν τοῦ Θεοῦ πρὸς ἡμᾶς ἀποκάλυψιν, παρουσιάζεται ἀγνοῶν, εἴτε λεπτομερίας τῆς ἀνθρωπίνης γνώσεως ἀδιάφορον ἐνεχούσας χαρακτῆρα, εἴτε καὶ στοιχεῖα θείας ἀληθείας, ἅτινα ὁ Θεὸς δὲν ἠθέλησε νὰ φανερώσῃ καὶ τὰ ὁποία καὶ ἀγνούμενα κατ'οὐδὲν ἐπηρεάζουσι τὴν τελειότητα τῆς κοσμιθείσης ἡμῖν ὑπὸ τοῦ Θεανθρώπου θείας 'Αποκαλύψεως".

vinità e una finita, ma molto superiore ed eccellente alla nostra, attribuita alla sua umanità enipostatizzata nella persona del Verbo[220].

Concludendo occorre ribadire che secondo la cristologia ortodossa, l'unione ipostatica di Gesù Cristo non significa l'annichilimento della natura umana nella natura divina di Gesù Cristo, tutt'altro...e questo perché l'unione tra la natura divina e la natura umana nell'unica persona di Gesù Cristo è avvenuta liberamente; non c'è un'opposizione tra la natura o volontà divina e la natura o volontà umana di Gesù Cristo.

Come dice Yannaras, la volontà divina della persona di Cristo non si impone alla sua volontà umana con la forza della sua naturale onnipotenza. Questo passo si verifica inceve nella più assoluta libertà ipostatica di Cristo. Perciò la Chiesa considera questo fatto come opposto all'uso di libertà fatto dal primo Adamo. Il primo Adamo ha rifiutato di realizzare l'esistenza personale della sua natura con il modo di vita: come comunione d'amore e di autosuperamento erotico. La libertà personale del primo Adamo e l'uso delle sue energie ha rovesciato la sua forza volitiva dal modo di vita in morte. Egli ha trasformato la sua vita in esistenza atomica e quindi ad un'autoesistenza isolata. La sua esistenza personale infine si muove sottomessa alla sua natura e quindi alla sua creaturalità la quale in quanto tale conduce necessariamente alla morte, ossia all'ultimo bisogno naturale della realtà creaturale. Al contrario Cristo, il secondo Adamo, sottomette con la sua libertà personale il volere della sua natura umana al volere della sua natura divina, alla volontà della vita per essenza che si opera come comunione obbedienziale al Padre, come autoconsegna al suo amore. La sua volontà divina essendo la stessa volontà della SS. Trinità è volontà di vita e libertà di amore, libertà da ogni necessità, perciò si può affermare che c'è una tautologia della volontà divina di Cristo con la vita eterna. La dimensione creaturale della natura umana di Cristo non im-

---

[220] Cf MEYENDORFF J., *Byzantine Theology*, 156-157; EVDOKIMOV P., *L'Ortodossia*, 201-203.

pedisce l'unione ipostatica con la divinità giacché ciò che costituisce l'esistenza non è la natura in se stessa con le sue energie, bensì la persona che la enipostatizza[221].

Conclusione

Nel mistero dell'unione ipostatica non abbiamo un annichilimento una kenosi dell'umanità, bensì della divinità. Infatti la realtà relazionale del Verbo che nell'incarnarsi annientò se stesso, assumendo la natura umana, non la svuota dalla sua realtà bensì la trasforma, la sublima, la porta al suo pieno compimento[222] in quanto in lui, nella sua entità relazionale, si concretizza la piena apertura dell'umano al divino; la persona divina del Verbo, penetrando le realtà più profonde ed intime dell'uomo, gli apre gli orizzonti ad una relazione profonda con il Padre che, in lui (Gesù Cristo), attraverso la santificazione dello Spirito Santo, può rendere l'uomo più uomo; con l'unione ipostatica non abbiamo un minimalismo della natura umana, bensì un massimalismo.

Nello Spirito Santo amore la relazione della natura umana con il "*Tu*" divino del Padre mediante la persona divina del Verbo incarnato, raggiunge le sue vette più sublimi di trasformazione "μεταμόρφωσις". Naturalmente va sempre mantenuto il principio calcedonese di unione senza confusione e di distinzione senza separazione tra la natura divina e la natura umana.

---

[221] Cf ΓΙΑΝΝΑΡΑΣ Χρ., *Ἀλφαβητάρι*, 146-147.
[222] Cf NELLAS P., *De la Mère*, 251-252.

CAP. IV
LA PERSONA DI GESÙ CRISTO

Introduzione

Per noi mortali l'esistenza inizia con la nostra nascita, ma non è così per Gesù. Egli infatti esisteva prima ancora di nascere a Betlemme. Il Figlio di Dio rivelava se stesso agli uomini illuminandoli con la sua luce ancora prima che si manifestasse nella carne[223]. La teologia ortodossa rimane fortemente ancorata al concilio di Calcedonia il quale ha definito che Cristo è una ipostasi in due nature, anche se non ha spiegato che cosa intendeva con il termine ipostasi[224].

Gesù Cristo, in quanto incarnato, è diventato il Dio-Uomo "Θεάνθρωπος"; egli non soltanto durante la sua preesistenza è in comunione col Padre ma anche durante la sua vita terrena ha man-

---

[223] ΤΡΕΜΠΕΛΑΣ Π., *Ἰησοῦς ὁ ἀπὸ Ναζαρέτ*, 374: "'Ω! ναί· ἐὰν ἡμῶν, τῶν κοινῶν θνητῶν ἡ ὕπαρξις ἄρχεται ἀπὸ τῆς γεννήσεώς μας, ὁ Ἰησοῦς ὅμως ὑπῆρξε καὶ πρὶν ἢ ἀκόμη γεννηθῇ εἰς τὴν Βηθλεέμ. Υἱὸς τοῦ Θεοῦ, πρὸ πάσης κτίσεως ὑπάρχων ἀπεκάλυψεν ἑαυτὸν εἰς τὰ λογικά του πλάσματα καὶ πρὶν ἢ ἀκόμη σαρκωθῇ, καὶ ἐφώτισε διὰ τοῦ ἱλαροῦ του φωτὸς καὶ τοὺς πρὸ τῆς ἐνσάρκου ἐπιφανείας του ζήσαντας ἀνθρώπους. Καὶ διὰ νὰ μεταχειρισθῶμεν τὴν φράσιν τοῦ Εὐαγγελιστοῦ του, ὁ Ἰησοῦς ἦν τὸ φῶς τὸ ἀληθινό, ὃ φωτίζει πάντα ἄνθρωπον ἐρχόμενον εἰς τὸν κόσμον' ".

[224] MEYENDORFF J., *Byzantine Theology*, 153: "In Christ, the union of the two natures is hypostatic: they 'concur into one person (*prosopon*) and one *hypostasis*', according to the Fathers of Chalcedon. The controversies which arose from the Chalcedonian formula led to further definitions of the meaning of the term *hypostasis*. While Chalcedon had insisted that Christ was indeed one in His personal identity, it did not clearly specify that the term *hypostasis*, used to designate this identity, also designated the *hypostasis* of the pre-existing Logos". Cf anche BOULGAKOF S., *Du Verbe*, 109-110, dove parlando dell'importanza di Calcedonia e quindi dell'ipostasi divina del Verbo che enipostatizza in sé la natura umana dice anche che le definizioni di questo concilio hanno bisogno di chiarificazione.

tenuto ininterrotta questa comunione con il Padre[225] a causa della sua persona divina.

A. Significato e costituzione della persona

Per comprendere chi è la persona o ipostasi di Gesù Cristo bisogna anzitutto capire che cosa significhi persona e come è costituita la persona secondo il modo di pensare dei teologi ortodossi. In genere i due termini persona e ipostasi sono interscambiabili; nel caso di Gesù oggi ambedue i termini sono usati indifferentemente per indicare la medesima realtà. Tuttavia il ben noto teologo ortodosso, Evdokimov, fa un'eccezione in quanto pone tra i due termini una certa distinzione; egli rileva che nella formula di Calcedonia *in una persona e in una ipostasi* bisogna distinguere il significato dei due termini a causa delle loro sfumature diverse. Secondo lui, il termine *persona* indica l'aspetto psicologico di un essere che è rivolto al suo mondo interiore, alla sua coscienza attraverso gradi diversi, mentre il termine *ipostasi* è l'aspetto aperto e quindi trascendente verso Dio; perciò secondo lui è questo secondo termine che è decisivo per la dimensione teandrica della persona di Gesù Cristo. Secondo Evdokimov, la persona, nel vero senso della parola, esiste soltanto in Dio, ogni altra persona rispecchia la sua immagine[226].

---

[225]ΤΡΕΜΠΕΛΑΣ Π., *Ἰησοῦς ὁ ἀπὸ Ναζαρέτ*, 150: "(...) ὅτι ὡς Θεάνθρωπος καὶ ὡς σεσαρκωμένος Λόγος τοῦ Πατρός, οὐ μόνον ἐν τῇ καταστάσει τῆς ἀϊδίου προϋπάρξεως αὐτοῦ ἀλλὰ καὶ κατὰ τὸ ἀνθρώπινον καθ'ὅλην τὴν διάρκειαν τῆς ἐπιγείου ζωῆς του, διετήρει ἀδιάκοπον τὴν ἐπικοινωνίαν αὐτοῦ πρὸς τὸν Πατέρα".

[226]EVDOKIMOV P., *Le Christ dans la pensée russe* (*Théologie sans frontières, série orthodoxe*), Paris 1970, 70: "La formule de Chalcédoine, εἰς ἓν πρόσωπον καὶ μίαν ὑπόστασιν, emploie deux termes grecs: hypostase et prosopon, et cette distinction est de la plus haute importance. Les deux signifient la personne, mais avec des nuances différentes. Le prosopon, c'est l'aspect psychologique d'un être tourné vers son propre monde intérieur, vers la conscience de

La teologia ortodossa ci lascia intendere che per persona occorre capire la consapevolezza di essere un *io*; uno è persona quando ha coscienza di essere un *io*[227].

Secondo la teologia ortodossa, che a sua volta si fonda sui Padri greci, soprattutto cappadoci, la persona scaturisce da una relazione "σχέσις" e questo perché l'essere di Dio è relazionale; non si potrebbe parlare di Dio senza tener conto di questa sua dimensione di comunione, senza cioè queste relazioni personali e senza l'amore personale e questo perché l'essenza significa la vita, e la vita significa comunione. L'essenza di Dio, spiega Zizoulas, non ha nessun contenuto ontologico, nessun'essenza vera senza la dimensione della comunione[228].

"La persona, dice ancora Zizioulas, è alterità in comunione e comunione in alterità. La persona è un'identità che emerge attraverso la relazione (*schesis*, nella terminologia dei Padri Greci); essa è un 'Io' che può esistere soltanto fin quando è relazionato a un

---

soi-même, et comme tel, il suit l'évolution, passe par les âges de sa propre connaissance et degrés d'appropriation de la nature dont il est le porteur. L'hypostase a l'aspect de l'être ouvert et transcendant vers Dieu. C'est le second aspect qui est décisif pour saisir la dimension théandrique de la personne, sans jamais oublier que la Personne, dans le sens absolu, n'existe qu'en Dieu, et que toute personne humaine n'est que son image".

[227] Cf ΤΡΕΜΠΕΛΑΣ Π., *Δογματική*, Β', 24 e 82.

[228] ZIZIOULAS J., *Being*, 16-17: "The being of God could be known only through personal relationships and personal love. Being means life, and life means *communion*. (...) The being of God is a relational being: without the concept of communion it would not be possible to speak of the being of God. The tautology 'God is God' says nothing about ontology, just as the logical affirmation A=A is a dead logic and consquently a denial of being whcih is life. It would be unthinkable to speak of the 'one God' before speaking of the God who is 'communion', that to say, of the Holy Trinity. The Holy Trinity is a *primordial* ontological concept and not a notion which is added to the divine substance or rather which follows it, as is the case in the dogmatic manuals of the West and, alas, in those of the East in modern times. The substance of God, 'God', has no ontological content, no true being, apart from communication". Cf anche MEYENDORFF J., *Christ's Humanity*, 20-22.

'Tu' che afferma la sua esistenza e la sua alterità; se isoliamo l' 'Io' dal 'Tu', perdiamo non soltanto la sua alterità ma anche il suo stesso essere; semplicemente esso non può essere senza l'altro. Questo è ciò che distingue la persona dall'individuo. La comprensione ortodossa della SS. Trinità è la sola via per arrivare a questa nozione di persona: Il Padre non può essere concepito neppure per un istante senza il Figlio e lo Spirito, e la stessa cosa va applicata alle altre due Persone nella loro relazione con il Padre e con ciascuna di loro. Allo stesso modo, ognuna di queste persone è così unica che le loro proprietà personali ed ipostatiche sono totalmente incomunicabili da una Persona all'altra"[229].

Tutti noi siamo persone a causa delle nostre relazioni biologiche con i nostri genitori o con chi ne fa le veci, con il nostro ambiente, con il nostro cibo, con i nostri rapporti socio-culturali ecc. La nostra ipostasi è trasformata in base a queste relazioni; la nostra persona è costituita dall'insieme di queste relazioni. Tutti respiriamo la stessa aria, ma ognuno di noi fa sì che quest'aria sia la *sua* aria, diventa cioè un'aria personale. Ora la persona non diventa persona in base a qualsiasi relazione, ma in base alla relazione che essa liberamente ritiene più fondamentale per il suo essere, per la sua natura. Dalla nostra libertà dipende quale di tutte le relazioni sarà definitiva, decisiva, determinante "καθοριστική" per la nostra identità personale; tutte le altre relazioni saranno sottomesse alla nostra relazione principale; esse cioè dipendono dalla relazione che riteniamo fondamentale per la nostra identità personale, per il nostro *io*. La nostra relazione principale entro cui inseriamo tutte le altre nostre relazioni si estende lungo tutto l'arco della nostra esistenza[230].

---

[229] ZIZIOULAS J., *Communion and Otherness*, in *SVThQ* 38 (1994) 358; lo stesso articolo si trova anche in *So* 16 (1994) 7-19 come anche in lingua francese in *Con* 166 (1994) 106-123.
[230] Cf ID., *Μαθήματα*, Β', 46-47.

La parola persona che è la traduzione della parola greca composta "πρόσ-ωπον" - spiega Yannaras - significa: avere davanti alla vista, ossia trovarsi in faccia (in vista) a qualcuno o a qualcosa. È questo, ripete Yannaras, come Zizioulas, che costituisce la persona: l'autocoscienza di alterità in relazione o in riferimento dell'*io* all'esistenza del *tu* di un'altra persona[231].

Dopo questa breve presentazione mi auguro che si possa comprendere meglio l'identità della persona di Gesù Cristo.

B. La persona di Gesù Cristo

Con l'incarnazione c'è stata l'unione ipostatica nel senso che l'ipostasi del Verbo si è unita alla natura umana priva della propria ipostasi. Nell'assumere la nostra natura umana l'ipostasi del Verbo è rimasta immutabile, ma anche la natura umana rimane se stessa; essa cioè non è stata assorbita dalla natura divina. In Gesù Cristo c'è un'unica persona, l'ipostasi del Dio Verbo nella quale si trovano unite, senza confusione, e distinte, senza separazione, la natura divina e la natura umana di Gesù Cristo; perciò egli è una persona teandrica[232].

---

[231] Cf ΓΙΑΝΝΑΡΑΣ Χρ., *Ἀλφαβητάρι*, 53, soprattutto quando spiega che la relazione dal punto di vista umano nasce anzitutto nell'ambito familiare quando l'io si trova in una relazione con un tu: "Εἶναι ἡ δυνατότητα ποὺ συνιστᾶ τὸν ἄνθρωπο: νὰ βρίσκεται ἀπέναντι σὲ κάποιον ἢ σὲ κάτι, νὰ ἔχει ὄψη-πρὸς κάποιον ἢ κάτι, νὰ εἶναι πρόσ-ωπον. Νὰ λέει: ἐγώ, ἀπευθυνόμενος σὲ ἕνα σύ, νὰ διαλέγεται, νὰ κοινωνεῖ. Τὸ πρόσωπο δὲν εἶναι μιὰ ἀριθμητικὴ μονάδα, ἄτομο ἑνὸς συνόλου, μιὰ ὀντότητα καθεαυτήν. Εἶναι, μόνο ὡς αὐτοσυνειδησία ἑτερότητας, ἑπομένως μόνο ἔναντι κάθε ἄλλης ὑπάρξης, μόνο σὲ σχέση, σὲ ἀναφορά". Cf anche ZHZIOYΛAΣ I., *Τὸ εἶναι τοῦ Θεοῦ καὶ τὸ εἶναι τοῦ ἀνθρώπου. Ἀπόπειρα θεολογικοῦ διαλόγου*, ἐν *Συν* 37 (1991) 15-19.

[232] Cf ΤΡΕΜΠΕΛΑΣ Π., *Δογματική*, Β', 23, soprattutto: " Ἡ ἐνανθρώπησις τοῦ Λόγου θὰ ἠδύνατο νὰ ὁρισθῇ ἐν ἐνεργητικῇ μὲν ἐννοίᾳ ὡς ἡ ἐνέργεια τῆς ὅλης ἁγίας Τριάδος, διὰ τῆς ὁποίας ὁ Θεὸς καὶ ὁ Λόγος ἀνέλαβεν ἀπαρχὴν τοῦ ἡμετέρου φυράματος, οὐ καθ'ἑαυτὴν ὑποστᾶσαν καὶ ἄτομον χρηματίσαν ἀλλ'ἐν τῇ ἁγίᾳ Παρθένῳ ἐκ τῶν ἁγίων αἱμάτων αὐτῆς συλληφθεῖσαν

La teologia ortodossa afferma che in Gesù Cristo c'era soltanto un "*io*", ossia l' "*io*" divino. Gesù infatti aveva affermato: "io e il Padre siamo una cosa sola" "ἐγὼ καὶ ὁ πατὴρ ἕν ἐσμεν" (Gv 10,30), ma non ha mai detto io e il Verbo siamo uno perché egli era la rivelazione umana del Verbo. In Gesù Cristo cioè non ci sono due *io*, ma soltanto un *io*, che è l' *io* del Verbo. In Gesù dunque, non ci sono due ipostasi e quindi due *io* "ἐγὼ" distinti, ossia l' *io* del Verbo e l' *io* della sua umanità, ma soltanto un *io* e cioè una sola ipostasi, l'ipostasi del Verbo[233].

L'ipostasi o la persona - spiega Matsoukas - come nel caso del dogma trinitario, significa qualcosa di speciale, qualcosa unica nel suo genere, mentre la natura o l'essenza spiega qualcosa che è comune. La persona A o B può essere portatore di un'unica natura. Ad esempio, tutti gli uomini come ipostasi o persone sono portatori della natura o essenza umana. Nella SS.ma Trinità ogni persona è portatore dell'unica, dell'inseparabile ed indivisibile divinità. Così Cristo, come ipostasi del Verbo, è portatore della divinità e dell'umanità. La divinità e l'umanità sono nature e non ipostasi. Di conseguenza uno e il medesimo è Cristo e il Verbo, ma solo nel caso dell'umanizzazione, dove Cristo come un'unica ipostasi è portatore di due nature. Le cose d'ora in poi sono pienamente chiare. Non esiste una natura o essenza anipostatica o apersonale; ogni natura appartiene sempre a un'ipostasi. E ogni ipostasi è portatrice di una natura. Tuttavia è possibile che una ipostasi sia portatrice di più nature, come succede nel caso dell'umanizzazione del Verbo. Così

καὶ μορωθεῖσαν. Ἐν παθητικῇ δ'ἐννοίᾳ ὁριζομένη ἡ ἐνανθρώπησις καλεῖται καὶ ἡ μόνιμος καὶ εἰς τὶ διηνεκὲς ἕνωσις τοῦ Θεοῦ Λόγου μετὰ τῆς ἀνθρωπίνης φύσεως, εἰς τὴν ὁποίαν ἡ ὑπόστασις τοῦ Θεοῦ Λόγου ἐγένετο τῇ σαρκὶ ὑπόστασις ἀτρέπτως· τῆς ἀνθρωπίνης φύσεως μὴ ἀπορροφωμένης ὑπὸ θείας φυσεως, ἀλλὰ παραμενούσης ἀμεταβλήτως εἰς τὰ ἴδια αὐτῆς ὅρια. Ἡ καὶ ἄλλως ἡ ἐνανθρώπησις εἶναι ἡ ἀσύγχυτος καὶ ἀδιαίρετος ἕνωσις τῆς ἀνθρωπίνης φύσεως μετὰ τῆς θείας ἐν μόνῃ τῇ ὑποστάσει τοῦ Θεοῦ Λόγου καὶ εἰς ἕν θεανδρικὸν Πρόσωπον".
[233] Cf ΤΡΕΜΠΕΛΑΣ Π., *Δογματική*, Β', 24 e 82; MEYENDORFF J., *Christ's Humanity*, 18; ID., *Le Christ*, 117.

possiamo parlare di un'ipostasi composta come lo è finalmente quella di Cristo, giacché è portatrice di due nature perfette, della divinità e dell'umanità, ma per nessun motivo possiamo accennare a una natura composta[234].

Le due nature di Cristo si sono unite in un'unica persona e cioè nell'eterna ipostasi del Dio Verbo. Il Verbo nel seno della Vergine Maria ha ricevuto la natura umana, ma senza che essa fosse stata prima un'ipostasi. In altre parole la natura umana del Verbo non ha mai avuto una sua ipostasi come nel passato sembrava ammettere Nestorio. La natura umana di Gesù era enipostatizzata nel Verbo[235]. L'umanità del Verbo, essendo enipostatizzata in lui è penetrata dalla sua energia e di conseguenza lavora nel corpo intero del genere umano[236].

Dall'unicità e identità della persona del Signore, che è insieme Dio e uomo, deriva la sua duplice volontà ed energia. È l'unica persona di Gesù Cristo che vuole e opera sia divinamente che umanamente. Le due nature di Cristo sono unite inconfondibilmente, inseparabilmente e indivisibilmente nell'unica persona teandrica di Gesù

---

[234] ΜΑΤΣΟΥΚΑΣ Ν., *Δογματική*, Β', 261-262. Vedi anche MEYENDORFF J., *Christ's Humanity*, 58.

[235] Cf ΤΡΕΜΠΕΛΑΣ Π., *Δογματική*, Β', 81: "Κατὰ τὴν διδασκαλίαν τῆς ἁγίας Γραφῆς, τὴν ἀπ'ἀρχῆς καὶ ἐν τῇ Ἐκκλησίᾳ ὑπὸ τῶν Πατέρων συνεχῶς καὶ σταθερῶς διακηρυττομένην, αἱ δύο φύσεις, ἡ θεία καὶ ἡ ἀνθρωπίνη, ἡνώθησαν εἰς ἓν πρόσωπον ἐν τῇ ἀϊδίῳ ὑποστάσει τοῦ Θεοῦ Λόγου, ὅστις κατὰ τὴν ἐνανθρώπησιν αὐτοῦ προσέλαβε τὴν ἀνθρωπίνην φύσιν ἐν ἀτόμῳ μὲν ἀπ'αὐτῆς καταβολῆς ἐν τῇ ἀχράντῳ μήτρᾳ τῆς Παρθένου, μὴ προϋφισταμένην ὅμως ἐν ἰδίᾳ ὑποστάσει, ἀλλὰ καταστᾶσαν ἐνυπόστατον ἐν τῷ σαρκωθέντι Λόγῳ". Cf anche ΜΑΤΣΟΥΚΑΣ Ν., *Δογματική*, Β', 262; BOULGAKOF S., *Du Verbe*, 127-128.

[236] Cf STANILOAE D., *Theology*, 191 soprattutto dove dice: "The divine hypostasis is actively opened out by the humanity because the latter is non enclosed within a human hypostasis and so subjected to the limitations of created nature. The humanity of the Word, enhypostatized in him and penetrated by his energy, is the leaven working secretly within the whole body of mankind, the foundation of the doctrine of man's deification, a teaching so dear to the Greek Fathers".

Cristo. Naturalmente, poiché questa unione è un mistero inaccessibile anche per gli stessi angeli, non può essere compresa dalla nostra mente così limitata, ma deve essere semplicemente accettata dalla fede che pur superando la ragione non si oppone ad essa[237]. La persona, e quindi l'ipostasi del Verbo generato eternamente dal Padre, non è il risultato dell'unione delle due nature, ma preesiste eternamente e ha ricevuto la natura umana nel tempo senza che la sua ipostasi subisse alcun mutamento[238]. Per il fatto, però, che la natura umana non ha una sua propria ipostasi, ma è enipostatizzata nel Verbo, non le toglie niente alla sua perfezione, alla sua integralità e pienezza[239]. La natura umana di Gesù Cristo dunque mai e in nessun grado ha avuto una sua ipostasi o una sua persona; la sua

---

[237] ΤΡΕΜΠΕΛΑΣ Π., *Δογματική*, Β', 83: "Καὶ ἐγένετο μὲν δεκτὴ ἡ περὶ καινῆς τινος θεανδρικῆς ἐνεργείας' διατύπωσις, οὐχὶ ὅμως ὑπὸ τὴν ἔννοιαν συνθέτου τινὸς ἐνεργείας ἐκ θείας καὶ ἀνθρωπίνης ἐνεργείας συντεθειμένης ἀλλὰ πρὸς ἔξαρσιν τῆς ἑνότητος τοῦ προσώπου τοῦ Κυρίου, ὅστις εἶναι εἷς καὶ ὁ αὐτὸς θέλων τε καὶ ἐνεργῶν θεϊκῶς τε καὶ ἀνθρωπίνως. Καὶ ἀποτελεῖ μὲν μυστήριον ἀπρόσιτον καὶ ἀκατάληπτον καὶ ὄντως καινὸν καὶ αὐτοῖς τοῖς ἀγγέλοις ἄγνωστον ἡ ἕνωσις αὕτη, ἡ τὰς δύο φύσεις εἰς ἓν θεανδρικὸν πρόσωπον συνενοῦσα ἀσυγχύτως, ἀχωρίστως, ἀδιαιρέτως, εἰς τὸν ἐξ ἀφετηρίας ὅμως τῆς πίστεως εὐλαβῶς θεωροῦντα αὐτὴν παρουσιάζεται ὑπὲρ λόγον μέν, οὐχὶ ὅμως καὶ παρὰ λόγον". Cf anche *Ibid*, 114 e STANILOAE D., *Theology*, 186-189.

[238] ΤΡΕΜΠΕΛΑΣ Π., *Δογματική*, Β', 115: "ἡ ὑπόστασις καὶ τὸ πρόσωπον τοῦ Λόγου γεννηθὲν ἀϊδίως ἐκ τοῦ Πατρὸς δὲν εἶναι ἀποτέλεσμα τῆς ἑνώσεως τῶν δύο φύσεων, ἀλλὰ προϋπάρχει ἀϊδίως, ἐν χρόνῳ δὲ ἀτρέπτως προσέλαβε καὶ τὴν ἀνθρωπίνην φύσιν".

[239] *Ibid*: "Τὸ ὅτι δὲ ἡ ἀνθρωπίνη φύσις κατὰ τὴν πρόσληψιν ἐστερεῖτο ἰδίας ὑποστάσεως καὶ κατέστη ἐνυπόστατος ἐν τῷ προσώπῳ τοῦ Λόγου, δὲν ἀφαιρεῖ τίποτε ἐκ τῆς ἀκεραιότητος καὶ πληρότητος αὐτῆς, ἀλλ'ὅλως τοὐναντίον διὰ τῆς μετὰ τῆς προσωπικότητος τοῦ Λόγου ἑνώσεως αὐτῆς προσεκτήσατο αὕτη ἐν πληρεστέρῳ τὴν προσωπικὴν αὐτοτέλειαν, προσλαβοῦσα πᾶσαν τὴν τελειότητα καὶ ἐξύψωσον, ἧς δεκτική ἐστιν ἡ ἀνθρωπίνη φύσις καὶ ἐμφανίσασα τὸν κατὰ πάντα τέλειον ἄνθρωπον, τὸν καθ'ὁμοίωσιν τοῦ κτίσαντος αὐτὸν μορφωθέντα καὶ εἰς τέλεια μέτρα χωρήσαντα".

natura umana fu come lo strumento più adatto per rivelare perfettamente la sua natura divina[240].

Staniloaë, parlando della persona di Gesù Cristo, ribadisce che il soggetto dell'uomo Gesù non è la sua natura umana, bensì il Logos divino che a causa dell'unione ipostatica è diventato il soggetto diretto e non più soltanto indiretto anche di tutte le "menti" del mondo; in Cristo la ragione umana si è messa in un accordo con la ragione divina[241].

È bene ribadire che per persona teandrica occorre intendere l'unicità dell'ipostasi di Gesù Cristo e la duplicità di natura: la natura divina e la natura umana; Gesù aveva cioè soltanto un *io*, l'"ἐγώ" divino in due nature. La sua natura umana era anipostatica "ἀνυπόστατος" in quanto era enipostatizzata "ἐνυπόστατος" nella persona del Verbo. Sin dall'inizio della sua esistenza terrena, e quindi sin dal primo istante della sua concezione, la persona di Dio Verbo ha assunto la natura umana priva di una propria ipostasi; ora non per questo la natura umana del Verbo può essere considerata imperfetta, ma al contrario. Non si può dunque affermare che in Gesù Cristo c'erano due *io*, l'*io* divino e l'*io* umano, ma semplicemente e assolutamente un *io*, l'*io* divino, perché unica è la sua persona: l'ipostasi del Verbo che ha assunto la natura umana.

Cristo non è una persona umana anche perché se così fosse avrebbe bisogno di salvezza lui stesso; Cristo invece ha assunto la

---

[240] Cf ΤΡΕΜΠΕΛΑΣ Π., *Ἡ ἠθικὴ τελειότης τοῦ Χριστοῦ κατὰ τὸ ἀνθρώπινον,* Ἀθῆναι 1930, 31.

[241] STANILOAË D., *La centralité*, 451, soprattutto: "Le Logos en devenant lui-même le sujet de la nature humaine, est devenu en même temps le sujet direct de toutes les 'raisons' du monde, et non plus seulement leur sujet indirect (...). Le Christ nous communique les sens purs, pleinement authentiques, profonds et naturels des choses et nous conduit dans cette compréhension vraie et large, en nous aidant dans notre accomplissement éthique et dans la réalisation d'un accord toujours plus accentué et étendu dans la compréhension et dans l'utilisation des choses, ce qui équivaut à une libération des passions égoistes et au progrès dans les vertus".

natura umana nella sua propria ipostasi divina per fare di essa il luogo fondamentale nel quale la divinizzazione si comunica a tutti gli uomini. In Cristo non c'è una persona umana che si è unita alla Persona divina del Verbo perché, se così fosse, comunicando con lui non si comunicherebbe con Dio stesso che è vita, perché in questo caso anche per lui la morte sarebbe stata fatale. È la Persona divina che incarnandosi ha reso possibile con la comunione mediante la sua umanità, la comunione di tutti con Dio stesso, ossia con la Persona assoluta. Egli è il centro e il fondamento dell'azione tramite la quale passa la salvezza e la deificazione a tutti coloro che credono[242]. Il Figlio di Dio è una persona divina, l'Ipostasi divina che

---

[242] Cf STANILOAË D., *Le génie*, 78; TSIRPANLIS C. N., *Introduction*, 77; ZIZIOULAS J., *Christologie et existence, la dialectique créé-incréé et le dogme de Chalcédoine*, dans *Con* 36 (1984) 170; ΜΑΤΣΟΥΚΑΣ Ν., *Ἀ-συγχύτως καὶ ἀδιαιρέτως. Τὸ δόγμα τῆς Χαλκηδόνας καὶ ἡ σημασία του*, ἐν *ΓΠ* 65 (1982) 129-139; vedi anche MEYENDORFF J., *Byzantine Theology*, soprattutto, 154: "This fundamental position has two important implications. (a) There is no absolute symmetry between divinity and humanity in Christ because the unique hypostasis is only divine and because the human will *follows* the divine. It is precisely a 'symmetrical' Christology which was rejected as Nestorian in Ephesus (431). This 'assymetry' of Orthodox Christology reflects an idea which Athanasius and Cyril of Alexandria stressed so strongly: only God can *save,* while humanity can only cooperate with the saving acts and will of God. However, as we emphasized earlier, in the patristic concept of man, 'theocentricity' is a *natural* character of humanity; thus assymetry does not prevent the fact that Christ was fully and 'actively' man.

(b) The human nature of Christ is not personalized into a separated human hypostasis, which means that the concept of hypostasis is not an expression of natural existence. Post-Chalcedonian Christology postulates that Christ was fully man and also that He was a human *individual,* but it rejects the Nestorian view that He was a human hypostasis, or person. A fully human individual life was en-hypostasized in the hypostasis of the Logos, without losing any of its human characteristics. The theory, associated with the name of Apollinaris of Laodicea, and according to which the Logos, in Jesus, had taken the place of the human soul, was systematically rejected by Byzantine theologians since it implied that the humanity of Christ was not complete. Cyril's celebrated formula - wrongly attributed to Athanasius and, in fact, uttered by Apollinaris - 'one nature

unisce ad essa la divinità e l'umanità, desiderando ricapitolare in sé tutte le cose[243].

Nel caso di Gesù Cristo si deve dire che in base ai vangeli la sua relazione principale, decisiva dalla quale scaturiscono tutte le altre relazioni è quella con il Padre suo; con l'incarnazione tutte le altre relazioni si inseriscono e si sottomettono a questa relazione principale. Ciò non significa che Cristo sia meno uomo anzi è l'uomo perfetto perché la sua relazione principale non è rapportata a un essere finito, ma a una realtà infinita; con l'incarnazione, pur avendo tante altre nuove relazioni, egli non smette di mantenere la sua relazione decisiva con il Padre; per questo la sua persona, la sua ipostasi dopo l'incarnazione rimane identica come prima della sua unione ipostatica. La sua relazione decisiva, definitiva, determinante "καθοριστική" è quella della sua relazione filiale con il Padre; tutte le sue nuove relazioni si inseriscono in questa sua relazione principale. Ecco perché egli è una persona divina, ecco perché la sua umanità anipostatica è enipostatizzata nella sua ipostasi divina. Certo, ripete insistentemente la teologia ortodossa, si tratta sempre di un mistero inesplorabile, ineffabile. Gesù Cristo allora è una persona divina, un *io* "ἐγώ" divino perché anche durante la sua umanizzazione ha mantenuto nella più assoluta libertà e consapevolezza la sua relazione principale con il *Tu* "ἐσύ" divino di Dio Padre; la sua ipostasi è divina anche se al tempo stesso possiede una vera e perfetta natura divina e una vera e perfetta natura umana[244].

---

incarnate of God the Word' - was accepted only in a Chalcedonian context. Divine nature and human nature could never merge, or be confused, or become complementary to each other, but in Christ, they were united in the single, divine hypostasis of the Logos: the divine model matched the human image".

[243] Cf MEYENDORFF J., *Byzantine Theology*, 101. Vedi anche ΓΙΑΝΝΑΡΑΣ Χρ., *Ἀλφαβητάρι*, 147-151 soprattutto dove spiega che il Verbo incarnato nell'assumere la natura umana, non lo fa con violenza, ma nella più assoluta libertà e quindi nel consenso personale della natura umana rappresentato dal libero fiat della Vergine Maria (cf Lc 1,38).
[244] Cf ΖΗΖΙΟΥΛΑΣ Ι., *Μαθήματα*, Β', 45-49.

Gesù Cristo ha un'unica persona e non due persone perché la sua relazione decisiva sin dalla sua fanciullezza era attinta soltanto dal *tu* divino di Dio Padre e non ad esempio anche dal *tu* umano e materno di Maria; per questo in Cristo abbiamo un'unica persona; ecco perché nelle icone bizantine della Theotokos con Gesù, si ha l'impressione che è Gesù Bambino già attempato che in pratica tiene, sostiene Maria e non viceversa perché la relazione di Gesù con la madre, per quanto importante fosse, non era decisiva[245]; del resto come vediamo nei vangeli Cristo cercava di adempiere sempre la volontà del Padre e non quella della madre. Si capisce allora perché per tutti i teologi ortodossi è fondamentale il concilio di Calcedonia.

Tanti teologi sono in urto col dogma calcedonese perché confondono natura e persona. Ora la persona - spiega Zizioulas - non va sottomessa alla natura. La natura non ha mai una sua persona, ma è ipostatizzata in una persona; di conseguenza la persona può avere più di una natura. La persona umana ad esempio ipostatizza in grande misura non soltanto la natura umana, ma anche la natura degli animali e la natura inanimata. Non è la natura a definire la persona, ma la persona che ipostatizzando la natura la definisce. La persona di Gesù Cristo, Figlio di Dio che sin dall'eternità ipostatizza la natura divina, con l'incarnazione ipostatizza anche la natura umana, la quale natura umana enipostatizzata nella persona del Figlio eterno del Padre, non soltanto non diminuisce, ma viene sublimata e innalzata alla condizione personale della natura divina. Abbiamo così non un minimalismo antropologico, ma un massimalismo, e questo anche quando ognuna delle due nature rimane immutata e quindi identica in se stessa; Gesù è persona divina sin dall'eternità, mentre i santi soltanto nel tempo decidono di avere la loro relazione determinante con Dio, ecco perché si è divinizzati per grazia e non per natura, perché la persona dei santi continua ad essere umana anche se divinizzata, mentre la persona di Gesù continua ad essere divina anche quando assume la natura umana, per

---

[245] Cf ΖΗΖΙΟΥΛΑΣ I., *Μαθήματα*, Β'. 47-49.

questo ci può essere la comunicazione degli idiomi tra le due inseparabili nature di Gesù Cristo[246].

Occorre ribadire che secondo il modello ortodosso la persona precede la natura e questo perché sia la natura che la comunione non esistono in se stesse, ma esiste una persona che le causa[247]. L'amore di Dio è eterno perché è personale, vale a dire esso è realizzato come un'espressione della comunione libera, come amore. Vita e amore si identificano nella persona; al di fuori della comunione d'amore la persona perde la sua unicità e diventa un essere come tutti gli altri esseri, una 'cosa' senza avere in modo assoluto un 'identità' e un 'nome', senza un volto. Per una persona *morte* significa cessare di amare e di essere amata, cessare di essere unica ed irripetibile, mentre *vita* significa la sopravvivenza dell'unicità della sua ipostasi, la quale è affermata e mantenuta dall'amore[248].

Se Dio Padre è immortale, è dovuto al fatto che la sua identità unica ed irripetibile è distinta sin dall'eternità da quella del Figlio e dello Spirito Santo; se il Figlio è immortale non lo deve alla sua natura, ma al suo essere il Figlio amato del Padre, ossia alla sua relazione filiale con il Padre il quale trova la sua compiacenza nel Figlio. Così lo Spirito Santo: è eterno perché è il datore di vita, è la comunione (2 Cor 13,14). L'amore di Dio è eterno non a causa della sua natura, ma perché è personale; non è la natura a determinare la persona, ma è la persona che abilita la natura ad esistere[249].

Per la teologia ortodossa allora è la persona e non la natura il punto di partenza e questo anche nel seno della Trinità. Per capire la natura " οὐσία" e la persona "ὑπόστασις" divina ci si può basare, sempre per analogia, sulla realtà umana. C'è una natura umana che è un sinolo (l'insieme) delle sue caratteristiche esclusive che di conseguenza la distinguono dagli altri esseri viventi. Queste caratteri-

---

[246] Cf ΖΗΖΙΟΥΛΑΣ I., *Μαθήματα*. Β'. 49-51.
[247] Cf ID., *Being*, 17-18.
[248] *Ibid*, 48.
[249] Cf *Ibid*, 48-57.

seguenza la distinguono dagli altri esseri viventi. Queste caratteristiche possono essere, ad esempio: la parola, il pensiero, la volontà, l'amore, il giudizio, la fantasia, la memoria, la creatività ecc.; tutti gli uomini partecipano a queste comuni caratteristiche, hanno, cioè, una natura "οὐσία" comune. Ogni realizzazione parziale della natura costituisce una persona, un'ipostasi in quanto ogni uomo separatamente incarna tutte queste caratteristiche comuni in un modo unico ed irripetibile. La natura non può esistere astrattamente, senza cioè una persona che l'incarna, che l'ipostatizza. Le persone sono tali in quanto "ipostatizzano" l'ousia; danno, cioè, alla natura comune una propria sussistenza ed esistenza[250].

Dio, continua ad insistere la teologia ortodossa, non si è rivelato a noi come natura amorfa, bensì come tre persone. Non abbiamo una teofania della natura nuda, ma una teofania graduale e quindi progressiva del Padre, del Figlio e dello Spirito Santo. Non è la natura che mi ama, ma sono le persone; Dio non mi ama in quanto natura, ma in quanto Padre, Figlio e Spirito Santo; è in quanto persona che egli ha una relazione d'amore con tutta l'umanità e con ogni uomo. Per questo il Padre, essendo una ipostasi divina, cioè colui che ipostatizza la natura divina, non ama se stesso, non è ripiegato su se stesso, ma è aperto in una relazione d'amore verso il Figlio e lo Spirito Santo. Il Padre è il principio l' "ἀρχή" della divinità non in quanto natura, bensì in quanto persona perché altrimenti la natura divina sarebbe soggetta ad ulteriore suddivisione[251].

Conclusione

Secondo la teologia ortodossa l'*io* di Gesù Cristo è determinato dalla relazione d'amore che ha con Dio Padre nello Spirito Santo,

---

[250] Cf ΓΙΑΝΝΑΡΑΣ Χρ., *Ἀλφαβητάρι*, 49-52.
[251] Cf ΖΗΖΙΟΥΛΑΣ Ι., *Μαθήματα*, Α', 103-120.

sia nella Trinità "*ad intra*" che nella Trinità "*ad extra*"[252] per questo la sua persona è divina e non umana in quanto egli sia nella sua filiazione divina che nella sua filiazione umana è continuamente rivolto al Padre: "πρὸς τὸν Θεόν" (Gv 1,1).

Proprio a causa della relazione filiale di Gesù con il Padre si deve affermare che la sua persona è *una* e non *due*, perché la sua relazione filiale con il Padre si è mantenuta identica e quindi immutabile anche durante la sua solidarietà con la nostra natura umana.

La persona di Gesù allora anche durante la sua umanizzazione "ἐνανθρώπισις" è una e la stessa, essa, cioè, continua ad essere la persona del Verbo, perché come si è visto la sua relazione d'amore filiale con la sua santissima Madre, per quanto profonda fosse, non era quella determinante in quanto il Verbo incarnandosi non ha cessato di mantenere la sua relazione originale con il Padre. Ciò non significa che Gesù non fosse vero uomo, anzi era l'uomo più perfetto "τέλειος" e più bello "κάλλιστος" perché la sua vera umanità priva di ogni peccato è stata pienamente sublimata e quindi divinizzata dalla persona del Verbo.

Che la persona di Gesù fosse quella del Verbo a causa della sua relazione con il Padre traspare anche dalla sua coscienza che si evidenzia dalle sue parole, dai suoi gesti e comportamenti in genere.

---

[252] Gesù di Nazareth infatti rompendo gli schemi anticotestamentari si rivolge a Dio con tanta naturalezza chiamandolo con il termine familiare dei bambini: papà "*abbà*", termine che indica tutta una relazione d'intimità profonda (cf Mc 14,36).

CAP. V
LA COSCIENZA DI GESÙ CRISTO

Introduzione

Secondo la cristologia ortodossa Gesù Cristo nella sua natura umana e quindi durante la sua esistenza storica aveva coscienza, aveva cioè la consapevolezza interna, di essere il Figlio di Dio e il Messia atteso; aveva coscienza della sua divinità. La sua coscienza messianica però non si indirizzava alle conquiste terrene, non si sforzava di sconfiggere il dominio romano per fondare sulle sue rovine lo splendente palazzo della teocrazia giudaica. In altre parole il comportamento di Gesù non corrispondeva affatto alle attese febbrili del popolo giudaico il quale immaginava un Messia potente, nel senso di un monarca politico, il promesso erede di Davide, il grande futuro conquistatore che alla pari del re Davide, avrebbe finalmente liberato il suo popolo dal dominio dei suoi oppressori e concretamente dagli idolatri romani. Gesù indubbiamente conosceva i sogni nazionalistici dei suoi compatrioti, ma non si lasciava minimamente influenzare da essi[253].

A. Coscienza della sua divinità ipostatica

La personalità umana di Gesù Cristo prende coscienza lungo l'arco della sua vita terrena della sua divinità ipostatica, della sua ipostasi che è inseparabile dal Padre e dallo Spirito e che entra nel suo soggetto tre-ipostatico. Gesù allora prende coscienza di sé non

---

[253] ΤΡΕΜΠΕΛΑΣ Π., *Ἰησοῦς ὁ ἀπὸ Ναζαρέτ*, 179-191 specialmente 190-191, dove afferma che Gesù ha coscienza di essere il Messia: " Ἔχει τὴν συνείδησιν ὅτι, εἶναι Μεσσίας. Συγχρόνως ὅμως αἰσθάνεται ὅτι πατρίς του εἶναι ὅλος ὁ κόσμος καὶ ὅτι δὲν ἀνήκει ἀποκλειστικῶς εἰς ἕν καὶ μόνον ἔθνος". Cf anche BOULGAKOF S., *Du Verbe*, 159-162.

soltanto in quanto logos, ma anche umanamente e quindi in maniera discorsiva secondo il modo umano "σχήματι ὡς ἄνθρωπος". Tramite questa discorsività l'intuizione dell'eternità si fa giorno, e il Logos, Sole di eterna luce, risplende. Questa coscienza tramite la quale Cristo conosce se stesso attraverso il prisma umano e nella vita umana, e non fuori di essa, né al di sopra di essa, spiega Boulgakof, non è puramente divina e neppure puramente umana, bensì teanthropica in quanto il soggetto divino appare come l'ipostasi della vita umana[254].

Boulgakof, fondato sul concilio di Calcedonia, afferma che Gesù Cristo conosce se stesso non soltanto con la sua coscienza divina, ma anche con la sua coscienza umana e quindi temporale che a sua volta si svegliava, cresceva e si fortificava gradualmente fino a raggiungere l'evidenza vittoriosa e quindi la conoscenza completa. C'era cioè un passaggio di un risveglio dal minore al maggiore, altrimenti Cristo non sarebbe veramente uomo. In Cristo, Figlio dell'uomo, si compiva e si è compiuto la genesi del Verbo, Figlio di Dio[255].

In questo modo il *me* umano di Gesù prende coscienza del suo *io* divino, prende coscienza della sua divinità. Gesù in altre parole

---

[254] Cf BOULGAKOF S., *Du Verbe*, 160. 191.

[255] *Ibid*, 161: "Et les esprits créés savent d'où ils tirent leur origine (ou tout au moins s'ils peuvent le savoir), le Logos qui s'incarnait savait aussi Qui Il était et d'où il provenait. Mais s'étant incarné en l'homme, il l'apprenait en Soi et de Soi, non plus seulement par la conscience divine éternelle, mais aussi par la conscience humaine temporelle; de telle sorte que celle-ci s'éveillait en Lui, croissait et se fortifiait à travers Sa vie temporelle, pour parvenir empiriquement à l'évidence victorieuse et à la connaissance complète. Néanmoins, c'était là un passage du mineur au majeur, de l'éveil (ce surgissement était indispensable, sinon il n'y aurait pas eu d'authentique temporalité) au triomphe intégral. En le Christ, Fils de l'Homme, s'accomplissait et s'est accomplie la genèse (ἐγένετο) du Verbe, Fils de Dieu. Ainsi, partant de l'analogie de la conscience humaine, nous approchons de la conscience théantropique qui deviendra à son tour le partage de tout le genre humain dans la gloire, lorsque le Christ Se figurera en tous".

ha un *io* ossia un'ipostasi e due nature, quindi due *me*: quello della natura divina e quello della natura umana; ora la divinità di Gesù Cristo ispirava la sua umanità e quindi prendeva coscienza nel rispetto della sua misura, ossia in base a quello che la sua natura umana poteva contenere[256].

La natura divina di Gesù Cristo non violentava la sua natura umana neanche in rapporto alla sua coscienza umana, ma semplicemente la ispirava. Cristo nell'umiliazione volontaria della sua umanizzazione, cercava egli stesso nella preghiera verso il Padre, verso il suo *abbà*, questa ispirazione. Cercava di conoscere la volontà del Padre, ossia di prendere coscienza in sé della voce della sua natura divina; è questo che testimonia tutta la vita orante di Gesù Cristo, specialmente quella del Getsemani dove in una lotta interiore ha cercato di ascolatre la voce della sua essenza divina, la volontà del Padre. In Gesù non c'è stata nessuna crescita umana senza che al tempo stesso corrispondesse una crescita, un progresso della sua coscienza, e, come si è detto sopra, tutto avviene senza alcuna violenza e quindi in perfetta armonia dovuta alla sua teanthropicità. Il Cristo-bambino aveva già in potenza sin dalla sua infanzia la pienezza delle sue nature divina e umana, ma non le aveva ancora realizzate nell'esperienza vitale. La teanthropia, spiega Boulgakof, è una forma particolare della conoscenza che la divinità ha di se stessa attraverso la sua umanità, e che l'umanità ha di se stessa attraverso la divinità; è la fusione del Creatore con il creato, la quale appare insieme come kenosi della divinità e divinizzazione dell'umanità e culmina con la perfetta glorificazione di Dio-Uomo[257].

Boulgakof fondandosi su Luca 2,40 e sul principio della kenosi, dello svuotamento e quindi dell'umiliazione di Cristo che consiste nello spegnere, nell'abbandonare volontariamente la sua gloria divina, afferma che Cristo scendendo dal cielo prende coscienza gradua-

---

[256] Cf BOULGAKOF S., *Du Verbe*, 163-164. 191.
[257] Cf *Ibid*, 167-169; ΖΗΖΙΟΥΛΑΣ Ι., *Μαθήματα*, Α', 83-84.

le della sua divinità secondo la sua forma umana, secondo cioè il suo sviluppo psicosomatico; essa non si verifica automaticamente, non si illumina, cioè, tutta d'un colpo, ma passa dalla precoscienza dell'infanzia fino a illuminare un giorno la sua vita con la luce della propria coscienza personale. Essa quindi passa attraverso gradi diversi sviluppandosi e chiarificandosi per l'uomo Gesù in proporzione al suo sviluppo generale fino ad arrivare allo sviluppo dell'uomo perfetto. Gesù nasce da una donna, ma come uomo e quindi come bambino e nella sua umanità vera santifica tutte le tappe dell'età umana che va dall'infanzia all'età dell'uomo adulto, manifestando la pienezza dell'umanità[258].

Secondo la teologia ortodossa, Gesù ha coscienza soprattutto di due cose: di essere il Figlio di Dio, uguale nella dignità al Padre, e di essere privo di peccato. Queste sono le due idee fondamentali della coscienza di Gesù. Che Gesù fosse privo di peccato lo si nota anche dal fatto che egli stesso chiedeva chi l'avrebbe potuto accusare di peccato (cf Gv 8,46); inoltre egli non ha mai pregato per sé come se fosse stato un uomo peccatore. Che Gesù poi sapeva di essere il Figlio di Dio, secondo Trembelas, lo si vede dal modo con cui parla in quanto, usando il titolo: *Figlio di Dio*, lo fa precedere dall'articolo *il* per distinguersi dai figli di Dio che generalmente sono chiamati così, senza l'articolo. Per di più non va dimenticato, ci

---

[258] Cf BOULGAKOF S., *Du Verbe,* 191. 203-206 soprattutto 191 dove afferma: "La conscience humaine, l'éternel *moi* humain, temporellement, ne s'illumine pas d'un seul coup en l'homme. Ce *moi* demeure d'abord plongé dans la nuit de l'inconscience, - plus précisément, dans la *préconscience* de l'enfance, - pour surgir un jour et éclairer la vie avec la lumière de la conscience personnelle de soi. Celle-ci se développe et se clarifie pour l'homme même, à proportion de sa croissance générale; elle passe par les différents âges jusqu'à celui de 'l'homme parfait'. Jésus naquit de la femme, à l'image de l'homme, comme un enfant. Ayant pris l'humanité véritable, le Seigneur reçut et sanctifia tous ses âges, depuis celui de l'enfant jusqu'à celui de l'homme mûr, manifestant la plénitude de l'humanité".

ricorda Trembelas, che l'ambiente era strettamente monoteistico ed impediva quindi severamente la divinizzazione degli uomini[259].

B. Coscienza di essere privo di peccato

Secondo la cristologia ortodossa, rappresentata dal noto teologo Trembelas, Gesù non ha mai avuto coscienza di avere un qualsiasi tipo o grado di peccato.

Dai detti "λόγια" di Gesù si evidenzia che egli aveva coscienza di essere privo di peccato, e questo soprattutto dalla sua affermazione durante la sua discussione con i giudei inerente alla discendenza di Abramo, che si comportava come discendenza del diavolo; Gesù infatti mettendosi così in radicale opposizione con il padre della menzogna, il diavolo, chiedeva ai suoi interlocutori: "Chi di voi può convincermi di peccato" (Gv 8,46). Da questo detto risulta che anche gli stessi nemici di Gesù non potevano accusarlo di alcun peccato. Ci sono ancora altri detti di Gesù che fanno intravedere che egli aveva la coscienza di essere totalmente privo di peccato; per esempio quando nel suo discorso di addio conclude dicendo: "Non parlerò più a lungo con voi, perché viene il principe del mondo; egli non ha nessun potere su di me, ma bisogna che il mondo sappia che io amo il Padre e faccio quello che il Padre mi ha comandato" (Gv 14,30-31). Il principe del male, dunque, non poteva avere potere su Gesù perché egli era privo di peccato in quanto sempre era in comunione intima con il Padre (cf Gv 8,29; 17,4)[260].

La coscienza di Gesù, ossia la sua consapevolezza di essere privo di peccato, si mostra anche dal fatto che nel parlare di peccato o di difetti parla sempre nella seconda persona e mai nella prima. Non ha mai detto per esempio se *noi* perdoniamo i peccati, ma se

---

[259] Cf ΤΡΕΜΠΕΛΑΣ Π., *Ἰησοῦς ἀπολογητικῶς*, ἐν *MEE*, 12, 920-922; ΑΝΔΡΟΥΤΣΟΥ Χρ. *Δογματική*, 184.
[260] Cf ΤΡΕΜΠΕΛΑΣ Π., *Ἰησοῦς ὁ ἀπό Ναζαρέτ*, 279-280.

voi perdonate i peccati degli uomini il Padre vostro *vi* perdonerà, e non, *ci* perdonerà. Anche nel pregare Gesù mai chiede perdono a Dio per qualche sua colpa; non batte mai il suo petto come gli altri peccatori, ma al contrario, invita gli altri a fare penitenza senza aver mai fatto minimamente capire che anche egli ne avesse bisogno. Nessun brano del vangelo mostra Gesù preoccupato della sua anima, della sua salvezza. Se poi veramente Gesù fosse stato peccatore non l'avrebbe forse confessato ai suoi amici, ai suoi fedeli discepoli oppure non l'avrebbe espresso nelle sue preghiere[261]? Gesù però non ha mai fatto questo mostrando così che egli è totalmente santo; è il santo in persona.

Nel passato gli autori, nel descrivere i grandi personaggi, le grandi figure greche o giudaiche, nell'elogiare i loro eccellenti pregi non nascondevano mai i loro difetti e i loro peccati. Non solo chi descriveva queste figure non evitava di riconoscere i loro limiti, ma anche le stesse persone interessate non potevano mai dire con franchezza di essere totalmente sante e quindi prive di peccato; tanto per rimanere nell'ambito biblico basta pensare al grande Mosé, al legislatore per eccellenza del popolo giudaico, santo sì, ma non al punto da non riconoscere il suo peccato. Perciò non solo gli amici di Gesù, gli evangelisti, hanno evitato di presentare qualsiasi frase di Gesù che potesse suscitare un qualche sospetto di peccato, ma neppure i suoi nemici potevano accusarlo di ciò[262].

Più uno è lontano da Dio e più crede di essere santo, più si sente incolpevole. Più uno invece è vicino a Dio e più si sente peccatore e bisognoso di salvezza, come lo furono, ad esempio, i grandi santi che hanno trascorso la loro vita facendo delle grandi penitenze. Ora Gesù era sempre vicino a Dio e ciò nonostante non aveva nessun rimorso di peccato. Lui che per primo ha considerato peccato grave anche solo il desiderare o il vedere con occhio carnale e malizioso il prossimo, poteva essersi ingannato su se stesso? Non è

---

[261] Cf ΤΡΕΜΠΕΛΑΣ Π., *Ἰησοῦς ὁ ἀπὸ Ναζαρέτ*, 280-283.
[262] Cf *Ibid*, 282-283.

possibile che Gesù si sia ingannato. Questo si nota anche dalla missione che egli attribuisce a se stesso: essere medico dei peccatori; invitare gli oppressi e gli affaticati a riposare presso di sé; l'affermare di essere venuto per salvare ciò che era perduto e per dare la sua anima come prezzo per molti. Ora come sarebbe stato possibile a Gesù compiere questa missione se egli stesso avesse saputo di essere peccatore? Lui che ha insegnato ai suoi discepoli a vergognarsi delle loro debolezze ed a pregare per il perdono dei peccati, lui che morendo chiese al Padre di perdonare i suoi nemici senza, però, chiedergli perdono per i propri peccati? Per questo Trembelas afferma che Gesù aveva coscienza di non aver mai peccato o di non essere colpevole di nessuna cosa[263].

C. Coscienza di essere il Figlio di Dio

Gesù non aveva soltanto la coscienza di essere privo di peccato, ma aveva anche l'informazione interiore di essere il Figlio di Dio e l'ha spesso manifestato pubblicamente[264].

Gesù aveva coscienza di essere il Figlio di Dio, che possedeva, cioè, la stessa sostanza del Padre, prima del tempo e senza alcun principio. Questo si evidenzia dalla stessa affermazione di Gesù con i suoi detti "*io sono*"; non usa per sé il verbo diventare come nel caso di Abramo ma quello dell'essere in prima persona, in quanto il diventare è tipico delle creature mentre l' "ἐγώ εἰμι" è tipico di colui che non è stato creato, di colui che è il creatore. Gesù, infatti, disse ai giudei in un tono molto solenne: "Amen amen dico a

---

[263] Cf ΤΡΕΜΠΕΛΑΣ Π., *Ἰησοῦς ὁ ἀπὸ Ναζαρέτ*, 282: "ὁ Ἰησοῦς δὲν ἔχει συνείδησιν, ὅτι ἡμάρτησέ ποτε ἢ ὅτι ὁπωσδήποτε ἐγένετο ἔνοχος παραβάσεώς τινος (...) καταλήγομεν εἰς τὸ βέβαιον συμπέρασμα, ὅτι ὁ Ἰησοῦς ὑπῆρξεν ἀναμάρτητος".

[264] *Ibid*, 286: " Ὁ Ἰησοῦς δὲν εἶχε μόνον τὴν συνείδησιν, ὅτι ἦτο ἀναμάρτητος. Εἶχε καὶ τὴν ἐσωτερικὴν πληροφορίαν, ὅτι ἦτο Υἱὸς τοῦ Θεοῦ, τὴν ὁποίαν ἐξεδήλωσε δι'ἐπαλειλημμένων προφορικῶν καὶ δημοσίων διακηρύξεων".

voi, prima che Abramo fosse io sono" (Gv 8,58)[265]. In queste parole si evidenzia che Gesù aveva coscienza di non essere stato creato nel tempo come le altre creature, ma di essere stato generato dal Padre prima del tempo; Gesù mostra anche di essere cosciente e quindi consapevole che egli aveva la stessa natura del Padre. La stessa affermazione "*io sono*", Gesù Cristo la ripete davanti al sinedrio, evidenziando di avere coscienza di essere uguale allo Iahvé dell'AT, anche quando era ormai alla fine della sua vita terrena; Gesù infatti rispose al sommo sacerdote che lo interrogava dicendo: "ἐγώ εἰμι" (Mc 14,62) e aggiunse che avrebbero visto il Figlio dell'uomo venire sulle nubi. Il fatto che i membri del sinedrio si sono talmente agitati per questa confessione di Gesù, fino al punto di condannarlo a morte come un bestemmiatore, è indice che loro avevano pienamente capito quello che Gesù intendeva e pensava di sé (cf Mc 14,53-65)[266].

La coscienza della figliolanza divina di Gesù si è svegliata e quindi manifestata a Maria e a Giuseppe già all'età di dodici anni quando rimane nel tempio per occuparsi delle cose del Padre suo (cf Lc 2,49); agli occhi degli uomini però Gesù rimane un uomo qualsiasi; la coscienza della sua figliolanza divina si evidenzia pubblicamente e solennemente nel momento del suo battesimo come pure nella sua trasfigurazione. La coscienza di Gesù di essere il Figlio di Dio si evidenzia anche dal suo comportamento che è simile a quello

---

[265] "Ἀμὴν ἀμὴν λέγω ὑμῖν πρὶν Ἀβραὰμ γενέσθαι ἐγὼ εἰμί" (Gv 8,58).
[266] Cf ΤΡΕΜΠΕΛΑΣ Π., Δογματική Α', 249 e ID., Δογματική Β', 47-48, soprattutto quando afferma: "Ἐὰν ὁ Ἰησοῦς δὲν ἐφρόνει περὶ ἑαυτοῦ ὅτι εἶναι φύσει καὶ κατ'οὐσίαν Υἱὸς τοῦ Θεοῦ, ἦτο δυνατὸν νὰ βεβαιώσῃ, ὅτι θὰ ἐκάθητο ἐκ δεξιῶν τῆς δυνάμεως (...) καὶ ὅτι θὰ ἤρχετο ἐπὶ τῶν νεφελῶν τοῦ οὐρανοῦ. Ἡ ἀναστάτωσις ἄλλως τε ἡ προκληθεῖσα εἰς τὸ συνέδριον ἀπὸ τὴν ὁμολογίαν αὐτὴν καὶ ἡ ἐπακολουθήσασα καταδίκη τοῦ Ἰησοῦ ὡς ἐνόχου δεινοτάτης βλασφημίας ἀποδεικνύει, ὅτι καὶ ὁ ἀρχιερεὺς μετὰ τῶν μελῶν τοῦ συνεδρίου ἀντελήφθησαν τὴν ὀνομασίαν Υἱὸς τοῦ Θεοῦ ὑπὸ τὴν ἀποκλειστικὴν αὐτῆς ἔννοιαν. Ὁ Κύριος δ'ἐξ ἄλλου μὴ θεωρήσας ἀναγκαῖον, ἵνα δώσῃ νέαν τινὰ ἐξήγησιν ἢ διασάφησιν, ἐπεβεβαίωσε διὰ τῆς σιωπῆς του, ὅτι ὀρθῶς οἱ δικασταὶ αὐτοῦ ἀντελήφθησαν τὴν ἔννοιαν τῆς ὁμολογίας του".

di Dio nell'AT; per esemipio, come Jahvé, anche Gesù manda gli apostoli quali profeti e re e raccomanda loro di parlare con sapienza; questo comportamento sembra ricordare quello di Jahvé verso Mosé. Così egli si presenta come legislatore e si dichiara signore del Sabato con un'autorità che, come si sa, nell'AT era riservata esclusivamente a Jahvé. La coscienza di Gesù si evidenzia anche dal patto dell'alleanza. Come Javhé nell'AT ha fatto l'alleanza con Abramo rinnovandola poi diverse volte con il popolo, così Gesù stabilisce la nuova ed eterna alleanza. La sua coscienza si evidenzia anche dal fatto che Gesù richiede la fede nella sua persona, come il Dio d'Israele, anzi esige che si sacrifichi la propria vita per amore di lui, del suo nome, rinunciando a tutto e a tutti, anche ai propri genitori. Infine pretende per sé dei poteri soprannaturali e divini, ad esempio il potere e l'autorità di rimettere i peccati come Jahvé[267].

Nei sinottici ci sono ancora tanti altri brani in cui il Signore rivela la sua coscienza di essere Figlio di Dio. Uno di questi può essere la distinzione che Gesù fa nei riguardi di Dio Padre. Infatti egli quando parla agli apostoli fa netta distinzione fra il Padre *suo* e il Padre *loro*. Un altro brano può essere la piena accettazione della confessione di Pietro a Cesarea di Filippi. Questo indica che egli non vuole essere il Figlio di Dio nel senso etico come tutti gli altri israeliti; secondo il vangelo di Giovanni, infatti, nessuno conosce il Figlio se non il Padre e nessuno conosce il Padre se non il Figlio e colui al quale il Figlio lo voglia rivelare; infine, tutto quello che ha il Padre è anche di Gesù[268].

La coscienza della figliolanza divina di Gesù come pure quella messianica, secondo il teologo ortodosso Trembelas, si evidenzia anche dai titoli; non hanno dunque ragione coloro che ritengono che Gesù non abbia mai pensato di essere il Messia credendo che siano stati i primi cristiani ad attribuire a Gesù questo titolo. Se così fos-

---

[267] Cf ΤΡΕΜΠΕΛΑΣ Π., *Δογματική*, Β', 45-46; BOULGAKOF S., *Du Verbe*, 192-195.
[268] Cf ΤΡΕΜΠΕΛΑΣ Π., *Δογματική*, Β', 47.

se stato, tanti brani del vangelo dovrebbero essere eliminati; in realtà, però, l'autore ritiene con altri che i brani riguardanti la coscienza messianica di Gesù appartengono alla fonte Q, la fonte più antica ed autentica dei loghia del Signore[269].

D. I titoli
1. Il titolo messianico

La teologia ortodossa riconosce che ci sono diverse posizioni di fronte al significato autentico del titolo messianico. Secondo essa c'è chi nega del tutto il vero significato del titolo e c'è invece chi afferma che Gesù solo gradualmente si è formato l'idea di essere il messia. C'è infine chi sostiene che Gesù, in base a questo titolo, ha attribuito a sé gli altri titoli come quello di "Figlio di Dio" o "Figlio dell'uomo"[270].

Secondo la teologia ortodossa tutti gli sforzi fatti per negare l'autentico significato del titolo messianico, sono stati tentativi inutili, simili ad una novella. Essi non sono fondati biblicamente; c'è chi rimanda la presa di coscienza di Gesù, riguardo alla sua messianicità, al momento del battesimo o addirittura al momento della confessione di Pietro. Secondo la teologia ortodossa, la mancanza stessa di un accordo tra le teorie che negano la coscienza permanente di Gesù è segno di debolezza delle loro posizioni[271].

Gesù Cristo non si è formato l'idea messianica a un certo punto della sua vita; l'esame serio dei vangeli mostra infatti che

---

[269] Cf ΤΡΕΜΠΕΛΑΣ Π., Ἰησοῦς ὁ ἀπὸ Ναζαρέτ, 288-290.
[270] Cf Ibid, 291.
[271] Cf Ibid, 292.

egli aveva coscienza della sua identità messianica sin dal principio, ossia da sempre[272].

Se da una parte Gesù sin dall'inizio della sua vita terrena, e quindi storica, ha avuto la coscienza chiara di essere il Messia, dall'altra, a causa dei sogni nazionalistici dei giudei, era molto cauto nel manifestare ciò apertamente. Il popolo era infatti diviso in vari partiti. C'erano ad esempio gli erodiani che erano contro qualsiasi rinnovamento in quanto temevano che questo avrebbe causato un nuovo intervento dei romani. Il partito dei nazionalisti, invece, non vedeva l'ora di fare una rivoluzione contro gli invasori. Per questi motivi c'era sia chi voleva proclamare Cristo re, sia anche chi vi si opponeva fortemente. Per queste ragioni Gesù stava attento a non rivelare subito la sua identità messianica perché c'era appunto il pericolo d'intenderla politicamente. Tuttavia se Gesù da una parte non rivelava la sua identità, d'altra parte, però, neppure la nascondeva, tanto è vero che i primi discepoli hanno capito subito che si trattava del Messia (cf Gv 1,42-46). Anche il suo primo discorso a Nazaret era chiaramente riferito alla sua messianicità (cf Lc, 4,16-28); allo stesso fine era orientato l'uso delle parabole[273].

Il significato autentico del titolo messianico di Gesù è allora biblicamente fondato ed è quindi autentico. Gesù non è venuto a sapere o a inventare a un certo punto della sua vita terrena di essere il Messia, ma da sempre, sin dall'inizio della sua vita storica ha avuto la coscienza, la consapevolezza interna della sua identità messianica.

---

[272] ΤΡΕΜΠΕΛΑΣ Π., *Ἰησοῦς ὁ ἀπὸ Ναζαρέτ*, 294: "καίτοι εἶχε τοῦ ἐν ἑαυτῷ ἐξ ἀρχῆς μετὰ πάσης ἐνεργείας, ἠκολούθησεν αὐστηράν τινα οἰκονομίαν ἐν ταῖς περὶ τοῦ μεσσιανικοῦ του ἀξιώματος διακηρύξεσιν, ἐξ αἰτίας τοῦ περιβάλλοντος ἐν μέσῳ τοῦ ὁποίου ἐκαλεῖτο νὰ δράσῃ".

[273] Cf *Ibid*, 295.

2. Il Figlio dell'uomo

È un titolo molto usato da Gesù (cf Mc 2,10; Mc 2,27-28; Lc 12,10). Anche questo titolo, del quale tutti e quattro gli evangelisti sono testimoni, è stato spesso aspramente negato in quanto, secondo le teorie opposte, Gesù non l'aveva mai usato, oppure se è stato accettato, è stato interpretato in modo eterodosso. Questo titolo invece riassume bene sia l'aspetto soprannaturale del Signore sia quello umano. È per questo motivo che il Signore l'ha considerato adatto sia per manifestare la sua missione, sia anche per esporsi subito e quindi precocemente ad un pericolo che forse avrebbe minacciato seriamente l'esito positivo della sua missione; si trattava cioè di un titolo di sintesi, un titolo chiave del mistero cristologico[274].

La gente avrebbe dovuto capire Gesù perché questo titolo era usato dalla filologia apocalittica di Daniele, di Enoch e di Esdra in senso chiaramente messianico. In Daniele 7,13-14 il Figlio dell'uomo sta in una posizione superiore, supera gli altri uomini; infatti egli viene sulle nubi del cielo ed è innalzato fino alla fine dei giorni. Il regno del Figlio dell'uomo, come pure il suo potere, si estende su tutti i popoli ed è considerato eterno. Anche nel libro di Esdra, nella parte apocalittica, c'è la presentazione di una figura umana che sorge dal mare sulle nubi del cielo per compiere gloriosamente l'opera del Messia; la concezione di Esdra assomiglia così a quella di Daniele. Infine anche Enoch (37-70) fa uso di questa idea messianica come gli altri due[275].

Il linguaggio dei vangeli supponeva da una parte che il titolo "Figlio dell'uomo" con il significato messianico non fosse del tutto nuovo, ma dall'altra, che non fosse del tutto conosciuto, risultando così poco comprensibile. Questo appellativo, uscendo dalle labbra

---

[274] Cf ΤΡΕΜΠΕΛΑΣ Π., *Ἰησοῦς ὁ ἀπὸ Ναζαρέτ*, 296-297 soprattutto 296 dóve dice: "ἦτο φυσικὸν νὰ ἀναζητήσῃ πρὸς δήλωσιν τῆς ἀποστολῆς του τίτλον, ὁ ὁποῖος ἐνῶ θὰ ἐσήμαινε ταύτην ἐπαρκῶς, ἀφ'ἑτέρου δὲν θὰ ἐξέθετεν αὐτὸν προώρος εἰς κίνδυνον τινα, ἐκ τοῦ ὁποίου θὰ ἠπειλεῖτο σοβαρῶς καὶ αὐτὴ ἡ ἐπιτυχία τοῦ ἔργου του".

[275] Cf *Ibid*, 297-298. Cf anche BOULGAKOF S., *Du Verbe*, 196-202.

di Gesù, non poteva non apparire come un enigma che richiedeva una soluzione. Basta ricordare l'episodio dove egli affermava che il Figlio dell'uomo è Signore del Sabato (cf Mc 2,27-28); così il senso di questo titolo si opponeva al significato dell'uomo in modo abituale. Il titolo, così ben indovinato, in quanto riassumeva contemporaneamente sia la qualità divina del Signore come quella umana, e quindi la sua parentela con gli uomini, poteva fare da scudo di fronte al fanatismo degli zeloti e all'atteggiamento nazionalista dei giudei contemporanei[276].

Gesù il "Figlio dell'uomo" essendo l'uomo perfetto, il nuovo Adamo, privo di peccato, nella sua umanità rappresentava anche la perfezione della bellezza. Egli, come sua Madre, è l'uomo tutto bello; possiede la pienezza della bellezza umana perché in lui riposa lo Spirito Santo, ipostasi divina della Bellezza. Egli avendo ricevuto la sua umanità soltanto dalla madre perché privo di padre umano, ha ricevuto da essa, da Maria Bellissima, la Nuova Eva, la quale è stata inabitata dallo Spirito Santo, ipostasi della bellezza, non soltanto la pienezza della sua natura umana, ma ha anche ereditato tutta la sua bellezza naturale che in lui diventò il luogo dell'immagine della bellezza divina, il luogo di Dio-Uomo. In Gesù Cristo "Figlio dell'uomo" incontriamo non soltanto la più alta impeccabilità, ma anche la più alta bellezza dell'immagine theanthropica e quindi la bellezza assoluta[277].

Il "Figlio dell'uomo" non era soltanto un uomo con dei poteri straordinari e quindi divini, un essere superiore a tutti gli esseri umani con un dominio esteso a tutti i popoli per l'eternità, come avevano previsto i libri apocalittici, ma anche un uomo nel senso vero e proprio del termine, cioè con le debolezze e i limiti umani. Gesù, "il Figlio dell'uomo", avrebbe salvato chi era perduto dando se stesso come prezzo di riscatto per la salvezza di tutti. Ora se

---

[276] Cf ΤΡΕΜΠΕΛΑΣ Π., 'Ιησοῦς ὁ ἀπὸ Ναζαρέτ, 298-300.
[277] Cf BOULGAKOF S., *Du Verbe*, 202-203.

questo è il senso generale del titolo "il Figlio dell'uomo", come è interpretato il titolo quasi opposto "il Figlio di Dio"?

3. Il Figlio di Dio

Il titolo *Figlio di Dio* è, secondo Boulgakof, un titolo che gli altri hanno attribuito a Gesù stesso, ma che egli non ha mai usato personalmente sebbene l'abbia semplicemente confermato una volta alla fine della sua vita nel sinedrio davanti al sommo sacerdote (cf Mt 26,63-64; Mc 14,61-62); questo titolo esprime la divinità di Gesù Cristo allora è un titolo che non si trova mai sulle labbra di Gesù, è piuttosto un insegnamento degli altri su lui che la sua propria autodefinizione[278].

Non tutti però condividono la posizione di Bulgakov; infatti anche nel campo ortodosso c'è chi ritiene, come nel caso di Trembelas, che nessuno potrebbe dubitare che Gesù si sia più volte denominato il "il Figlio di Dio". Alcune delle numerose testimonianze bibliche sono secondo lui (Gv 1,34.49; 3,18; 10,36; Mc 1,1; 3,11; 5,7; Mt 27,54)[279].

Il problema più serio, però, rimane, secondo Trembelas, quello della interpretazione di questo titolo. Si può forse pensare che Gesù con questo titolo intendeva dire di essere il Figlio di Dio come si chiamavano gli altri uomini giusti o Israele nel suo insieme, oppure attribuiva a questo titolo il significato della natura divina, propria di se stesso? Secondo Trembelas si tratta della natura divina di Gesù, e questo per alcuni motivi:

Primo: Gesù non parla di sé come Figlio di Dio in senso generale, ma *del* Figlio di Dio; lo fa precedere dall'articolo definitivo maschile singolare "ò". In questo senso Gesù non è Figlio di Dio come si poteva considerare ad esempio, Israele (cf Es 4,22) o

---

[278] Cf BOULGAKOF S., *Du Verbe*, 195-196.
[279] Cf ΤΡΕΜΠΕΛΑΣ Π., *Ἰησοῦς ὁ ἀπὸ Ναζαρέτ*, 300.

l'uomo giusto (cf Sap 2,18) ma egli è *il* Figlio di Dio. L'articolo determinativo gli conferisce un senso proprio ed esclusivo distanziandolo dagli altri figli di Dio in senso generale.

Secondo: Gesù parlando ai suoi a riguardo della fine del mondo (cf Mc 13,32) dice che nessuno, neanche il Figlio, sa quando avverrà la fine. Gesù chiamandosi Figlio in questo contesto si pone evidentemente a un livello superiore degli altri in quanto vorrebbe dire che vicino al Padre, più degli angeli, c'è il suo Figlio naturale, uguale a lui e quindi superiore ai figli in senso generale.

Terzo: quando manda i discepoli a battezzare nel nome del Padre, del Figlio e dello Spirito Santo (cf Mt 28,19) si pone ancora sullo stesso livello.

Quarto: la confessione di Pietro: "Tu sei il Cristo il Figlio del Dio vivente" (Mt 16,16) ha un senso del tutto particolare, è diversa dagli altri. In generale gli altri uomini consideravano Gesù uguale a uno dei profeti. La superiorità del senso "il Figlio di Dio" si evidenzia dal fatto che Gesù elogia Pietro per questa sua confessione; ora non l'avrebbe fatto se essa avesse avuto un senso generale di eletto di Dio come ogni giusto o profeta. Nella confessione di Pietro il titolo "Figlio di Dio" è messo vicino a quello di "Cristo" per completarlo. Infatti, mentre il nome "Cristo" esprimeva un'idea familiare e conosciuta ai giudei, il nome Figlio di Dio veniva usato raramente ed aveva un senso misterioso e sconosciuto alla maggioranza. Il nome "Cristo" spiega una dignità che "il Figlio di Dio" ha acquistato nel tempo mentre il nome "il Figlio di Dio" significa la grandezza della divinità che Gesù possedeva sin dall'eternità. Il nome Cristo, infatti, si fonda su quello del Figlio di Dio. Se Gesù non era il Figlio di Dio non avrebbe potuto essere il vero Messia e redentore. Questi due titoli, cioè "Cristo" e "Figlio di Dio", sono strettamente collegati tra di loro; lo sono anche in un altro episodio e precisamente di fronte al sommo sacerdote nel sinedrio. Per il fatto che Gesù rispondendo ha usato l'altro titolo, "il Figlio dell'uomo", senza spiegarne il significato, indica che il senso di questo titolo era evidente al sommo sacerdote e al sinedrio[280].

Per il teologo ortodosso, Trembelas, il titolo "Figlio di Dio" ha un senso distintivo e chiaro; non si tratta di un figlio qualunque come lo si intendeva nell'AT ma del Figlio unigenito della stessa natura divina di Dio Padre. Questo titolo indicava non una figliolanza etica ma una figliolanza ontologica; con questo titolo Gesù dichiarava la sua identità divina della quale ha sempre avuto coscienza durante la sua esistenza storico-terrena.

4. Altri titoli attribuiti a Gesù dai suoi seguaci

La coscienza di Gesù durante la sua esistenza storica riguardo alla sua identità si evidenzia anche da altri suoi atteggiamenti o parole che possono essere chiamati in modo diverso.

Per il fatto che Gesù aveva proclamato di aver ricevuto ogni potere dal Padre, sia sui cieli che sulla terra, fu nominato il *dominatore* e il *governatore* del mondo. Gesù si era anche presentato come il *maestro* della legge, colui che non l'abolisce ma le dà compimento; egli è anche il *buono*, anzi il *solo buono* ed esige che i suoi seguaci lo amino più dei propri genitori e che gli siano fedeli sino al sacrificio della propria vita. Gesù si presenta ancora come il *redentore* e il *salvatore;* egli infatti è venuto per salvare ciò che era perduto e per dare la sua vita come prezzo di riscatto per tutti. Egli ha il *potere*, l'*autorità* come Dio di rimettere i peccati e trasmette questo potere divino, che nell'AT spettava esclusivamente a Javhé, ai suoi apostoli. Egli è ancora *superiore a tutti* sia prima della Legge

---

[280] Cf ΤΡΕΜΠΕΛΑΣ Π., *Ἰησοῦς ὁ ἀπὸ Ναζαρέτ*, 301-303 vedi specialmente 303: "Τὸ ὄνομα Χριστὸς δηλοῖ ἀξίωμα, τὸ ὁποῖον ὁ Υἱὸς τοῦ Θεοῦ ἀπέκτησεν ἐν χρόνῳ· ἐνῷ τὸ ὄνομα Υἱὸς τοῦ Θεοῦ σημαίνει μεγαλεῖον τῆς θεότητος, τὸ ὁποῖον ὁ Ἰησοῦς ἀϊδίως κέκτηται. Τὸ ὄνομα Χριστὸς στηρίζεται ἐπὶ τοῦ ὀνόματος τοῦ Θεοῦ. Ἐὰν ὁ Ἰησοῦς δὲν ἦτο Υἱὸς τοῦ Θεοῦ, δὲν θὰ ἠδύνατο νὰ χρηματίσῃ καὶ ὁ ἀληθὴς Μεσσίας καὶ Λυτρωτής".

che dopo la Legge. I profeti e i giusti, infatti, riconoscevano un altro superiore a loro, cioè Dio, e si consideravano come un anello della catena che era preceduto da un altro, a volte migliore di loro e che presto doveva essere superato da un altro probabilmente più famoso. Gesù invece non fa appello a nessuno che sia stato superiore, né prima né dopo di lui. Ed infine egli appare come *il giudice definitivo* che nel futuro giudicherà in modo determinante gli uomini del mondo intero in quanto egli solo è il *mediatore* tra Dio e gli uomini che come Jahvé nell'AT ha dato agli uomini la *nuova ed eterna alleanza,* l'alleanza definitiva e determinante per ogni creatura umana. Per questo egli che è al tempo stesso *la luce, la via, la verità e la vita,* può essere chiamato il Signore nel senso unico ed esclusivo del termine[281].

Gesù dunque aveva coscienza della sua identità divino-umana e della sua missione. In altre parole egli sapeva chi era e che cosa lo aspettava; questa sua coscienza interna si è manifestata esteriormente, seppure spesso sotto il velo del mistero, attraverso le sue parole ed il suo comportamento che a volte sono riassunti in titoli chiari o enigmatici, ma che sempre rivelano l'identità di un Dio che si è fatto uomo con lo scopo preciso di instaurare il regno di Dio sulla terra salvando e redimendo l'umanità peccatrice.

E. Coscienza del suo sacrificio salvifico

Gesù, pur avendo coscienza di essere il Messia, non ignorava che tipo di Messia doveva essere; egli sapeva che non si doveva aspettare uno splendido trono terreno, ma, contrariamente alle

---

[281] Cf ΤΡΕΜΠΕΛΑΣ Π., *'Ιησοῦς ὁ ἀπὸ Ναζαρέτ,* 304-321. Anche chi stava vicino a Gesù, come pure la chiesa dai suoi albori fino ad oggi, ha riconosciuto, ha capito e ha difeso l'identità di Gesù indicando così di aver capito quello che egli sapeva di sé nella propria coscienza manifestata esteriormente come si è visto sopra.

aspettative messianiche del popolo, egli era cosciente che doveva morire sulla croce dove avrebbe offerto il suo sangue e la sua vita come prezzo in favore di tutti gli uomini[282].

Gesù sapeva che la sua fine sarebbe stata dura; la morte non lo coglie all'improvviso, ma anzi egli stesso preannuncia ai suoi apostoli la sua passione e morte in croce. Fa sapere a loro che egli sarebbe stato la vittima, che avrebbe dato la sua vita per il mondo, che avrebbe versato il suo sangue sulla croce. Egli aveva coscienza che in se stesso, in quanto vittima, si sarebbero concentrate le più alte qualità messianiche del Signore e del giudice universale ma contemporaneamente sapeva che sarebbe stato solidale con il genere umano anche nella debolezza fino al punto di offrire per esso la sua passione redentiva[283].

Gesù dunque non ignora che la fine del suo ministero sarà una dura morte, ma essendo essa (la morte) volontà del Padre suo, diventa anche sua volontà. Cioè non solo ha coscienza della morte ma l'accetta attivamente, ossia volontariamente e non passivamente o per forza[284]. Se infatti Gesù non si fosse offerto volontariamente al sacrificio cruento della croce, la sua morte sarebbe stata senza valore. Che Gesù aveva coscienza di ciò che lo aspettava, e che nonostante tutto volontariamente era pronto ad abbracciare la volontà del Padre, si nota anche e soprattutto dalle sue parole e dal suo comportameno nell'ultima cena[285].

---

[282] ΤΡΕΜΠΕΛΑΣ Π., Ἰησοῦς ὁ ἀπὸ Ναζαρέτ, 357: "«Ἔχων συνείδησιν περὶ ἑαυτοῦ, ὅτι εἶναι ὁ Μεσσίας, δὲν προβλέπει ἔνδοξον θρόνον ἐπὶ τῆς γῆς ἀνορθούμενον λαμπρῶς, ἵνα δεχθῇ αὐτόν, ἀλλὰ προλέγει, ὅτι τὸν ἀναμένει ὀδυνηρὸς σταυρός, ἐπὶ τοῦ ὁποίου θὰ προσέφερε τὸ αἷμα του καὶ τὴν ζωήν του λύτρον ὑπὲρ τῶν ἀνρθώπων".
[283] Cf Ibid, 300.
[284] Cf Ibid, 267.
[285] Cf ID., Δογματική, Γ', 231. Vedi anche ID., Δογματική, Β', 166 e 175.

Conclusione

Concludendo si può ribadire che per la teologia ortodossa Gesù Cristo ha sempre avuto coscienza sin dal primo momento della sua esistenza storico-terrena della sua divinità ipostatica, della sua figliolanza divina, e della sua specifica missione salvifica. Il tutto è evidenziato anche dai titoli messianici usati da Gesù stesso oppure attribuitigli da altre persone. Gesù però aveva coscienza della sua identità divina secondo lo schema della sua umanità. Anche in lui in quanto uomo ci è stato il passaggio di un risveglio graduale dal meno al più. Gesù Cristo, cosciente nella sua umanità della sua divinità, rappresenta anche la santità in persona. In lui ogni possibile perfezione umana e ogni immaginabile santità raggiunge il suo vertice.

CAP. VI
LA SANTITÀ E LA PERFEZIONE ETICA DI GESÙ CRISTO

Introduzione

Gesù Cristo non ha annunciato delle idee astratte e ideali irrangiungibili dall'uomo, ma ha presentato se stesso come l'incarnazione della santità e della perfezione etica; essa era evidente a tutti a causa del suo comportamento. Nel Nuovo Testamento la santità di Gesù Cristo non sembra essere uno degli obiettivi principali degli evangelisti; anzi alcuni passi potrebbero metterla in discussione in quanto gli stessi suoi seguaci sembravano scandalizzarsi. La santità di Gesù Cristo precede la sua perfezione etica; egli anzitutto è santo, per questo è redentore e salvatore; per cui la sua perfezione etica è la conseguenza logica della sua santità[286].

A. Fondamento della santità di Gesù

Come per l'energia, la volontà e la conoscenza di Gesù Cristo, anche qui, in base all'unione ipostatica delle due nature del Verbo fatto uomo, bisogna distinguere due stati di santità e di perfezione etica. C'è una santità indiscutibile che è quella di Gesù in quanto vero e perfetto Dio, attribuibile, cioè, alla sua natura divina, e una santità e una perfezione etica soggetta al progresso, attribuita

---

[286] Cf ΤΡΕΜΠΕΛΑΣ Π., *Ἰησοῦς ὁ ἀπὸ Ναζαρέτ*, 255-256; ΜΑΤΣΟΥΚΑΣ Ν., *Δογματική*, Β'. 282.

esclusivamente ed unicamente a Gesù in quanto uomo e cioè alla sua natura umana[287].

La santità della natura umana di Gesù Cristo dipende dalla sua unione ipostatica che è il fondamento della santità di Gesù: "l'unione ipostatca delle due nature di Gesù Cristo ha come conseguenza immediata, spiega Matsoukas, la sua impeccabilità. Ciò significa che Gesù Cristo è incorruttibile e santo anche secondo la sua umanità. Perciò questa perfezione non è semplicemente etica ma ontologica. Si tratta di un cattivo mutamento della natura, un mutamento e un nichilismo; dopo di che seguono le azioni etiche che caratterizzano la caduta della natura"[288].

La carne di Gesù Cristo fu unta dalla natura divina la quale ha trasmesso alla natura umana di Gesù Cristo tutte le sue perfezioni. La natura divina di Gesù ha comunicato alla sua natura umana la santificazione sia in senso positivo che in quello negativo, nel senso cioè che sin dall'inizio della sua concezione verginale, al momento dell'annunciazione, la sua umanità fu unta dalla sua divinità in modo tale da renderla del tutto priva di peccato[289].

[287]ΤΡΕΜΠΕΛΑΣ Π., Ἡ ἠθική τελειότης, 5: "Παρὰ ταῦτα ὅμως ἡ ἁγιότης καὶ τελειότης αὕτη τοῦ Κυρίου δέον νὰ διακρίνεται τῆς ἀπείρου ἁγιότητος καὶ τελειότητος τοῦ Θεοῦ ἢ τοῦ Ἰησοῦ Χριστοῦ ὡς Θεοῦ": e 6: " Ἐνῷ ἡ ἁγιότης καὶ τελειότης τοῦ Θεοῦ ἢ τοῦ Ἰησοῦ Χριστοῦ ὡς Θεοῦ ἔινε ἄπειρος καὶ ἀμετάβλητος καὶ ἀϊδίως ἡ αὐτή, ἡ ἁγιότης καὶ τελειότης τοῦ Ἰησοῦ Χριστοῦ ὡς ἀνθρώπου ὑπέκειτο εἰς προκοπὴ ἢ πρόοδον καὶ ἐτελειώθη διὰ τῆς ἐν τῷ παθήματι ὑπακοῆς".
[288]ΜΑΤΣΟΥΚΑΣ Ν., Δογματική, Β', 281-282; Cf anche ΓΓΕΑΡ Κ., Ὀ ὀρθόδοξος, 89; ΑΝΔΡΟΥΤΣΟΥ Χρ., Δογματική, 187.
[289]ΤΡΕΜΠΕΛΑΣ Π., Δογματική, Β', 132: " Ὡς πρὸς δὲ τὰς μεταληφθείσας ὑπὸ τῆς ἀνθρωπίνης θελήσεως τοῦ Κυρίου ἐκ τῆς θείας αὐτοῦ φύσεως τελειότητας θὰ ἐσημειοῦμεν, ὅτι αὗται συνίστανται εἰς τὴν ὑπὸ τῆς θεότητος χρίσιν τῆς σαρκός, τὴν μεταδώσασαν εἰς τὸν Θεάνθρωπον τὸν ἁγιασμὸν ὑπό τε τὴν θετικὴν αὐτοῦ ὄψιν καὶ ὑπὸ τὴν ἀρνητικὴν τὴν συνισταμένην εἰς τὴν ἀπολύτον ἀναμαρτησίαν τοῦ Κυρίου (...) Πρόδηλον ἐντεῦθεν, ὅτι ἐξ ἄκρας συλλήψεως καὶ 'ἀφ'οὗ ἐν γαστρὶ τῆς ἁγίας Παρθένου ἐσκήνωσε καὶ σὰρξ ἐγένετο ὁ Κύριος, ἐχρίσθη ἡ σὰρξ τῇ θεότητι" καὶ 'μεθ'ἡμῶν ἁγιάζεται κατὰ τὸ ἀνθρώπινον' καὶ διὰ τῆς ὑπὸ τοῦ Πνεύματος συλλήψεως καὶ χρίσεως συντε-

B. La santità progressiva di Gesù attraverso le tentazioni

Gesù Cristo nella sua umanità fu in tutto simile a noi, eccetto nel peccato. Il fatto che Gesù non abbia avuto peccato non esclude che egli sia vero uomo perché, come si è visto, il peccato non fa parte della natura intima dell'uomo, ma è stato un'aggiunta dall'esterno. Per cui Gesù nel farsi uomo ha assunto la natura umana perfetta. È per questo che Gesù Cristo in quanto uomo poteva e difatti fu tentato (cf Lc 4,2ss; Mc 1,12-13; Mt 4,1-11; Lc 22,43ss; Eb 5,7-10; 4,15; Gc 1,13)[290].

Come si è già detto, mentre la santità e la perfezione etica di Gesù Cristo in quanto Dio sono infinite, immutabili ed eterne, la santità di Gesù, in quanto uomo, era sottomessa a un corso di maturazione progressiva. Infatti Luca (2,52) dice che Gesù cresceva in sapienza, età e grazia presso Dio e presso gli uomini; la lettera agli Ebrei (2,10), invece dice espressamente che il capo della nostra salvezza fu perfezionato attraverso il patire e ancora (5,8) che egli, pur essendo Figlio, ha imparato l'obbedienza dal patire; anche gli Atti (2,33) ci lasciano capire che pur essendo Gesù colui che elargisce la santità, tuttavia egli stesso per primo fu unto da Dio Padre con lo Spirito Santo nella sua umanità[291].

Da questi passi è evidente che Gesù Cristo in quanto uomo non fu uno strumento passivo della sua natura divina ma piuttosto attivo, collaborando affinché la sua natura umana non ponesse resi-

---

λεῖται 'ὁ ἁγιασμὸς τῆς σαρκός, τῆς οὐ κατὰ φύσιν ἁγίας, ἀλλ'ὡς ἐν μεθέξει τῇ παρὰ θεοῦ'".

[290] Cf ΤΡΕΜΠΕΛΑΣ Π., *Ἡ ἠθικὴ τελειότης*, 6; ΜΑΤΣΟΥΚΑΣ Ν., *Δογματική*, Β', 284; ΑΝΔΡΟΥΤΣΟΥ Χρ., *Δογματική*, 189-191; BOULGAKOF S., *Du Verbe*, 224-234.

[291] Cf ΤΡΕΜΠΕΛΑΣ Π., *Ἡ ἠθικὴ τελειότης*, 6; BOULGAKOF S., *Du Verbe*, 224-234.

stenza a quella divina, ma anzi le fosse pienamente e liberamente sottomessa. Mentre per il primo Adamo nel paradiso, come spiega Boulgakof, gli era naturale la sua obbedienza a Dio, nel caso dell'umanità di Cristo, nuovo Adamo, l'obbedienza gli costava tanta lotta fino al punto che ha dovuto sudare sangue. L'unione delle due nature non comportava allora una coesistenza armoniosa e pacifica, ma supponeva una lotta violenta e senza tregua; è in questa lotta che si realizzava questo accordo. La natura umana di Cristo però si sottometteva volontariamente e liberamente a quella divina tramite la vittoria sulla carne. Quest'accordo e questa penetrazione reciproca delle due nature in Dio-Uomo sono l'esplosione della croce la via della croce, che comincia nella stalla di Betlemme e culmina sul Golgota[292].

1. La piena solidarietà di Gesù con il genere umano

Gesù Cristo fu in tutto simile a noi fino al punto di subire anche le tentazioni, infatti, come il primo uomo Adamo, ha avuto le tentazioni provenienti dall'esterno e mai dall'interno o da un'eventuale concupiscenza propria. Gesù non fu dunque influenzato dal di dentro perché era esente dal peccato che, come si sa, una volta commesso porta anche delle conseguenze interne. Gesù, come il primo Adamo, fu provocato da Satana dall'esterno; Gesù però a differenza del primo uomo, ha posto resistenza a Satana e, servendosi dell'umana filosofia, l'ha sconfitto[293].

Ora la solidarietà di Gesù con il genere umano esclude il peccato perché egli ha assunto la natura sana dell'uomo. Gesù non perché privo di peccato fu un uomo meno vero o meno perfetto, anzi è il più perfetto in quanto il peccato in realtà è un'imperfezione. I

---

[292] Cf BOULGAKOF S., *Du Verbe*, 170-171.
[293] Cf ΤΡΕΜΠΕΛΑΣ Π., *Ἡ ἠθικὴ τελειότης*, 7; ΑΝΔΡΟΥΤΣΟΥ Χρ., *Δογματική*, 189-191.

pensieri peccaminosi non fanno parte della natura umana. Adamo cadde in essi quando disobbedì a Dio credendo ai ragionamenti astuti e peccaminosi del diavolo[294]. Nelle tentazioni la divinità di Gesù Cristo rimane nascosta in modo che egli potesse solidarizzare in tutto con noi e quindi anche con le nostre debolezze. Gesù, come il primo Adamo, ha sentito ogni tipo di tentazione senza tuttavia peccare, senza cioè disobbedire al comandamento di Dio; se Adamo avesse resistito al diavolo, sarebbe stato senza peccato come Gesù Cristo[295].

Gesù Cristo vive la sua vita terrena nello stesso contesto e condizioni della caduta umana. Egli stesso pur non essendo un peccatore, nella sua solidarietà per l'uomo che è caduto nel peccato, accetta liberamente tutte le conseguenze del peccato di Adamo; egli cioè non accetta soltanto le conseguenze fisiche quali la stanchezza, ecc., ma fa sue soprattutto le conseguenze etiche e quindi fa esperienza reale della solitudine, del conflitto interiore, di ogni specie di tentazione, perché se così non fosse stato egli non avrebbe potuto essere il nostro salvatore in quanto avrebbe vissuto nella condizione paradisiaca e quindi prepeccaminosa di Adamo[296].

Le tentazioni di Gesù allora furono vere; non si possono paragonare ad un docetismo; che esse fossero talmente vere da essere tanto forti, lo si vede anche dalla sua lunga preghiera e agonia nell'orto del Getsemani. In questo caso egli sarebbe stato tentato di andare contro la volontà del Padre; Gesù è stato provato ed ha lotta-

---

[294] ΤΡΕΜΠΕΛΑΣ Π., Ἡ ἠθικὴ τελειότης, 8: "Οὕτω λοιπὸν ὁ Κύριος ἀναμάρτητος γεννηθεὶς καὶ ἐν ἀναμαρτησίᾳ βιώσας, δὲν διέρρηξε διὰ τῆς ἀναμαρτησίας αὐτοῦ τὴν πρὸς τὴν ἀνθρωπίνην φύσιν συγγένειάν του, ἀλλ'ἀναλαβὼν τὴν ὑγιῆ καὶ μὴ ὑπὸ τῆς ἁμαρτίας διαφθαρεῖσαν ἢ νοσήσασαν ἀνθρωπίνην φύσιν δὲν ἔπαυσε διὰ τοῦτο νὰ εἶνε ἄνθρωπος πραγματικός"; Cf ΜΑΤΣΟΥΚΑΣ Ν., Δογματική, Β', 284.
[295] Cf ΤΡΕΜΠΕΛΑΣ Π., Ἡ ἠθικὴ τελειότης, 9-10.
[296] Cf ΓΓΕΑΡ Κ., Ὁ ὀρθόδοξος, 88; BOULGAKOF S., Du Verbe, 218-220, 224-234.

to dunque contro la ribellione della carne[297]. Come il primo Adamo aveva peccato a causa del cibo, così il secondo Adamo ha vinto a causa del cibo. Gesù infatti era rimasto senza mangiare per quaranta giorni; in questo modo egli era del tutto sfinito e privo di forze umane. Ma proprio per questo egli è simile a noi poiché privo di forze fisiche, è rimasto maggiormente immerso nella debolezza della carne la quale è diventata la garanzia della sua somiglianza e solidarietà con la nostra natura, con le nostre debolezze o limiti[298]. Gesù Cristo non fu tentato come Dio, ossia nella sua natura divina, ma nella sua natura umana; egli dunque, essendo uomo vero, in tutto simile a noi, eccetto nel peccato, è stato tentato e ha lottato[299].

La divinità di Gesù Cristo si ritirava "παρεχώρει" perché il Signore potesse essere tentato in tutto come noi, ma anche perché come Gesù Cristo avrebbe patito per noi e come nostro rappresentante, così prima doveva pure vincere per noi e a nome nostro, superando quella lotta a causa della quale l'uomo era caduto[300]. Non si capirebbe allora come il diavolo sarebbe rimasto sconfitto se non lo fosse stato tramite la carne umana simile alla nostra. Se Gesù avesse combattuto come Dio, allora la vittoria sarebbe stata di Dio e non della natura umana[301].

---

[297] Cf ΤΡΕΜΠΕΛΑΣ Π., *Ἡ ἠθικὴ τελειότης*, 8-12; BOULGAKOF S., *Du Verbe*, 222-224.
[298] Cf ΤΡΕΜΠΕΛΑΣ Π., *Ἡ ἠθικὴ τελειότης*, 8-12.
[299] *Ibid*, 9: "Ὡς ἄνθρωπος δὲ πραγματικὸς καὶ κατὰ πάντα ὅμοιος πρὸς ἡμᾶς, χωρὶς ἁμαρτίας, ἐπειράσθη καὶ ἐπάλαισεν ὁ Κύριος, εἰκούσης ἐν τοῖς πειρασμοῖς ἢ παραχωρούσης τῆς ἐνοικούσης ἐν τῷ Χριστῷ θεότητος κατὰ τὴν φράσιν τῶν Πατέρων".
[300] Cf *Ibid*, 12-14.
[301] *Ibid*, 14: "Οὕτως ἵνα ἐν ὀλίγοις συμπεράνωμεν, ὁ Κύριος, ὅπως ἔπρεπε νὰ πάθῃ ὑπὲρ ἡμῶν καὶ ἀντὶ ἡμῶν, οὕτως ἔπρεπε καὶ νὰ νικήσῃ ὑπὲρ ἡμῶν καὶ ἀντὶ ἡμῶν, διεξάγων τὴν πλάνην, ἐν τῇ ὁποίᾳ ἡμεῖς εἴχομεν ἡττηθῆ καὶ νικῶν 'τὸν πάλαι νικήσαντα, δι' ὧν προσβολῶν οὗτος ἐνίκησε πάλαι ἡμᾶς' Ὅπως δὲ ἀποθανὼν καὶ παθὼν ὑπὲρ ἡμῶν ὡς ἄνθρωπος ἔπαθε καὶ ἀπέθανεν, οὕτω καὶ ἀγωνισθεὶς καὶ νικήσας ὑπὲρ ἡμῶν ὡς ἄνθρωπος ἠγωνίσθη καὶ ἐπάλαισε καὶ ἐνίκησε".

2. Gesù Cristo, prototipo reale del genere umano

A causa della sua solidarietà con noi, Gesù Cristo è diventato per noi il modello, anzi il prototipo etico reale. Pur essendo perfettamente Dio e perfettamente uomo, tuttavia Gesù, come uomo in se stesso e mediante se stesso, ha sottomesso ciò che era umano a Dio Padre e, diventandogli obbediente in tutto, è diventato per noi il modello per eccellenza[302].

Gesù Cristo nelle tentazioni e nelle lotte di vario genere, ha ritirato e nascosto la sua divinità per sviluppare ogni perfezione etica secondo il metro e quindi la capacità di accettazione della nostra natura umana. Egli infatti, incarnando nella sua vita tutte le qualità etiche e religiose della natura umana, ne ha presentato lo sviluppo più alto e più armonioso possibile, raggiungibile da qualsiasi uomo di buona volontà[303]. È per questa ragione che la vita virtuosa del Signore, pur essendo priva di peccato, tuttavia è puramente umana. Per questo anche noi siamo in grado e quindi siamo chiamati a diventare imitatori di Gesù Cristo non secondo la sua divinità, ma secondo la sua umanità. Infatti è perché Gesù Cristo ha obbedito secondo la natura umana che è stato innalzato; le sue virtù, essendo state umane, sono da noi realizzabili. In realtà più che le sue virtù in sé occorre sottolineare che l'imitazione di Gesù Cristo per la teologia ortodossa è anzitutto compartecipazione alle sue orme, alle sue passioni ed infine alla sua risurrezione. Il cristiano cioè non è semplicemente imitatore etico di Cristo, bensì partecipe della vita

---

[302] Cf ΤΡΕΜΠΕΛΑΣ Π., *Ἡ ἠθικὴ τελειότης*, 15.
[303] *Ibid*, 15: "Καὶ ἵνα ἐν ὀλίγοις συμπεράνωμεν, ὁ Κύριος, εἰκούσης καὶ παραχωρούσης καὶ κρυπτομένης τῆς ἐν αὐτῷ θεότητος ἐν τοῖς πειρασμοῖς καὶ τοῖς λοιποῖς ἀγῶσιν αὐτοῦ, ἀναπτύσσε πᾶσαν τὴν ἠθικὴν τελειότητα, τῆς ὁποίας ἡ ἀνθρωπίνη φύσις εἶνε δεκτική, καὶ παρουσιάζε τὴν ἀνθρωπίνην φύσιν εἰ τὴν ὑψίστην αὐτῆς καὶ ἁρμονικωτάτην ἠθικὴν ἐξέλιξιν, ἐνσαρκῶν οὕτω πάντα τὰ ἠθικὰ καὶ θρησκευτικὰ ἰδανικὰ ταύτης".

stessa di Cristo, per questo egli si arricchisce soprattutto ontologicamente piuttosto che eticamente[304].

Gesù, non soltanto non aveva alcun peccato, ma non poteva neppure peccare; Gesù, non essendo necessariamente privo di peccato bensì lo ha voluto liberamente evitare, di conseguenza era anche degno di merito. Gesù, cioè, non poteva peccare non perché era costretto a non peccare, ma perché liberamente non ha voluto peccare. La teologia ortodossa per affermare queste cose, si fonda su S. Atanasio e su S. Giovanni Damasceno. Secondo Atanasio, spiegano Trembelas ed Androutsos, il peccato è estrinseco alla natura umana perché Adamo era stato creato senza peccato; esso è subentrato dopo. Per questo motivo il Verbo, assumendo la forma di servo, non necessariamente doveva sottomettersi al peccato, ma anzi vivendo nella sua natura umana senza peccato ha distrutto del tutto la forza, la necessità e la legge del peccato e poiché come si è detto inizialmente, esso non era una componente intrinseca della natura umana, egli l'ha riportata al suo stato d'innocenza primordiale[305].

Gesù allora secondo la teologia ortodossa nella sua natura umana, non solo non ha peccato, ma non poteva neppure peccare perché essendo incorruttibile per natura, non poteva sottomettersi alle inclinazioni peccaminose; egli non poteva peccare perché non poteva venire meno al suo essere ontologico. L'impeccabilità di Gesù Cristo non è etica, bensì ontologica; si tratta innanzitutto della sua vita stessa che è sufficiente in sé, potente in sé e soprattutto santa in sé. Incorruttibilità, santità e impeccabilità per la teologia ortodossa sono sinonimi. Ed è grazie a questo suo essere santo ontologicamente che Gesù Cristo ha potuto santificare e rendere incorruttibili gli uomini[306].

---

[304] Cf ΜΑΤΣΟΥΚΑΣ Ν., Δογματική, Β', 284; ΤΡΕΜΠΕΛΑΣ Π., Ἡ ἠθικὴ τελειότης, 16.
[305] Cf ΤΡΕΜΠΕΛΑΣ Π., Ἡ ἠθικὴ τελειότης, 17; ΑΝΔΡΟΥΤΣΟΥ Χρ., 185.
[306] Cf ΜΑΤΣΟΥΚΑΣ Ν., Δογματική, Β', 282-283; BOULGAKOF S., Du Verbe, 224-234.

Giovanni Damasceno costituitisce in genere il fondamento più solido della teologia ortodossa la quale tra le altre cose fa sue le spiegazioni del Damasceno inerenti all'impeccabilità di Gesù Cristo. Egli infatti, afferma Matsoukas, spiegava che il Signore, essendo libero da ogni inganno o dubbio riguardo alla conoscenza della divina volontà ed essendo naturalmente esente da peccato e da ogni inclinazione peccaminosa, operava il bene senza alcun ondeggiamento e oscillazione[307].

Secondo la teologia ortodossa, dunque, poiché il peccato non faceva parte della natura intrinseca del primo uomo in quanto è subentrato in un secondo tempo dall'esterno, Gesù Cristo non necessariamente, ma anzi del tutto liberamente e naturalmente, fu privo di peccato e di ogni inclinazione peccaminosa. Si può capire meglio che Gesù Cristo non poteva peccare se si tengono in considerazione le parole della prima lettera di Giovanni 3,9 dove dice che chiunque è nato da Dio non pecca. Secondo Trembelas gli uomini che fanno esperienza di Dio e che sono in piena comunione con lui difficilmente possono peccare. Secondo lui, ad esempio, a S.Antonio, che era un uomo molto ricco e che per lungo tempo si era ritirato nel deserto facendo penitenza, sarebbe stato impossibile cadere nel vizio dell'avarizia. Fin quando cioè gli uomini vivono nella grazia di Dio, è difficile che cadano in peccati gravi. Se questo avviene con gli uomini comuni quanto più dovrebbe avvenire per Gesù Cristo che non era semplicemente un uomo ma anche Dio? Però questo non significa che il Signore non era anche perfettamente uomo, anzi come si è detto, essendo privo del peccato, ossia privo di una imperfezione molto seria, egli era l'uomo perfetto per eccellenza[308].

Trembelas per spiegare che per Gesù, pur essendo perfettamente uomo, sarebbe stato impossibile peccare, si serve di un altro esempio concreto. Secondo lui due uomini, ad esempio uno non cristiano e al tempo stesso cannibale e uno cristiano, pur essendo

---

[307] Cf ΜΑΤΣΟΥΚΑΣ Ν., Δογματική, Β', 18.
[308] Cf ΤΡΕΜΠΕΛΑΣ Π., Ή ήθική τελειότης, 20.

ambedue perfettamente uomini, hanno diversi atteggiamenti morali opposti tra di loro. Il cannibale, infatti, privo di ogni civiltà e di fondamento etico, ha tanta voglia di mangiare un uomo; il cristiano autentico, invece, per il quale ogni altro uomo è un fratello, si sentirebbe male solo nel sentire questo fatto in quanto egli ha sviluppato al massimo la sua natura e sensibilità morale. Allo stesso modo Gesù Cristo, essendo naturalmente opposto al male, non avrebbe potuto peccare; però non per questo sarebbe stato meno uomo e quindi meno simile a noi in tutto, fuorché nel peccato, e neppure la sua libertà sarebbe stata limitata oppure privata di un qualsiasi merito[309].

Gesù Cristo, dunque, essendo liberamente e quindi non necessariamente privo non solo di ogni peccato, ma anche di ogni possibilità di peccare, è diventato per noi prototipo di santità e di vita etica. Egli, nascondendo la sua divinità, con le sole forze umane ha sviluppato al massimo quella perfezione etica che come tale può essere raggiungibile e quindi imitabile dalla nostra natura umana. Gesù Cristo, pur essendo privo di ogni peccato, tuttavia soltanto gradualmente in quanto uomo ha sviluppato fino alla perfezione le sue virtù etiche.

C. Il progresso e la perfezione delle virtù di Gesù Cristo

Solo tenendo fisso il principio dell'unicità della persona di Gesù Cristo e l'unione e distinzione delle sue due nature così come è stato definito nel concilio calcedonese, come pure la privazione di peccato, è possibile accettare un certo sviluppo delle sue virtù. Questo sviluppo deve essere inteso in senso naturale[310].

---

[309] Cf ΤΡΕΜΠΕΛΑΣ Π., *Ἡ ἠθική τελειότης*, 21: "Οὕτω καὶ ὁ Χριστὸς μετὰ πάσης ἀποστροφῆς πρὸς τὸ κακὸν φύσει διατεθειμένος ὢν καὶ μὴ δυνάμενος νὰ ἁμαρτήσῃ, δὲν ἔπαυσε διὰ τοῦτο οὔτε ὅμοιος πρὸς ἡμᾶς κατὰ πάντα, χωρὶς ἁμαρτίας, νὰ εἶνε, ἀλλ'οὔτε καὶ ἡ ἐλευθερία αὐτοῦ περιωρίζετο, μειουμένης ὁπωσδήποτε τῆς ἀξιομισθίας αὐτοῦ".

[310] Cf *Ibid*, 23.

Le virtù, essendo presenti nella loro pienezza nella vita di Gesù sin dall'inizio, ad esempio la sua piena disponibilità al Padre, con il passare degli anni, come egli cresceva corporalmente, così contemporaneamente cresceva e progrediva gradualmente nella perfezione morale[311]. Questo progresso morale di Gesù non è stato un'aggiunta dal di fuori, ma era come una predisposizione intrinseca che si manifestava a causa dell'impegno di Gesù. Essa si può paragonare per analogia alla maturazione di un fanciullo: un bambino sano e dotato di buone capacità, che non è stato mai malato, nell'età adulta svilupperà al massimo grado quello che virtualmente era e che possedeva di sua natura intrinseca nell'età infantile, senza che quelle capacità gli vengano imposte o aggiunte dall'esterno[312].

Il progresso di Gesù non è da intendersi dunque come un'aggiunta esterna, ma come uno sviluppo di quello che già intrinsecamente era e possedeva in potenza, e quindi per natura, nella sua umanità. Fondamento scritturistico della santità di Gesù è Luca 2,52 e la lettera agli Ebrei 2,10; 5,8[313].

---

[311] ΤΡΕΜΠΕΛΑΣ Π., *Ἡ ἠθικὴ τελειότης*, 23: " Ἡ προκοπὴ καὶ πρόοδος τοῦ Χριστοῦ ἐν τῇ ἀρετῇ δέον νὰ νοηθῇ ὡς φυσική τις καὶ ἀπρόσκοπτος ἐξέλιξις ἠθικῶν προσόντων καὶ χαρίτων, δυνάμει μὲν ἐξ ἀρχῆς ὑπαρχουσῶν, ἐνεργείᾳ δὲ βαθμηδὸν καὶ ἐν τῇ προσηκούσῃ ὥρᾳ οὐκ ἐν καθυστερήσει τινὶ ἐκδηλουμένων. Ἡ πρόθεσις καὶ ἡ διάθεσις τοῦ ὑπακούειν εἰς τὸν Πατέρα ὑπῆρξε πάντοτε καὶ ἐξ ἀρχῆς, ἀπ'αὐτῆς τῆς γεννήσεως, ἐν τῷ Χριστῷ πλήρης καὶ ἐξ ἴσου θερμὴ καὶ εἰλικρινὴς καὶ πρόθυμος· καθόσον δὲ ὁ Χριστὸς προέκοπτε τῇ ἡλικίᾳ ἀνδρούμενος καὶ εἰς παλαίστραν ποικίλων ἀγωνισμάτων εἰσαγόμενος, ἡ πρόθεσις καὶ διάθεσις αὕτη, ἡ πάντοτε ἀχώριστος τῆς ἀναμαρτησίας, ἐλάμβανε σάρκα καὶ ὀστᾶ".

[312] Cf *Ibid*, 24-25; specialmente 25 dove dice: "Κατ'ἀναλογίαν δυνάμεθα νὰ νοήσωμεν τὴν προκοπὴν καὶ ἐν τῷ Χριστῷ· οὐχὶ ὡς προσθήκην ἔξωθεν, οὐχὶ ὡς ἐξ ἀσθενείας ἐπὶ δύναμιν καὶ ἐξ ἐλαττωματικότητος ἐπὶ βελτίωσιν προκοπήν· ἀλλ'ὡς πρόθεσιν καὶ διάθεσιν ὁλοπρόθυμον ἐγκλείουσαν πάντοτε δυνάμει τὴν ἐν τοῖς παθήμασιν ἀποδειχθεῖσαν ἠθικὴν τελειότητα τοῦ Χριστοῦ καὶ ἐκδηλουμένην ἐν πάσῃ στιγμῇ διὰ τῆς ἀγρύπνου τοῦ Χριστοῦ προσοχῆς 'προορωμένου τὸν Κύριον, ὅτι ἐκ δεξιῶν αὐτοῦ ἐστιν, ἵνα μὴ σαλευθῇ'".

[313] Cf *Ibid*, 22.

1. *Il progresso di Gesù Cristo in base a Luca 2,52*

Il Verbo incarnato, pur essendo privo di peccato, ha voluto essere totalmente simile a noi, perciò non ha forzato per niente la nostra natura umana. Ad eccezione della sua nascita avvenuta in modo soprannaturale, il resto avvenne secondo il ciclo graduale della natura umana. Egli, cioè, è nato come di solito nascono tutti i bambini e di conseguenza si è sottomesso alla legge del nostro sviluppo e progresso sia a livello corporale che a livello psichico. In questo modo si deve credere che Gesù Cristo, secondo la sua umanità, cresceva veramente come noi e non in modo docetistico[314].

Gesù, ci dice Luca 2,52, "cresceva in sapienza, età e grazia davanti a Dio e agli uomini". È per questo motivo che il teologo ortodosso Trembelas insiste che lo sviluppo corporale e quindi psicologico di Gesù fu graduale; egli, come ogni bambino, è passato dall'età infantile a quella adulta. Per quanto riguarda il progresso nella sapienza non deve intendersi come una sapienza provocata e aggiunta dall'esterno, ma nel senso che nel crescere gradualmente a livello corporale, il Verbo, ossia la natura divina di Gesù, rivelava la sapienza alla sua natura umana secondo il metro della sua età corporale. Più il bambino Gesù cresceva passando dagli anni dell'infanzia a quelli dell'uomo adulto e più diventava capace di ac-

---

[314]ΤΡΕΜΠΕΛΑΣ Π., *Ἡ ἠθικὴ τελειότης,* 26: " Ἐφ'ὅσον λοιπὸν ὁ ἐνανθρωπήσας Λόγος ηὐδόκησε νὰ ἐξομοιωθῇ κατὰ πάντα πρὸς ἡμᾶς χωρὶς ἁμαρτίας καὶ ἐφ'ὅσον δὲν ἠθέλησεν ἐν οὐδενὶ νὰ διαρρήξῃ τὴν πρὸς ἡμᾶς ὁμοιότητα, οὐδ'ἐν τερατοιποιΐᾳ τινί, ἀλλ'ὡς ἄνθρωπος ὑπερφυσικῶς μὲν συλλαμβανόμενος, φυσιολογικῶς δ'ἀναπτυσσόμενος νὰ γεννηθῇ, φυσικὸν ἦτο νὰ ὑποβληθῇ καὶ εἰς τὸν νόμον τῆς προκοπῆς καὶ προόδου, ὑφ'ὅν ὅ τε σωματικὸς καὶ ὁ ψυχικὸς ὑπόκειται τοῦ ἀνθρώπου βίος". Cf BOULGAKOF S., *Du Verbe*, 203-206.

cogliere la sapienza che gli comunicava il Verbo di Dio che in lui abitava[315].

Se si ammette che Gesù cresceva fisicamente come noi, si deve ammettere che anche nella sapienza cresceva come noi; altra era, infatti, la sua sapienza da bambino e altra da uomo adulto. L'unica differenza tra il nostro progresso nella sapienza e quello di Gesù consiste nel fatto che mentre la nostra sapienza è stimolata dal di fuori, quella di Gesù Cristo, invece, come si è detto, era stimolata dall'interno; nella misura che il corpo del fanciullo cresceva, la natura divina gli rivelava la propria sapienza. Tuttavia, come si è visto nel paragrafo della conoscenza di Gesù, i Padri, e quindi la teologia ortodossa, sottolineano che Gesù secondo la sua natura umana non aveva una conoscenza enciclopedica e quindi universale, c'erano delle cose che mentre come Dio conosceva perfettamente, come uomo invece ignorava; l'ignorare, infatti, fa parte della natura umana[316].

Luca ci dice anche che Gesù cresceva in grazia; secondo Trembelas, si tratta qui di un progresso nella virtù e quindi nell'etica in generale. Come l'uomo si sviluppa intellettualmente, anche eticamente si sottomette allo stesso progresso graduale. Così Cristo come uomo, nonostante avesse sin dall'inizio ogni disposizione alla perfezione e alla virtù essendo totalmente privo di peccato, tuttavia in lui c'è stato uno sviluppo, ossia un progresso graduale verso la virtù[317]. Per esempio Gesù, durante la sua infanzia e

---

[315] Cf ΤΡΕΜΠΕΛΑΣ Π., Ἡ ἠθικὴ τελειότης, 26-27 in modo particolare 27: "Καθ'ὅσον δηλαδὴ ὁ Ἰησοῦς ἐνηλικοῦτο καὶ ἡ διάνοια αὐτοῦ ἀπὸ τῆς τοῦ νηπίου καὶ παιδὸς εἰς τὴν ὥριμον τοῦ ἀνδρὸς φυσικῶς ἐξειλίσσετο, κατὰ τοσοῦτον καὶ καθίστατο αὔτη περισσότερον δεκτικὴ σοφίας, ἣν μετέδιδεν αὐτῇ ὁ ἐνοικῶν ἐν τῷ Χριστῷ Λόγος".

[316] Cf Ibid, 27-28; BOULGAKOF S., Du Verbe, 181-184. 234-236.

[317] Cf ΤΡΕΜΠΕΛΑΣ Π., Ἡ ἠθικὴ τελειότης, 29: " Ἀλλ'ὅπως ὡς διανοουμένη ὕπαρξις ὁ ἄνθρωπος ὑπόκειται εἰς προκοπὴν οὕτω καὶ ὡς ἠθικὴ ὕπαρξις διατελεῖ ὑπὸ τὸν αὐτὸν νόμον, ἀκόμη καὶ ἀνεξαρτήτως τῆς κληρονομικῆς καὶ προπατορικῆς ἁμαρτίας. Ἀληθῶς ἄλλως ἀσκεῖ τὴν ἀρετὴν καὶ ἄλλα πράττει ὁ μικρὸς παῖς, ἄλλως δὲ καὶ ἄλλα ὁ ἔφηβος, καθὼς καὶ ὁ ὑπὲρ τὸν

adolescenza, ha vissuto in modo diverso dalla sua età adulta, la sua disponibilità di obbedienza verso il Padre. Così pure sarebbe assurdo pretendere che Gesù portasse a compimento la sua opera di sommo sacerdote durante la sua fanciullezza[318].

Bisogna sempre ricordare che per la teologia ortodossa lo sviluppo psicosomatico di Gesù non si riferisce assolutamente alla sua natura divina unita ipostaticamente a quella umana. Egli è sempre Dio e come tale in lui non c'è nessuna forma di sviluppo, mentre a riguardo della natura umana di Gesù è ammissibile uno sviluppo graduale. Non bisogna mai separare le due nature di Gesù Cristo unite nella sua unica ipostasi, la persona del Verbo. Mai, neanche per un secondo, la natura umana di Gesù Cristo ha avuto una sua ipostasi; il progresso di cui si è parlato è riferito alla maturazione della sola natura umana di Gesù Cristo la quale serviva per manifestare la sua divinità[319].

Lo sviluppo della grazia in Gesù Cristo non è da intendersi come una giustificazione o come un'aggiunta proveniente dal di fuori, come capita in noi, bensì come un arricchimento per lo sviluppo integrale di Gesù in modo da renderlo sempre più idoneo a manifestare la divinità che lo inabitava. Questa crescita è da intendersi dunque come un arricchimento, ma anche come un rinforzamento e come una premiazione affinché egli potesse affrontare meglio le ulteriori lotte fino al compimento totale della sua missione[320].

πράττει ὁ μικρὸς παῖς, ἄλλως δὲ καὶ ἄλλα ὁ ἔφηβος, καθὼς καὶ ὁ ὑπὲρ τὸν ἔφηβον ὡρμάσας ἀνήρ. Καὶ ἐν τῷ Χριστῷ δὲ ὡς ἀνθρώπῳ, μολονότι ἐξ ἀρχῆς ἐνυπῆρχεν ἡ πρὸς πᾶσαν ἀρετὴν καὶ τελειότητα διάθεσις καὶ πρόθεσις ἐν πλήρει ἀναμαρτησίᾳ, ἐσημειώθη προόδος καὶ προκοπὴ ἐν τῇ ἀρετῇ".
[318] Cf Ibid, 29-30.
[319] Cf ΤΡΕΜΠΕΛΑΣ Π., Ἡ ἠθικὴ τελειότης, 31; BOULGAKOF S., Du Verbe, 203-206. 234-236.
[320] Cf ΤΡΕΜΠΕΛΑΣ Π., Ἡ ἠθικὴ τελειότης, 31-32: "Ἡ χάρις ἐνταῦθα δὲν πρέπει νὰ λαμβάνηται ὡς δικαιοῦσα, μὴ γένοιτο· οὐδὲ ὡς ἔξωθεν προσθήκη χάριτος, ὡς παρ' ἡμῖν, ἀλλ'ὡς πλουσιωτέρα ἑκάστοτε κατὰ τὴν προκοπὴν τοῦ σώματος, ὑφ'ἣν ἔννοιαν καθωρίσαμεν αὐτὴν ἐκδήλωσις τῆς ἐν τῷ Χριστῷ ἐνοικούσης θεότητος· ἔτι δὲ καὶ ὡς ἐνίσχυσις ὑπὸ τῆς ἐνοικούσης θεότητος

2. La perfezione di Gesù in base agli Ebrei 5,8

La lettera agli Ebrei descrive in modo eccellente lo sviluppo delle virtù di Gesù soprattutto dove parla della perfezione della sua obbedienza verso il Padre[321].

Trembelas, facendo sue le riflessioni dei Padri e soprattutto di Cirillo e di Crisostomo, ribadisce che non è la divinità di Gesù Cristo che impara l'obbedienza ma la sua umanità. Così Gesù Cristo dall'esperienza del patimento sulla croce ha imparato l'obbedienza; l'esperienza sofferta gli fu maestra di vita. Secondo Trembelas, le riflessioni della lettera agli Ebrei si possono attribuire in modo ortodosso a Gesù Cristo, purché non si dimentichi che egli sin dal primo istante della sua concezione fu inabitato corporalmente dalla divinità, la quale, nascondendosi, lasciava il posto alla sua umanità affinché la carne umana patisse secondo la propria natura in modo tale che, dopo la sua vittoria, la natura divina del Verbo la coronasse[322].

Secondo la lettera agli Ebrei, dunque, Gesù, pur essendo privo di ogni macchia di peccato, dal punto di vista umano ha fatto esperienza della virtù dell'obbedienza dalla quale uscì vincitore. Secondo Trembelas, dire che Gesù ha imparato l'obbedienza attraverso la sofferenza, significa voler rilevare che egli prima di patire non co-

---

καὶ χορήγησις νέας δυνάμεως εἰς τὴν σάρκα, τὴν ἐν ἐκτενέσι δεήσεσι καὶ ἱκετεύουσαν τὸν δυνάμενον αὐτὴν σώζειν ἐκ θανάτου, πρὸς διεξαγωγὴν νέων ἀγωνισμάτων, ἐπὶ τὰ ὁποῖα ὁ ἀήττητος ἀθλητὴς ἐκ νέου ἐκαλεῖτο· ἀκόμη δὲ καὶ ὡς νέα ἐπιβράβευσις τῶν ὁλονὲν πληθυνομένων αὐτοῦ ἀνδραγαθημάτων".

[321] Cf ΤΡΕΜΠΕΛΑΣ Π. *Ἡ ἠθικὴ τελειότης*. 35.
[322] Cf *Ibid*, 36-38.

nosceva tale virtù[323].

Sia da Luca che dalla lettera agli Ebrei si nota come in Gesù Cristo in quanto uomo (poiché la sua inseparabile natura divina nascondendosi in un modo misterioso le ha ceduto il posto), c'è stato il ciclo normale dello sviluppo graduale della perfezione morale[324] e quindi delle virtù fino al punto che il Padre stesso per ben due volte ha manifestato solennemente la sua compiacenza coronandolo in ultimo con la risurrezione. L'unica persona del Verbo in base all'unione ipostatica ha avuto nella sua natura umana non soltanto un progresso psicosomatico, ma anche un progresso etico-spirituale.

3. *La natura umana di Gesù Cristo è santa per partecipazione*

La perfezione delle virtù e dell'etica di Gesù Cristo, secondo la sua natura umana, porta tutti gli elementi distintivi della nostra umanità purché non si dimentichi mai la sua impeccabilità[325].

La natura umana di Gesù Cristo, però, non è santa in se stessa e neppure per sua natura, ma lo è soltanto in quanto essa ha ricevuto la partecipazione "μέθεξιν" della santificazione da parte della natura divina del Verbo. Anche se il Verbo sin dall'inizio della concezione la inabitava, tuttavia essa, ossia la sua natura umana, è rimasta tale senza confusione "ἀσυγχύτως" e senza mutamento "ἀτρέπτως". Per questo Gesù come uomo fu tentato, ed essendo il nostro sommo sacerdote, fu tentato in tutto come noi[326]. I Padri stessi, particolarmente S.Atanasio e S.Cirillo, l'hanno intesa in questo modo ed è per questo che Trembelas con loro e con le loro

---

[323] Cf ΤΡΕΜΠΕΛΑΣ Π., Ἡ ἠθικὴ τελειότης, 38-39.
[324] Per un'immagine della fisionomia etica di Gesù vedi: ID., *Ἰησοῦς ὁ ἀπό Ναζαρέτ*, 257-271 dove descrive ampiamente l'umiltà profonda, la mitezza, l'amore verso Dio e verso i peccatori, la pazienza e lo spirito di orazione del Signore.
[325] Cf ID., *Ἡ ἠθικὴ τελειότης*, 39-40.
[326] Cf *Ibid*.

stesse parole sostiene che l'umanità di Gesù non è santa per natura, bensì per la sua comunione con Dio. Gesù Cristo infatti non fu unto dallo Spirito Santo nella sua divinità, bensì nella sua umanità; egli, pur essendo l'elargitore di ogni santità, con noi si santifica nella sua umanità[327].

Conclusione

Concludendo si può dire che la santità di Gesù Cristo come uomo deve distinguersi dalla sua santità come Dio. Gesù come Dio è santo per natura, come uomo, invece, non lo è per natura, ma per partecipazione. Perciò bisogna sempre distinguere tra questi due tipi di santità e di perfezione etica di Gesù; anche se per noi è difficile capire il mistero, tuttavia non bisogna confondere quella santità infinita che appartiene alla sua natura divina con quella partecipatagli dalla medesima nella sua umanità. Bisogna perciò evitare di confondere o identificare questi due tipi di santità le quali in base al concilio di Calcedonia sono unite inconfondibilmente, immutabilmente, indivisibilmente e inseparabilmente nell'unica e nella medesima ipostasi o persona di Gesù Cristo[328].

---

[327] Cf ΤΡΕΜΠΕΛΑΣ Π., Ἡ ἠθικὴ τελειότης, 41.

[328] Cf Ibid, 42-50 in modo particolare a pagina 47: "Ἔνε λοιπὸν προφανές, ὅτι δέον πάντοτε νὰ διακρίνωμεν μεταξὺ τῆς ἠθικῆς τελειότητος τοῦ Χριστοῦ ὡς ἀνθρώπου καὶ τῆς ἀπείρου ἠθικῆς αὐτοῦ τελειότητος ὡς Θεοῦ. Πᾶσα σύγχυσις ἢ ταύτισις τῶν δύο τούτων τελειοτήτων, ἐξ ὧν ἡ μὲν μία ἔνε ἄπειρος, ἡ δὲ ἄλλη κατὰ μέθεξιν ἐκ τῆς ἐν τῷ Χριστῷ ἐνοικούσης θεότητος εἰσποιητὴ καὶ εἰς τὸν νόμον τῆς προκοπῆς ὑποκειμένη καὶ διὰ τῶν παθημάτων τελειωθεῖσα, ἄγει ἡμᾶς εὐθὺ εἰς ἀθέτησιν πρῶτον μὲν τοῦ ὅρου τῆς ἐν Χαλκηδόνι Δ' Οἰκουμενικῆς Συνόδου, καθ'ὃν 'συμφώνως ἅπαντες ἐκδιδάσκομεν (...) ἕνα καὶ τὸν αὐτὸν Χριστὸν Ἰησοῦν υἱὸν μονογενῆ ἐν δύο φύσεσιν ἀσυγχύτως, ἀτρέπτως, ἀδιαιρέτως, ἀχωρίστως γνωριζόμενον, οὐδαμοῦ τῆς τῶν φύσεων διαφορᾶς ἀνῃρημένης διὰ τὴν ἕνωσιν, σωζομένης δὲ μᾶλλον τῆς ἰδιο-

Gesù cresceva nella santità nella sua umanità per una spinta interiore e non per una provocazione esteriore come capita a noi. La sua divinità gli comunicava gradualmente tale santità e perfezione morale secondo la sua crescita psicosomatica, ossia secondo la misura della capacità ricettiva della sua natura umana. È per questo che Gesù in quanto uomo ha ricevuto la duplice unzione dello Spirito Santo comunicatagli una prima volta da se stesso in quanto Verbo di Dio al momento della sua concezione e una seconda volta dal Padre al momento del battesimo, ossia al momento dell'inaugurazione del suo ministero pubblico.

Infine, mentre come Dio Gesù non poteva essere assolutamente tentato, come uomo invece lo poteva; infatti egli, pur essendo impeccabile, tuttavia fu tentato come noi in tutto; ma a differenza di noi egli ne è uscito vincitore in quanto ha sviluppato fino al massimo grado quella santità e quelle virtù che ogni uomo di buona volontà potrebbe e dovrebbe raggiungere.

μενον, οὐδαμοῦ τῆς τῶν φύσεων διαφορᾶς ἀνῃρημένης διὰ τὴν ἕνωσιν, σῳζομένης δὲ μᾶλλον τῆς ἰδιότητος ἑκατέρας φύσεως καὶ εἰς ἓν συντρεχούσης, οὐκ εἰς δύο πρόσωπα μεριζόμενον ἢ διαρούμενον' (...) ἤτοι αἱ ἀρεταὶ τοῦ Θεοῦ Πατρὸς καὶ τοῦ σαρκωθέντος Λόγου ὡς Θεοῦ ἀποτελοῦσιν ἐνέργειαν ἄπειρον ἀκτίστου καὶ θείας φύσεως· ἐνῷ αἱ ἀρεταὶ τοῦ Ἰησοῦ Χριστοῦ κατὰ τὸ ἀνθρώπινον ἀποτελοῦσιν ἐνέργειαν πεπερασμένην ποιήματος καὶ φύσεως κτισθείσης. Ἀναντιλέκτως λοιπὸν δέον νὰ διακρίνωνται".

CAP. VII
IL GESÙ TAUMATURGO

Introduzione

Il Gesù dei vangeli è un taumaturgo; egli infatti può operare i miracoli in quanto è il Figlio di Dio e il Signore della creazione. I miracoli di Gesù sono la conferma del suo insegnamento; ecco allora che Gesù, avendo dichiarato di essere la risurrezione e la vita, risuscita i morti. Dichiara che egli è la luce eterna e contemporaneamente dà la luce ai ciechi. Egli non si indirizza a Dio con lo stesso atteggiamento dei profeti o degli inviati di Dio e cioè con grande umiltà servile, ma si indirizza a lui con la familiarità e con la libertà che aveva in quanto era il Figlio del Padre. La differenza tra l'attività miracolosa di Gesù e quella dei profeti consiste proprio in questo: i profeti operano i miracoli in quanto servi di Dio; Gesù invece opera i miracoli in quanto Signore e Padrone della creazione[329].

Gesù allora opera i miracoli in base alla sua theanthropia e quindi alla sua unione ipostatica. I miracoli di Cristo non furono delle semplici manifestazioni della divinità di Cristo distinte dalla sua umanità oppure nell'incontro di essa; essi furono la manifestazione della forza di Dio che agisce nell'uomo e attraverso l'uomo, quindi delle opere essenzialmente theanthropiche, che di conseguen-

---

[329] ΤΡΕΜΠΕΛΑΣ Π., Τὰ θαύματα τοῦ Κυρίου, ἐν Ζωὴ 30 (1940) 122: " Ὁ Ἰησοῦς ὅμως θαυματουργεῖ, καθ'ὃν χρόνον μαρτυρεῖ ὅτι εἶνε Υἱὸς τοῦ Θεοῦ καὶ Κύριος τῆς δημιουργίας. Ἀνιστᾶ νεκρούς, συγχρόνως δὲ βεβαιοῖ ὅτι αὐτὸς εἶνε ἡ Ἀνάστασις καὶ ἡ ζωή. Ὀμματώνει τυφλοὺς καὶ διακηρύττει, ὅτι εἶνε τὸ ἀΐδιον Φῶς. Ἀπευθύνεται δὲ πρὸς τὸν Θεὸν οὐχὶ μεθ'ἧς ταπεινώσεως προσέκλινον ἐνώπιον Αὐτοῦ τὸν αὐχένα οἱ προφῆται καὶ οἱ ἄλλοι τοῦ Θεοῦ ἀπεσταλμένοι, ἀλλὰ μετὰ τῆς οἰκειότητος καὶ τῆς ἐλευθερίας τὴν ὁποίαν ὁ Υἱὸς ἔχει πρὸς τὸν Πατέρα του. Ἐὰν οἱ προφῆται ἐθαυματούργησαν ὡς δοῦλοι τοῦ Θεοῦ, ὁ Ἰησοῦς Χριστὸς θαυματουργεῖ ὡς Κύριος καὶ Δεσπότης".

za non possono essere levate alla sua umanità, né separate da essa[330].

A. Natura dei miracoli

Il miracolo viene definito come: a) un'energia sensibile percettibile dalla sensibilità umana; b) non è solo un'energia soprannaturale ma è anche provvisoria; è un evento raro capace di attirare l'attenzione, di produrre sorpresa e profonda meraviglia; c) questa energia non ha la sua fonte e la sua causa nelle forze naturali le quali da sole non potrebbero produrre questo risultato, ma d) ha la sua causa soltanto in Dio[331].

L'importanza dei miracoli è dovuta al fatto che essi garantiscono il carattere soprannaturale e divino di Gesù Cristo. Le guarigioni soprannaturali di Gesù, il suo potere sulla morte e sulla natura in generale testimoniano che Gesù possedeva una forza divina e che il suo braccio era braccio dell'Altissimo[332]; egli cioè può operare i miracoli in quanto è il Figlio di Dio, pari per dignità al Padre. Se non ci fosse stata l'attività miracolosa di Gesù, la sua vita non avrebbe avuto nessuna grandezza imponente capace di distinguerlo dagli altri uomini comuni e neppure avrebbe imperssionato tanto i suoi stessi nemici. Solo l'attività miracolosa di Gesù spiega la grandissima impressione che aveva provocato il suo ministero pubblico. È per questo motivo che i suoi nemici cercavano di farlo fuori al più presto possibile in quanto si accorgevano che i suoi miracoli confermavano e diffondevano sempre più la sua fama[333].

Le caratteristiche principali dei miracoli del Signore sono il modo e il motivo per cui li compiva. Egli li compiva con amore e

---

[330] Cf BOULGAKOF S., *Du Verbe*, 167.
[331] ΤΡΕΜΠΕΛΑΣ Π., *Ἰησοῦς ὁ ἀπὸ Ναζαρέτ*, 376.
[332] Cf *Ibid*, 375.
[333] Cf *Ibid*, 168 e 172.

per amore; i miracoli sono stati la manifestazione del suo amore e la dichiarazione della sua missione spirituale in conformità e in continuazione del suo insegnamento[334].

Nell'operare i miracoli, Gesù si caratterizza e si distingue dal suo atteggiamento; si tratta infatti di un atteggiamento dignitoso proprio della divinità. Egli, nell'operare i miracoli, non ha di mira nessun interesse personale; in essi mancano del tutto gli elementi di egoismo personale o di qualche dimostrazione di vanagloria. Gesù infatti non si serve mai della sua attività miracolosa per una soddisfazione personale; non fa mai i miracoli contro i suoi nemici, come per esempio davanti ad Erode o a Pilato; non fa i miracoli per soddisfare la sua fame nel deserto o la sua sete al pozzo di Giacobbe. Nei miracoli di Gesù si manifesta soltanto ed esclusivamente la sua misericordiosa bontà, l'amore e la solidarietà con gli uomini. Gesù opera i miracoli con uno scopo superiore alle comuni aspirazioni umane; si tratta di uno scopo soprannaturale; nei casi in cui veniva a mancare tale finalità soprannaturale, Gesù interrompeva immediatamente la sua energia miracolosa. Se Gesù ha talvolta rifiutato di fare i miracoli è perché non ha voluto farli; egli, è bene ripetere, non faceva i miracoli per se stesso o per difendersi. Nei confronti della propria persona, infatti, Gesù ha posto volontariamente un limite alla sua attività miracolosa. I miracoli di Gesù, poi, costituiscono un evento primordiale, unico nella storia e quindi senza precedenti. Nell'operare i miracoli si basava sulla propria autorità divina e non su quella umana; infatti poiché manca chi abbia operato dei miracoli simili ai suoi prima di lui, non si può dire che Gesù abbia imitato qualcuno nella sua attività miracolosa[335].

---

[334] ΤΡΕΜΠΕΛΑΣ Π., *Τὰ θαύματα τοῦ Κυρίου*, 18.
[335] Cf *Ibid*, 10; ID., *Ἰησοῦς ὁ ἀπὸ Ναζαρέτ*, 399-400 specialmente dove dice: " Ἐν ὀλίγοις ἀπὸ τὴν θαυματουργικὴν δρᾶσιν τοῦ Ἰησοῦ ἐλλείπουσι ὁλοτελῶς τὰ στοιχεῖα τοῦ ἐγωϊσμοῦ καὶ τῆς ματαιοδόξου ἐπιδείξεως, ἐκδηλοῦται δὲ κυρίως ἐν αὐτῇ ἡ εὔσπλαγχνος ἀγαθότης καὶ ἡ συμπαθὴς ἀγάπη (....) Τὰ θαύματα του ἀποβλέπουσι πρὸς ἐπακριβῶς καθωρισμένον σκοπόν, πάντοτε ὑψηλὸν καὶ ἀνώτερον. Ὅταν ὁ σκοπὸς οὗτος πληρωθῇ ἢ δὲν πρόκειται νὰ

L'attività miracolosa del Signore non è un fatto magico o mitologico; essa è autenticamente storica. I miracoli hanno sì la loro causa nella divinità, ma la loro realizzazione è avvenuta nella storia.

B. L'autenticità storica dei miracoli

Si è visto sopra che anche se i miracoli sono un evento straordinario, raro e soprannaturale avente Dio per causa, sono tuttavia percettibili alla mente e alla sensibilità umana perché sono anche un'energia sensibile.

Secondo tanti scienziati, spiega Trembelas, i miracoli non sono eventi credibili in quanto nel mondo fisico ogni effetto è conseguenza anche di una causa fisica, una causa puramente naturale. Questo è insostenibile perché l'ordine naturale del mondo non impedisce l'intervento delle forze spirituali. Come la mente umana è capace da sola di intervenire su certe forze naturali, così a maggior ragione dovremmo capire che anche Dio può intervenire nelle realtà naturali. La creazione del mondo dal nulla, essendo stata il primo miracolo di Dio, non è abbandonata a se stessa come lo è una macchina da parte dell'uomo, ma essa è continuamente custodita dal Signore che in certe circostanze interviene per degli scopi mossi dalla sua divina misericordia e sapienza[336].

Se da una parte il miracolo è stato compiuto in modo soprannaturale, tuttavia, per il fatto che è avvenuto, diventa un evento storico e appartiene alla storia senza che esso perda il suo carattere soprannaturale. La storicità e quindi l'autenticità dei miracoli sono inoltre garantite dalle testimonianze storiche che dovrebbero da sole

---

ἐξυπηρετηθῇ, ἡ ἐκδήλωσις τῆς ἐν τῷ Ἰησοῦ ὑπερφυσικῆς δυνάμεως ἀνακόπτεται. Ἀλλὰ καὶ ὁ τρόπος, καθ'ὃν ἐκδηλοῖ τὴν θαυματουργικήν του δύναμιν, δὲν εἶναι ὀλιγώτερον θεοπρεπής. Μεγαλοπρεπής τις ἠρεμία καὶ θεία τις γαλήνη χαρακτηρίζει αὐτόν".

[336] Cf ΤΡΕΜΠΕΛΑΣ Π., *Ἰησοῦς ὁ ἀπὸ Ναζαρέτ*, 375-383.

eliminare dalla nostra mente ogni eventuale dubbio. Essi infatti sono stati compiuti pubblicamente, generalmente davanti a tanta gente; ci sono i nomi delle persone e dei luoghi[337].

Se i miracoli fossero falsi, nessuno avrebbe osato fare il nome di qualche persona, soprattutto se era una grande personalità, come poteva esserlo il centurione, che tutti i contemporanei conoscevano. Anzi questi miracoli sono spesso e ben presto chiamati in causa dagli apostoli per testimoniare la divinità di Gesù Cristo. Un'altra dimostrazione dell'autenticità, e quindi della credibilità dei miracoli, è la loro quantità e qualità. Gesù infatti non si è limitato a un tipo di miracoli, ma egli ne opera ovunque e di diversa natura o tipo (cf Mt 4,23-24; Mc 1,34; Lc 4,40; Gv 2,23)[338].

In tutti i monumenti scritti ci sono testimonianze per ogni tipo di miracoli; queste testimonianze sono una dimostrazione della loro autenticità. Diversi miracoli, e quindi anche quelli avvenuti sulla natura, sono situati dagli studiosi nella fonte Q, la fonte più antica e la più garantita storicamente[339].

Non bisogna dimenticare, ribadisce Trembelas, che gli evangelisti non hanno riportato tutti i miracoli operati dal Signore, ma solo quelli che ritenevano più importanti per portare gli uomini alla fede; inoltre spesso nel raccontare i miracoli lo scrittore neotestamentario parla in prima persona, segno che egli stesso ne è stato testimone oculare e auricolare. Paolo, ad esempio, scrivendo ai cristiani non descrive loro i miracoli perché essi già credevano nel Signore; per loro erano ormai evidenti[340].

L'autenticità e la storicità dei miracoli, secondo Trembelas, è infine testimoniata anche dal fatto che nessuno degli antichi, fossero pure dei nemici di Gesù, dubitava della loro esistenza. Infatti nelle apologie scritte nel secondo secolo si ricordano agli imperatori di

---

[337] Cf ΤΡΕΜΠΕΛΑΣ Π., *Ἰησοῦς ὁ ἀπὸ Ναζαρέτ*, 386.
[338] Cf *Ibid*, 402-406 e ID.,*Ἰησοῦς ἀπολογητικῶς*, 922.
[339] Cf ID., *Τὰ θαύματα τοῦ Κυρίου*, 3-10.
[340] ID.,*Ἰησοῦς ὁ ἀπὸ Ναζαρέτ*, 406.

Roma i miracoli compiuti da Gesù. Se gli apologeti portano come conferma i miracoli, è perché sono sicuri che almeno contro di essi nessuno avrebbe avuto delle opposizioni. Infatti Giustino scrivendo all'imperatore di Roma ha il coraggio di chiamare in causa i miracoli di Gesù confermando la loro autenticità con la testimonianza autorevole contenuta negli *Atti di Ponzio Pilato* che al suo tempo esistevano a Roma. Anche i contemporanei di Gesù storico non hanno mai smentito i miracoli, fossero essi giudei o pagani, nemici o amici suoi. Infatti, pur essendo contro la persona di Gesù, essi riconoscevano la verità dei suoi miracoli. Il Talmud stesso, anche se attribuisce la causa dei miracoli a un certo uso di magia da parte di Gesù, riconosce la loro storicità e la loro autenticità e ciò anche quando nega la divinità del Signore[341].

Secondo Trembelas neppure i pagani che combattevano il cristianesimo, per esempio Celso, negavano la veridicità dei miracoli, ma parlavano di essi come se fossero effetti della magia. Celso sostiene che Gesù, essendo stato operaio in Egitto, ha imparato la magia che ha usato al ritorno nella sua patria. Queste testimonianze sono in grado di provare che anche chi negava la fede in Gesù Cristo tuttavia non ha negato che egli aveva operato cose straordinarie e meravigliose. La differenza consiste nel fatto che i pagani, essendo dei non credenti, li attribuivano all'attività magica e diabolica e non alla divina missione di Gesù Cristo[342].

È chiaro dunque che per la teologia ortodossa i miracoli sono la conferma che il Gesù di Nazareth era anche Dio e che attraverso i miracoli confermava la sua dottrina. I miracoli, anche se erano attribuiti a cause diverse, tuttavia sin dall'antichità erano accettati dai non credenti come eventi straordinari avvenuti nel loro tempo e quindi nella storia. Viene così garantita la loro autenticità e storicità; era comunemente ammesso che questi fatti straordinari erano stati operati proprio da quel Gesù di Nazareth, quell'uomo che era

---

[341] Cf ΤΡΕΜΠΕΛΑΣ Π, *Ἰησοῦς ὁ ἀπὸ Ναζαρέτ*, 407-409.
[342] Cf *Ibid*, 409.

privo di cultura e di prestigio, proveniente dalla città più disprezzata e più corrotta moralmente in quel tempo. Ora se i miracoli di Gesù erano ammessi da tutti nell'antichità, non lo furono allo stesso modo per i secoli posteriori; diverse teorie sono presentate da Trembelas al loro riguardo. Per esempio la teoria che considera i miracoli delle raffigurazioni simboliche; un'altra che li crede racconti popolari o che presenta la risurrezione dei morti come nekrofania; per altri, poi, si tratta di visioni o di pure guarigioni psichiche, oppure fatti di ipnotismo o di forze naturali ignote agli altri e conosciute e possedute solo da Gesù Cristo[343].

Trembelas, conformemente agli studi di alcuni scrittori, come ad esempio Headlam, rifiuta queste teorie. Non è possibile, ad esempio, che fossero delle necrofanie le risurrezioni dei morti perché non si spiegherebbe come mai essi apparivano proprio al momento preciso in cui l'ordinava loro Gesù. Non possono essere delle visioni o impressioni personali perché non era possibile che tutti allo stesso momento avessero quella sensazione, ad esempio di gustare il vino a Cana invece dell'acqua. Non è possibile che i miracoli fossero solo delle pure guarigioni psichiche perché allora non si spiegherebbero i casi di miracoli puramente fisici e, anche nei casi di pura malattia psichica, nessuno psicologo riuscirebbe a guarire un malato del genere con poche parole limitate a quel momento. Si sa che ci vogliono diversi colloqui, molto tempo e a volte vari farmaci prima che un malato del genere riesca a riprendersi. Non sono miracoli dovuti ad una fede religiosa che influiva sul malato in quanto Gesù a volte non ha richiesto la fede direttamente al malato ma ad una terza persona, come alla cananea per la sua figlia o al centurione per il suo servo; infine ci sono dei casi in cui Gesù non ha chiesto per niente la fede[344].

---

[343] Cf ΤΡΕΜΠΕΛΑΣ Π., Τὰ θαύματα τοῦ Κυρίου, 18-82. ID., Ἰησοῦς ὁ ἀπὸ Ναζαρέτ, 414-438.
[344] Cf ID., Ἰησοῦς ὁ ἀπὸ Ναζαρέτ, 414-438.

Conclusione

Concludendo, si può dire che, secondo la teologia ortodossa, Gesù di Nazareth era veramente taumaturgo; i suoi miracoli sono eventi storici e quindi autentici. Essi, essendo di natura soprannaturale, sono la conferma e la dimostrazione che Gesù Cristo è il Figlio di Dio che inseparabilmente insegna ed opera. Mentre nel passato i profeti o i giusti per operare un miracolo facevano lunghe preghiere di intercessione umiliandosi davanti a Dio, Gesù si basa sulla propria autorità senza dover ricorrere a una foza superiore a lui perché egli stesso è Dio. Se i profeti hanno fatto i miracoli come servi di Dio, Gesù Cristo opera i miracoli come il Figlio di Dio e come il Signore, infatti anche la morte indietreggia di fronte ai suoi comandi:[345].

Gesù non opera i miracoli per dei motivi egoistici, per soddisfare i suoi bisogni o per difendersi dai nemici o infine per fare del male, ma soltanto per amore; attraverso i miracoli di Gesù si manifesta la misericordia e la bontà infinita di Dio Padre che non abbandona mai le creature da lui create ma, al contrario, si prende sempre cura amorosa di loro.

---

[345] Cf ΤΡΕΜΠΕΛΑΣ Π., 'Ιησοῦς ὁ ἀπὸ Ναζαρέτ, 438.

CAP. VIII
LA TRIPLICE DIGNITÀ

Introduzione

La triplice dignità: profetica, sacerdotale e regale del Signore fu prefigurata diverse volte nell'AT, basta pensare, ad esempio, alla persona di Noé, o ad altri personaggi. Tuttavia questa prefigurazione è casuale e raramente il triplice munus si trova concentrato in un'unica persona[346].

Il triplice munus del Signore come profeta, sacerdote e re scaturisce da tutta l'opera salvifica che egli, mandato dal Padre, è venuto a compiere. Gesù, cioè, è colui che ci libera dal potere delle tenebre, ci redime dai nostri peccati attraverso lo stesso suo sangue ed instaura il regno di Dio[347]. Secondo Trembelas questo aspetto della cristologia fu da sempre poco approfondito. Nell'antichità questo tema fu considerato per la prima volta da Eusebio di Cesarea, da Cirillo di Gerusalemme, da Giovanni Crisostomo e da Agostino[348]. Da allora fino a pochi anni fa, esso fu un argomento dimenticato quasi da tutti; infatti sono i fratelli protestanti che hanno iniziato a rivalutarlo, e poi, lentamente e timidamente, hanno incominciato a imitare il loro esempio anche i teologi cattolici ed ortodossi[349].

Tra queste tre dignità nella vita di Gesù Cristo non c'è stata una successione cronologica. Ossia Gesù non fu prima profeta, poi sacerdote ed infine re, ma egli è stato contemporaneamente profeta,

---

[346] Cf ΤΡΕΜΠΕΛΑΣ Π., Δογματική, Β', 13; 39; 144; 147; ΜΑΤΣΟΥΚΑΣ Ν., Δογματική, Β', 298-300.
[347] Cf ΤΡΕΜΠΕΛΑΣ Π., Δογματική, Β', 143.
[348] Cf Ibid, 144-148.
[349] Cf Ibid; ΚΑΡΜΙΡΗΣ Ι., Σύνοψις, 53.

sacerdote e re[350]. Inoltre non si potrebbe dire che una delle tre dignità sia più importante delle altre in quanto tutte e tre coesistono simultaneamente e dipendono l'una dall'altra concentrandosi inseparabilmente nell'unica persona e nell'opera del Redentore. Tuttavia, siccome per la stabilizzazione delle relazioni dell'umanità con Dio era necessario anzitutto il sacrificio espiatorio del Redentore, si deve dire che la dignità sacerdotale del Signore ne costituisce il centro che riunisce in sé le altre due[351].

Soltanto per una metodologia didattica è possibile separare la triplice dignità. Gesù, insegnando come profeta e legiferando come Signore, manifesta la sua forza regale attraverso i miracoli e, innalzato sulla croce, ancora ci insegna[352]. Il triplice munus non è subentrato nella vita di Gesù soltanto più tardi, quando ad esempio ha compiuto effettivamente il sacrificio, bensì da sempre, e cioè dal momento stesso della sua incarnazione, egli è profeta, sacerdote e re. Però per il fatto che la cristologia ammette i due stati di Gesù Cristo, ossia lo stato dell'umiliazione e lo stato della gloria, si deve anche ammettere, in un senso molto largo, che Gesù ha esercitato la sua dignità profetica e sacerdotale durante lo stato dell'annientamento, mentre quella regale durante lo stato di esaltazione. Ho detto in un senso largo, poiché anche dopo la sua esaltazione Gesù continua ad esercitare le altre sue dignità[353].

Le tre dignità di Gesù sono profondamente unite e inseparabili nel Theanthropos esprimendo pienamente l'estensione dell'opera redentiva senza che una di esse possa staccarsi dall'altra. Chiedersi infatti quale dei tre munus sia il più importante nell'opera della re-

---

[350] ΤΡΕΜΠΕΛΑΣ Π., *Δογματική*, Β'., 148: " Ἐκ τούτου καθίσταται δῆλον, ὅτι θὰ ἦτο πλάνη νὰ σκεφθῇ τις, ὅτι τὰ τρία ἀξιώματα χρονικῶς ἐπηκολούθησαν ἀλλεπαλλήλως, οὕτως ὥστε ὁ Κύριος νὰ ὑπάρξῃ πρῶτον ἀποκλειστικῶς προφήτης, εἶτα νὰ ἀναδειχθῇ καὶ ἀρχιερεύς, ἐν τέλει δὲ καὶ βασιλεύς".
[351] Cf *Ibid*, 144; ΑΝΔΡΟΥΤΣΟΥ Χρ., *Δογματική*, 196.
[352] Cf ΤΡΕΜΠΕΛΑΣ Π., *Δογματική*, Β'. 148.
[353] Cf *Ibid*.

denzione, sarebbe come chiedersi quale raggio del sole sia il più utile, il più vitale, il più caloroso, il più energetico[354].

Dopo questa lunga introduzione è bene riflettere subito singolarmente su ognuna di queste tre dignità.

A. Il sommo profeta

Il profeta è colui che parla in nome di Dio: Gesù Cristo, essendo sempre stato in comunione col Padre anche durante la sua vita terrena, è il sommo profeta. Egli può parlare a nome di Dio in modo diverso dagli altri profeti in quanto da sempre egli è in comunione ininterrotta e sostanziale col Padre[355].

Gesù Cristo, in quanto profeta, disperde le tenebre dell'inganno etico poiché egli è la luce che porta alla vera conoscenza, soprattutto coloro che erano schiavi della menzogna. Gesù Cristo a causa dell'unione ipostatica è il profeta sommo, il profeta per eccellenza che con la sua incarnazione segna la fine dei profeti dell'AT, realizzando così nella sua persona le profezie da essi preannunziate e dando ad esse compimento[356].

1. Fondamento biblico

Il diavolo, bugiardo e padre della menzogna, dominava il mondo e gli uomini con l'inganno e l'ottenebramento etico; l'intelligenza umana, guastata dal peccato sotto il dominio del diavolo, era preda delle passioni. Gesù, invece, come già avevano preannunciato i pro-

---

[354] Cf ΤΡΕΜΠΕΛΑΣ Π., Δογματική, Β', 149; ΜΑΤΣΟΥΚΑΣ Ν·. Δογματική, Β', 301.
[355] Cf ΤΡΕΜΠΕΛΑΣ Π., Δογματική, Β', 150; BOULGAKOF S., *Du Verbe*, 258-263.
[356] Cf ΤΡΕΜΠΕΛΑΣ Π., Δογματική, Β', 150-151; ΙΩΑΝΝΙΔΟΥ Β. Χ. - ΣΚΟΥΤΕΡΗ Β. Κ., Κατήχησις, 60.

feti nell'AT, è venuto per portare la verità, per liberare l'umanità da questo inganno e portarla alla dipendenza secondo la grazia da Dio[357].

In realtà Gesù solo indirettamente ha parlato di sé come profeta; basta ricordare, per esempio, il suo detto sulla non accettazione di un profeta nella sua patria o anche il suo detto quando era ormai vicina la sua passione e precisamente quando disse che nessun profeta muore fuori di Gerusalemme (cf Mt 13,57; Lc 1,32; 13,33; At 3,22; 7,37)[358].

Anche se solo indirettamente Gesù ha applicato a sé il titolo di profeta, tuttavia è chiaro che nella sinagoga di Nazaret egli ha esigito per sé questa dignità (cf Mt 13,57). Inoltre egli ha anche affermato che parte della sua missione era quella di evangelizzare non solo Cafarnao ma anche altre città.

Gesù esige per sé soltanto il titolo messianico. È con un tono totalmente autoritario che ha fatto il discorso sulla montagna e, dando compimento alla Legge, ha fatto capire in modo molto chiaro che egli era superiore a Mosé, il profeta per eccellenza. Il Padre stesso infatti evidenzia ciò quando nella trasfigurazione pone Gesù al di sopra di Mosé ed Elia. Fino al termine della sua vita terrena, e quindi anche di fronte a Pilato, Gesù ha affermato di essere colui che testimonia la verità; perciò Gesù come profeta ha insegnato all'umanità la verità di Dio e questo perché egli stesso è la verità incarnata, la via e la vita[359].

È la Bibbia stessa dunque che ci presenta Gesù come il più grande dei profeti. Gli evangelisti, infatti, gli attribuiscono tutte le qualità profetiche come il vedere le cose a distanza, lo scrutare i

---

[357] Cf ΤΡΕΜΠΕΛΑΣ Π., *Δογματική*, Β', 151; ΜΑΤΣΟΥΚΑΣ Ν., *Δογματική*, Β', 300.
[358] Cf ΤΡΕΜΠΕΛΑΣ Π., *Δογματική*, Β', 147.
[359] Cf *Ibid*, 151-152. ΑΝΔΡΟΥΤΣΟΥ Χρ., *Δογματική*, 207; AGHIORGOUSSIS M., *The Dogmatic Tradition*, 164.

fatti segreti e i cuori degli uomini (cf Mc 2,8; 14,12-16; Lc 6,6-12; Gv 1,48; 2,24-25; 6,64)³⁶⁰.

2. Il contenuto delle profezie di Gesù

Secondo Trembelas le profezie di Gesù possono essere catalogate in tre gruppi: 1) le profezie riguardanti la sua persona; 2) le profezie riguardanti l'edificazione della sua chiesa e 3) le profezie escatologiche, quelle cioè riguardanti la fine del mondo e quindi di Gerusalemme e del tempio³⁶¹.

a) Le profezie riguardanti la sua persona

Contrariamente alle attese del popolo, il quale nutriva una concezione messianica gloriosa, Gesù pur sapendo che egli stesso era il Messia, predice che la sua fine sarà dura e che dovrà patire il supplizio della croce. Ora questa profezia era del tutto inaspettata in quel tempo³⁶².

Gesù non predice semplicemente che dovrà patire, ma precisa anche il modo con cui ciò sarebbe avvenuto chiarendo e perfezionando le profezie di Isaia. Egli, cioè, aveva profetizzato che Giuda l'avrebbe tradito (cf Mt 26,21; Mc 14,18; Lc 22,21; Gv 13,21); che Pietro l'avrebbe rinnegato e questo non in un contesto o in un momento in cui Pietro si era comportato poco bene, ma anzi nel mo-

---

³⁶⁰ Cf ΤΡΕΜΠΕΛΑΣ Π., 'Ιησοῦς ὁ ἀπὸ Ναζαρέτ, 356; BOULGAKOF S., Du Verbe, 355-356.
³⁶¹ Cf ΤΡΕΜΠΕΛΑΣ Π., 'Ιησοῦς ὁ ἀπὸ Ναζαρέτ, 357. Vedi anche Boulgakov dove riflette in maniera analoga: BOULGAKOF S., Du Verbe, 262: "La prédication prophétique du Christ sur Lui-même peut être considérée à trois points de vue: comme la doctrine théologique sur Dieu le Verbe, comme une eschatologie et comme une apocalypse".
³⁶² Cf ΤΡΕΜΠΕΛΑΣ Π., 'Ιησοῦς ὁ ἀπὸ Ναζαρέτ, 357.

mento in cui Pietro stava esprimendo a Gesù la sua massima adesione fino al punto di essere pronto a morire per lui (cf Mt 26,35). Preannuncia l'abbandono di alcuni dei suoi discepoli (cf Mt 26,31); predice, infine, che sarebbe stato consegnato ai pagani e che ci sarebbe stata la condanna a morte, che l'avrebbero sputacchiato, flagellato, ucciso e che infine sarebbe risorto il terzo giorno per sedersi definitivamente alla destra di Dio (cf Mt 20,18.19; 16,21; 17,9; Mc 10,32-35; Lc 9,44; 18,31-33)[363].

Ci sono alcuni che rifiutano l'autenticità di queste profezie poiché, essendo secondo loro troppo precise, devono essere delle aggiunte posteriori. Ora Trembelas non condivide questa posizione; secondo lui infatti non è possibile che i discepoli le abbiano inventate perché tutti sono concordi perfino nei dettagli. Inoltre non ci sono solo le parole profetiche, ma anche i gesti profetico-simbolici; la morte di Gesù infatti è stata anche prefigurata con dei gesti, come l'unzione di mirra alla cena di Betania[364].

b) *Le profezie riguardanti l'edificazione della Chiesa*

Gesù profetizza anche il futuro dell'opera da lui iniziata; egli annuncia che ci saranno delle atroci persecuzioni dei suoi seguaci, ma anche che il vangelo e la sua Chiesa, nonostante tutto, trionferanno (cf Mt 16,18; Gv 10,16; 16,1-11)[365].

Il trionfo della Chiesa e del vangelo di Gesù non saranno però limitati alla sola terra giudaica, ma come Gesù stesso aveva preannunciato, il suo vangelo, e cioè la presenza della sua Chiesa sarà estesa in tutto il mondo: (cf Mt 24,14; 26,13; Mc 13,10). E per realizzare efficacemente la costruzione della Chiesa nel mondo inte-

---

[363] Cf ΤΡΕΜΠΕΛΑΣ Π., *'Ιησοῦς ὁ ἀπὸ Ναζαρέτ*, 357-358; BOULGAKOF S., *Du Verbe*, 262-266.
[364] Cf ΤΡΕΜΠΕΛΑΣ Π., *'Ιησοῦς ὁ ἀπὸ Ναζαρέτ*, 358-359.
[365] Cf *Ibid*, 361.

ro, Gesù aveva predetto ai suoi apostoli che dopo la sua ascensione avrebbero ricevuto lo Spirito Santo (cf Mt 10,19-20; Gv 14,26; 15,26; 16,7.13). Infine Gesù prepara spiritualmente i suoi incoraggiandoli a non temere le persecuzioni che immancabilmente ci sarebbero state (cf Mt 24,9; 10,17-18; Lc 21,12; Gv 15,20; 16,2)[366].

Trembelas non accetta la posizione di coloro che affermano che Gesù non ha mai pensato di fondare una Chiesa in quanto, secondo Matteo (15,24), egli è venuto solo per l'ovile disperso d'Israele. Inoltre, dicono, questo è evidenziato dal comportamento degli stessi apostoli i quali per ben dodici anni sono rimasti in Gerusalemme senza pensare ai pagani. Per Trembelas, invece, è dallo stesso insegnamento di Gesù che si evidenza la sua volontà di edificare la Chiesa e viene spesso manifestata, in modi diversi, la cattolicità della salvezza. Questo, ad esempio, si rileva dal suo detto riguardante gli apostoli che sono la luce e il sale della terra (cf Mt 5,13.14), come pure quando in occasione della fede del centurione, Gesù assicura che tanti dall'oriente e dall'occidente parteciperanno ai beni dei figli di Abramo nel regno dei cieli (cf Mt 8,11)[367].

c) *Le profezie escatologiche*

Le profezie escatologiche si possono distinguere in quattro gruppi riguardanti: a) le persecuzioni dei discepoli e la sua venuta; b) il fatto che i suoi discepoli non assaporeranno la morte prima di vedere il Figlio dell'uomo venire nel suo regno; c) la catastrofe di Gerusalemme e la fine del mondo alla quale seguirà la seconda parusia; d) il Figlio dell'uomo che siederà alla destra del Padre e che poi verrà sulle nubi[368].

---

[366] Cf ΤΡΕΜΠΕΛΑΣ Π., *Ἰησοῦς ὁ ἀπὸ Ναζαρέτ*, 361.
[367] Cf *Ibid*, 362-364.
[368] Cf *Ibid*, 366-367.

Il linguaggio profetico-escatologico usato dai sinottici (cf Mt 24,6ss; Lc 19,43; 21,20; 24,34; Mc 13,30; Lc 21,32) non era un linguaggio sconosciuto ai giudei; esso infatti era già usato dai grandi profeti dell'Antico Testamento[369].

Come si è visto, il contenuto delle profezie di Gesù non è unilaterale o chiuso solo in un tema, ma esso contiene una ricca gamma di temi che per praticità Trembelas ha riassunto in tre gruppi. Gesù dunque è il profeta per eccellenza non soltanto perché predice e prevede la realtà nella sua globalità e nella sua estensione di lunghezza, di larghezza, di altezza e di profondità, ma anche e soprattutto perché egli è il Verbo preesistente unito ipostaticamente alla nostra natura umana.

3. *Perché Gesù è il sommo profeta*

Diversi sono i motivi per affermare che Gesù Cristo è il sommo e l'unico maestro e profeta nel vero senso della parola. Cerchiamo di elencarli:

1) Non c'è paragone tra Gesù e gli altri profeti poiché, come si è accennato sopra, Gesù è il sommo profeta a causa della sua ipostasi divina; egli non è solo un semplice uomo, ma è il Verbo di Dio che si è unito ipostaticamente alla natura umana. È da qui infatti che deriva la pienezza e la perfezione della sua dignità profetica[370].

2) L'estrema differenza tra Gesù Cristo e i profeti precedenti è che mentre gli altri profeti furono mandati come servi, Gesù Cristo fu mandato come il Figlio prediletto ed unigenito del Padre. Egli non riceve il lume soprannaturale un po' alla volta secondo le necessità, come gli altri profeti, ma egli stesso è la luce che illumina ogni uomo. Mentre gli altri profeti hanno delle rivelazioni parziali,

---

[369] Cf ΤΡΕΜΠΕΛΑΣ Π., *Ἰησοῦς ὁ ἀπὸ Ναζαρέτ*, 367-371.
[370] Cf ID., *Δογματική*, Β', 154.

separate tra di loro da lunghe distanze cronologiche, cosicché la loro dignità profetica si denota come temporanea, la dignità profetica del Signore si caratterizza per la sua continuità e per la sua origine soprannaturale; anzi Gesù Cristo, essendo il Verbo eterno di Dio, è colui che insieme al Padre ha ispirato tutti gli altri profeti. Inoltre egli era il Messia atteso verso cui tutte le profezie si orientavano in quanto solo lui era l'unico scopo e fine della loro esistenza[371].

3) Gesù, il Verbo di Dio, esiste prima dei profeti; essi infatti non avrebbero potuto profetizzare senza la Parola, il Verbo per eccellenza. Mentre i profeti infatti hanno profetizzato il progetto dell'economia salvifica, nella pienezza dei tempi è venuto il sommo Profeta per annunciare l'instaurazione di questa nuova economia della quale egli è il capo e nel quale tutte le profezie trovano il loro compimento[372].

4) Gesù segna la fine delle profezie; infatti le profezie posteriori a lui sono la sua testimonianza e la sua continuazione. L'enorme differenza tra la profezia di Gesù e dei profeti è che mentre i profeti non hanno mai fatto riferimento alla loro persona, il Messia Gesù Cristo, invece, si riferisce sempre alla sua stessa persona che è come il centro e il segno luminoso non solo del presente, ma anche del lontano futuro e quindi dei tempi escatologici[373].

Gesù Cristo è il sommo profeta anzitutto perché è il Figlio di Dio, possiede la sua stessa natura e dignità divina di conseguenza egli, a differenza degli altri profeti, parla con somma autorità rivelando Dio come nessun altro aveva mai fatto[374]. La novità della ri-

---

[371] Cf ΤΡΕΜΠΕΛΑΣ Π., Δογματική, Β', 154-155.
[372] Cf Ibid, 155.
[373] Cf Ibid.
[374] Ibid, 156: " Ὡς ὁ κατ'ἐξοχὴν Προφήτης λοιπὸν ὁ Κύριος, 'βλέπων καθ'ὃ δεῖ', ἀπεκάλυψεν ὅσον οὐδεὶς ἄλλος τὸν Θεόν, 'ἐπειδὴ καὶ τῆς θεότητος τῆς πατρικῆς ἐστι κοινωνὸς ὡς Υἱὸς Μονογενής', καὶ ἐν τούτῳ ἡ περὶ Θεοῦ παλαιὰ ἀποκάλυψις τῶν Προφητῶν, ὡς συνεπληρώθη ὑπὸ τοῦ Κυρίου, παρουσιάζεται ὅλως νέα καί, 'καθ'ὃ ἕκαστος τῶν ἀνθρώπων χωρεῖ' ἐξ ὁλοκλήρου πλήρης"; cf anche ΑΝΔΡΟΥΤΣΟΥ Χρ., Δογματική, 208-209.

velazione portata da Gesù si può vedere nella sfera soteriologica; infatti, mentre gli altri profeti hanno proclamato la volontà di Dio, egli in se stesso rivela la natura del Padre come amore ed il suo disegno di salvezza che lui è venuto a compiere. La perfezione della dignità profetica del Signore è indicata anche dalla totale armonia che c'è tra il suo insegnamento e la sua vita. La profezia di Gesù Cristo è caratterizzata dalla sua definitività, dal suo carattere cattolico-universale e dal suo potere eterno in quanto le sue parole e quindi le sue profezie, come egli stesso ha detto, non passerranno mai, neanche con la fine dei cieli e della terra[375].

Concludendo questo paragrafo è bene ribadire che Gesù deve la grandezza della sua dignità profetica alla sua unione ipostatica. A differenza degli altri profeti egli non è un semplice servo di Dio ma è il Verbo di Dio, la Parola eterna, che avendo ispirato gli altri profeti insieme con il Padre, ora egli stesso, assumendo la nostra natura umana, diventa la Parola concreta di Dio resa visibile in un concreto momento storico del genere umano, Parola che continuerà ad echeggiare per l'eternità. Si è detto che egli è un profeta diverso e credibile in quanto tra le sue parole e la sua vita c'è completa armonia; le sue profezie infatti sono portate a compimento nella propria vita fino all'estremo sacrificio di sé nel momento cruento della croce ove si evidenzia la sua dignità sacerdotale.

B. Il sommo sacerdote

Gesù Cristo, essendo il profeta per eccellenza, spesso ha preannunciato il sacrificio che avrebbe compiuto come sommo sacerdote. Trembelas ritiene che per la nostra salvezza non erano sufficienti l'insegnamento e l'esempio di Gesù come sostenevano i pelagiani. Se così fosse stato, Gesù avrebbe dato solo compimento alla legge e ai profeti, ma avrebbe lasciato il muro di divisione tra Dio e

---

[375] Cf ΤΡΕΜΠΕΛΑΣ Π., Δογματική, Β', 158.

l'umanità e gli uomini sarebbero così rimasti separati dall'amore di Dio. Gesù non doveva solo farci conoscere il Padre, ma doveva anche e soprattutto riconciliarci con lui[376].

Il potere sacerdotale di Gesù è una potenza d'amore, potenza che unisce gli uomini con Dio in modo che essi si riferiscano a lui e si perfezionino nel loro cammino. Questo riferimento è il sacrificio degli stessi esseri viventi sull'altare dell'amore divino che porta a realizzare questa perfezione[377].

Il sacerdozio di Gesù, dice Matsoukas, è una liturgia che riconcilia di nuovo Dio e il creato; gli esseri razionali diventano amici di Dio; hanno così la possibilità e la franchezza di guardarlo come presenza di luce santificante[378].

1. *L'importanza e l'urgenza*
a) *L'importanza*

Il sacerdozio di Gesù Cristo non era una cosa del tutto inaspettata; nell'AT, infatti, c'erano i preannunci del Messia in quanto sommo sacerdote e nel NT questo tema fu particolarmente approfondito nella lettera agli Ebrei ove Gesù è descritto come colui che riceve la sua dignità sacerdotale direttamente da Dio[379].

Trembelas spiega come, nella lettera agli Ebrei, Gesù era atteso quale sommo sacerdote secondo la classe di Melchisedech. Da qui risulta che il sacerdozio di Gesù è superiore a quello della classe di Levi. Melchisedech in realtà, come Gesù, era contemporaneamente sacerdote e re della pace. Il sacerdozio di Gesù, come quello di Melchisedech, non dipende dal fattore ereditario, ma è eterno; in-

---

[376] Cf ΤΡΕΜΠΕΛΑΣ Π., Δογματική, Β', 161; per tutto l'argomento inerente al sacerdozio di Cristo vedi anche BOULGAKOF S., *Du Verbe* 269-346.
[377] Cf ΜΑΤΣΟΥΚΑΣ Ν., Δογματική, Β', 300.
[378] Cf *Ibid*, 303; vedi anche BOULGAKOF S., *Du Verbe*, 269-272.
[379] Cf ΤΡΕΜΠΕΛΑΣ Π., Δογματική, Β', 161.

fatti, ignorando la provenienza e la nascita di Melchisedech, ci vuole dire che il suo sacerdozio non avrà fine. Inoltre Gesù, prefigurato in Melchisedech, è superiore alla classe levitica sia perché gli sono state offerte le decime e sia perché egli stesso benedice Abramo, ossia il capostipite del popolo eletto. In questo senso il sacerdozio di Gesù Cristo è superiore al sacerdozio dell'Antico Testamento[380].

Sin dall'inizio la Chiesa ha riconosciuto Gesù come il sommo sacerdote che intercede presso il Padre per noi, ci protegge e viene in aiuto alle nostre debolezze. Gesù non solo è il sacerdote, ma al tempo stesso egli è la vittima che diventa per noi come la porta del Padre dalla quale entrano i patriarchi, i profeti, gli apostoli e tutti i membri della Chiesa. Per la teologia ortodossa, basata sulla tradizione della Chiesa e dei Padri, è chiaro che Gesù è contemporaneamente il sommo sacerdote, la vittima, l'altare del sacrificio, l'offerente e l'offerta[381]. Se non ci fosse stato il sacrificio di Gesù, nostro sommo sacerdote, il suo insegnamento e le sue opere sarebbero state prive di valore per noi. Come per la dignità profetica, anche per quella sacerdotale il fondamento e l'importanza principale deriva dal fatto che Gesù Cristo è il Figlio di Dio unito ipostaticamente alla nostra natura umana. Solo perché Gesù è Dio e uomo può essere il mediatore tra Dio e l'umanità[382].

Gesù, in quanto mediatore, era in comunione sia con Dio che con gli uomini. Se Gesù fosse stato solo uomo, sarebbe stato, come tutti gli altri, incapace di operare la riconciliazione, se invece fosse stato solo Dio nessuno degli uomini avrebbe osato avvicinarlo; non sarebbe stato mediatore se fosse stato solo Dio o soltanto uomo. Siccome Gesù in quanto sommo sacerdote doveva mediare tra due

---

[380] Cf ΤΡΕΜΠΕΛΑΣ Π., Δογματική, Β', 161-162; ΜΑΤΣΟΥΚΑΣ Ν., Δογματική, Β', 303-304.
[381] Cf ΤΡΕΜΠΕΛΑΣ Π., Δογματική, Β', 162-163 e ID., Δογματική, Γ', 225-231; AGHIORGOUSSIS M., The Dogmatic Tradition, 164; BOULGAKOF S., Du Verbe, 269-272. ΚΑΡΜΙΡΗΣ Ι., Σύνοψις, 62-63.
[382] Cf ΤΡΕΜΠΕΛΑΣ Π., Δογματική, Β', 159.

nature diverse, doveva essere vicino ad ambedue. L'importanza perciò del suo sacerdozio deriva dalla sua unione ipostatica in quanto egli, essendo per natura Dio, ha assunto la natura umana per parlare agli uomini e per avvicinarli a Dio[383].

b) *L'urgenza*

Nessuna cosa era così urgente quanto la riconciliazione degli uomini con Dio. L'uomo infatti era stato creato per essere l'amico di Dio e quindi in comunione con lui. Solo in questa amicizia l'uomo si sarebbe sentito pienamente felice e avrebbe realizzato il proprio fine[384].

L'uomo però non ha potuto raggiungere il fine per cui era stato creato, in quanto con il peccato si era rotta la sua amicizia con Dio fino al punto di non poter più contemplare il sommo ed eterno bene. Ora, per uscire da questa situazione di peccato e quindi di rottura, c'era bisogno della riconciliazione con Dio[385].

In ogni religione questo bisogno e questa urgenza di riconciliazione si evidenziava negli infiniti sacrifici, offerti in modo sistematico a Dio. A Dio si voleva offrire la cosa più preziosa che si possedeva; gli uomini hanno constatato che questa cosa non poteva essere altro che la propria vita. Ora non potendo offrire a Dio la propria vita, offrivano al suo posto le vittime degli animali irrazionali. Lo spargimento di sangue era accettato da Dio come sostituzione di valore analogo a quello della vita umana. Nella mentalità del tempo era molto forte l'idea che senza questi sacrifici di sangue, non ci poteva essere il perdono dei peccati e quindi la riconciliazione[386].

---

[383] Cf ΤΡΕΜΠΕΛΑΣ Π., *Δογματική*, Β', 167.
[384] Cf *Ibid*, 165.
[385] Cf *Ibid*.
[386] Cf *Ibid*, 165-166.

Ora, come dice chiaramente la lettera agli Ebrei, siccome era impossibile che il sangue dei tori potesse togliere il peccato, era evidente che tutti questi sacrifici di espiazione erano puramente delle prefigurazioni e quindi dei simboli ed immagini dell'unico sacrificio di Cristo. Come si è visto sopra, Gesù a differenza degli animali, e contrariamente a certe teorie, aveva piena coscienza del sacrificio che stava per compiere e liberamente, quindi volontariamente, l'ha offerto al Padre. Ora come gli animali irrazionali privi di coscienza e di libertà avrebbero ottenuto la riconciliazione? Il sacrificio infatti ha valore ed è quindi gradito se e nella misura in cui è compiuto coscientemente e liberamente. Ora solo il sacrificio di Gesù Cristo, il mediatore per eccellenza, aveva queste due prerogative. Per questo il suo è il sacrificio più perfetto, il più gradito e quindi veramente definitivo in quanto riconcilia davvero Dio con l'umanità, e l'umanità con Dio[387]. Con il sacrificio di Dio-uomo cessa l'esistenza e l'urgenza di ogni altro sacrificio.

2. *Ulteriori riflessioni sul sacerdozio di Gesù*
a) *L'amore fondamento del sacerdozio di Gesù Cristo*

Gesù Cristo, in quanto sommo sacerdote, fu inviato nel mondo solo e soltanto per puro amore e libera gratuità di Dio. Non c'è dubbio che secondo Trembelas tutto è basato sull'amore e sulla libertà di Dio uno e trino. Infatti, come si è detto sopra, è per puro amore verso il mondo peccatore che Dio ha inviato il suo Figlio come mediatore e sommo sacerdote della Nuova ed eterna alleanza.

Dio ha voluto la nostra riconciliazione con lui attraverso la redenzione del suo Figlio sin dall'eternità. Dio ci ha amati da sempre; anche dopo il peccato e, nonostante il peccato dell'uomo, egli ha continuato ad amarci senza che subentrasse nessun mutamento nel

---

[387] Cf ΤΡΕΜΠΕΛΑΣ Π., *Δογματική* Β'. 166; ΙΩΑΝΝΙΔΟΥ Β. Χ. - ΣΚΟΥΤΕΡΗ Β. Κ., *Κατήχησις* 61-62.

suo amore per noi. Quest'amore di Dio si evidenzia nella morte redentrice del suo Figlio. È per amore infatti che il Padre consegna alla morte per noi il suo Figlio unigenito affinché al tempo stesso soddisfacesse anche la divina giustizia e la santità offesa a causa della nostra trasgressione[388]. Per Trembelas, però, anche se è inclusa la soddisfazione della giustizia e della santità divina, l'accento è posto soprattutto sull'amore di Dio per il genere umano. Lo smisurato amore di Dio si vede dal fatto che per primo ci ha amati fino al punto che non ha risparmiato il proprio figlio, ma l'ha consegnato per noi peccatori, cioè per delle persone che non hanno mostrato il dovuto amore, rispetto e sottomissione a lui[389].

Gesù Cristo a sua volta è per un amore altrettanto libero e gratuito che accetta di diventare al tempo stesso il nostro sommo sacerdote e la vittima sacrificata. Si è già visto come egli avesse coscienza di ciò e come egli liberamente l'abbia accettato. Gesù, accettando la volontà del Padre, ha offerto liberamente se stesso; infatti, come egli stesso ha detto, nessuno aveva il potere di togliergli la vita. Il sommo sacerdote liberamente, ma anche per puro amore, forte affetto e profonda solidarietà con noi, ha accettato il sacrificio continuo della sua vita fino alla morte[390]. L'amore verso i peccatori spinge dunque Cristo fino all'accettazione della morte per la loro salvezza. L'amore di Gesù non è un amore che condanna come quello dei farisei, ma un amore che costantemente salva fino all'ultimo suo respiro; è l'amore infatti che lo spinge a consolare le pie donne, a perdonare i suoi crocifissori e ad aprire le porte del paradiso al ladrone pentito[391]. È un amore altruistico che lo porta a dimenticare se stesso per salvare gli altri. C'è reciprocità tra

---

[388] Cf ΤΡΕΜΠΕΛΑΣ Π., Δογματική, Α'. 198. 224 e ID., Ὑπόμνημα εἰς τὰς Ἐπιστολὰς τῆς Καινῆς Διαθήκης, Α'. Ἀθῆναι 1956. 68-70.
[389] Cf ID., Δογματική, Β'. 33; BOULGAKOF S., *Du Verbe*, 278-285.
[390] Cf ΤΡΕΜΠΕΛΑΣ Π., Δογματική, Β'. 68-69. 171. Cf BOULGAKOF S., *Du Verbe*, 279-288.
[391] ΤΡΕΜΠΕΛΑΣ Π., *Ἰησοῦς ὁ ἀπὸ Ναζαρέτ*, 262.

l'amore del Padre e l'amore del Figlio; se da una parte il Padre, secondo il suo eterno progetto salvifico, invia il Figlio unigenito per amore verso i peccatori, il Figlio, dall'altra, accetta per amore il volere paterno e per amore verso i peccatori offre se stesso come vittima di espiazione.

Come si è detto sopra, Gesù a causa della sua natura divina è sempre unito al Padre. Secondo Trembelas l'enigmatica espressione di Gesù sulla croce riguardo all'abbandono di Dio, non è da considerarsi come un castigo di Dio Padre che abbandona il Figlio separandosi da lui. Si tratta piuttosto sia di un abbandono della protezione divina, che di un abbandono affettivo. In quel momento, Gesù, essendo sfinito, sente che l'amore di Dio Padre si è allontanato da lui. La prova che non si tratta di una separazione della natura divina dalla natura umana al momento della crocifissione, è il fatto che anche dopo la morte il corpo di Gesù è rimasto incorrotto[392].

b) *L'estensione del sacerdozio di Gesù Cristo*

Trembelas, pur chiamando eterno il sacerdozio di Gesù Cristo, afferma tuttavia che non bisogna dimenticare che il Signore è diventato il sommo sacerdote con la sua incarnazione. Il sacerdozio di Gesù Cristo dunque non preesisteva, ma dal momento che il Verbo si è unito ipostaticamente alla nostra natura umana, le rimarrà unito per l'eternità. Di conseguenza anche la dignità del sommo sacerdozio, essendogli stata conferita attraverso l'unione ipostatica, gli rimarrà in eterno perché egli sarà per tutta l'eternità il nostro intercessore presso il Padre[393].

---

[392] Cf ΤΡΕΜΠΕΛΑΣ Π., Δογματική, Β', 113; ID., Ὑπόμνημα κατὰ Ματθαῖον Εὐαγγέλιον,' Ἀθῆναι 1958, 494.
[393] Cf ΤΡΕΜΠΕΛΑΣ Π., Δογματική, Β', 188; BOULGAKOF S., *Du Verbe*, 339-340.

Il sacerdozio di Gesù Cristo, dunque, inizia con l'incarnazione e si estende al futuro escatologico. Anche le conseguenze di questa dignità sacerdotale dureranno per l'eternità[394]. Il sommo sacerdote sin dall'inizio della sua esistenza terrena ha incominciato ad offrire il suo sacrificio al Padre; esso non si limita e non consiste quindi nella sola passione e morte, ma si concretizza soprattutto nella perfetta obbedienza al Padre[395]. La storia del sommo sacerdote che offre il suo sacrificio al Padre non inizia dunque al momento della croce, ma si estende a tutta la vita di Gesù che è una passione in crescendo fino alla croce che ne costituisce il culmine e il coronamento[396].

Già nell'AT infatti si evidenziava che Dio non voleva tanto i sacrifici e gli olocausti, quanto piuttosto l'ascolto fedele della sua Parola. A Dio erano graditi solo i sacrifici nei quali c'era coerenza e armonia tra le parole e la vita e tra l'intelligenza, l'etica e la spiritualità umana evidenziate nella totale obbedienza a lui. È per questo che il sacrificio della croce era stato gradito al Padre, non perché egli si compiace dei sacrifici umani e del sangue versato, ma perché nel sacrificio della croce c'è stato il culmine ed il compimento splendido dell'obbedienza che il Figlio, lungo tutta la sua vita terrena, ha mostrato verso il Padre. Gesù infatti era venuto per compiere la volontà del Padre; per questo il suo sacrificio di sommo sacerdote è iniziato quando è entrato nel mondo e si è compiuto con la sua morte, il compimento della costruzione del suo edificio di obbedienza[397].

L'obbedienza di Gesù è di due tipi: obbedienza passiva, in quanto ha sopportato la passione come un agnello, e obbedienza at-

---

[394] Cf ΤΡΕΜΠΕΛΑΣ Π., *Δογματική*, Β', 188.
[395] *Ibid*, 169: "'Αλλ'ή θυσία τοῦ Θεανθρώπου δὲν πρέπει νὰ περιορίζεται εἰς μόνον τὸ πάθημα καὶ τὸν θάνατον αὐτοῦ. Περιλαμβάνει τὴν ὅλην ζωὴν αὐτοῦ καὶ εἶναι θυσία τελείας ὑπακοῆς πρὸς τὸν Πατέρα".
[396] Cf *Ibid*.
[397] Cf *Ibid*, 170.

tiva in quanto, come si è visto, Gesù l'ha accettata volontariamente e liberamente[398]. L'opera del sommo sacerdote, secondo Trembelas, non finisce con la sua passione, ma continua anche nei cieli. Egli infatti nella sua natura umana, prega continuamente il Padre per noi[399]. Il sacrificio di Gesù Cristo in realtà fu pienamente gradito al Padre il quale ci ha giustificati. L'indicazione certa dell'accettazione del sacrificio di Gesù è stata la sua risurrezione. Con la sua ascensione al cielo, avvenuta con la nostra natura umana, dimostra che egli (Gesù), ha aperto la via di comunicazione tra il Dio uno e trino e gli uomini. Con l'ascensione infatti abbiamo il nostro sommo sacerdote presso il Padre; Gesù essendo perfettamente Dio, ma anche perfettamente uomo glorificato agisce da mediatore e da difensore "παράκλητος" a nostro favore[400].

Secondo Trembelas quando si afferma che Gesù continua il suo sommo sacerdozio e la sua mediazione anche dopo che è entrato nel santo dei santi, ciò non significa che la sua missione terrena era incompleta, ma al contrario essendo stata completa, il Padre, compiaciuto del Figlio, gli ha aperto la via del cielo dove è entrato come nostro precursore. Il suo sacerdozio e la sua mediazione sono necessarie non perché il suo sacrificio sacerdotale sia stato incompleto, ma perché sono incompleti e quindi imperfetti i credenti, coloro, cioè, che sulla terra lottando contro il peccato, cadono a causa della loro debolezza. Questi hanno continuamente bisogno dell'aiuto della divina misericordia che viene loro ottenuta tramite la grazia di colui nel quale il Padre si è compiaciuto: Gesù Cristo, l'eterno e il sommo sacerdote[401].

Secondo Trembelas non si può sapere in che modo Gesù intercede per noi, se cioè attraverso le parole o attraverso la realtà della ripresentazione della sua morte anche nei cieli; quello che si può di-

---

[398] Cf ΤΡΕΜΠΕΛΑΣ Π., Δογματική, Β', 170.
[399] Cf Ibid, 186.
[400] Cf ID., 'Ο μέγας 'Αρχιερεύς, 89.
[401] Cf ID., Δογματική, Β', 187.

re con certezza è che egli intercede per noi in quanto nostro sommo capo e sacerdote[402].

Il sacerdozio di Gesù Cristo, dunque, inizia con la sua unione ipostatica, si compie con la sua passione sulla croce e continua nell'eternità in un modo a noi ignoto. Alla fine dei tempi Gesù Cristo come sommo sacerdote offrirà l'eterno inno e l'incessante adorazione a Dio con il suo corpo mistico, cioè i fedeli santificati, accettando da essi, anche lui, in quanto Verbo, questo inno di lode e questa adorazione[403].

Concludendo si può ribadire che il fondamento della dignità sacerdotale di Gesù Cristo è la sua unione ipostatica. Solo perché è contemporaneamente Dio e uomo che come sommo sacerdote "ἀρχιερεύς" Gesù può elevare a Dio il sacrificio di espiazione e quindi il sacrificio che rappresenta la nostra persona "ἀντιπροσωπευτικῆς θυσίας" come mediatore "μεσίτης" tra Dio e l'umanità. A causa della sua unione ipostatica egli è al tempo stesso il sacerdote, ossia colui che intercedendo presso Dio sacrifica "θύτης", l'altare "θυσιαστήριον", la vittima "θῦμα" e il sacrificio "θυσία".

Il sacrificio di Gesù non ha soltanto un valore negativo ossia non soltanto ha soddisfatto la giustizia divina eliminando il peccato dell'uomo, ma ha anche un aspetto positivo in quanto con la sua morte arricchisce l'uomo della sua grazia fino al punto di operare la sua divinizzazione "θέωσις". Infine il sommo sacerdozio di Gesù Cristo non si limita soltanto al momento del grande sacrificio, ma si estende lungo tutto l'arco della sua esistenza terrena e ultraterrena. Sin dall'inizio della sua esistenza terrena ha offerto volontariamente al Padre il suo sacrificio di obbedienza; il suo sacerdozio si prolunga anche dopo la sua morte, e quindi nella sua esistenza ultraterrena

---

[402] Cf ΤΡΕΜΠΕΛΑΣ Π., Δογματική, Β', 188 e ID., Ὁ αἰώνιος Ἀρχιερεύς, ἐν Ζωῇ 30 (1940) 100.
[403] Cf ΤΡΕΜΠΕΛΑΣ Π., Ὁ αἰώνιος Ἀρχιερεύς, 188; ΑΝΔΡΟΥΤΣΟΥ Χρ., Δογματική, 203.

non perché esso non sia già stato perfetto e completo, ma perché la fede di coloro che hanno aderito a lui è imperfetta. In un modo a noi ignoto, il nostro sommo sacerdote, nostra primizia, continua ad esercitare il suo sacerdozio a favore dei suoi seguaci indeboliti dalle prove della vita e soprattutto dalla bruttura del peccato. Gesù Cristo, il nostro sommo sacerdote, sconfiggendo definitivamente la morte, è entrato con la sua umanità nella gloria eterna ed è diventato per sempre anche il nostro sommo re.

C. Il sommo re

La teologia ortodossa non si stanca di insistere che tra le tre dignità di Gesù Cristo c'è un legame armonioso; il Signore infatti ha preso possesso del trono regale come sommo re non semplicemente dopo la sua passione bensì mediante la sofferenza della croce. L'obbedienza di Gesù Cristo, essendosi perfezionata e incoronata al momento della crocifissione, fu il motivo per cui Dio ha innalzato il suo Figlio dandogli il nome che è al di sopra di ogni altro nome[404].

Cristo che già sin dall'incarnazione è nato come re (cf Mt 2,2) con la sua morte e risurrezione ha portato a compimento la sua regalità divenendo per noi il nostro sommo re il cui regno non avrà mai fine. Le prime manifestazioni della regalità di Gesù Cristo si evidenziano sia nel compimento della legge e nei nuovi legami con la sua Chiesa attraverso i sacramenti, che ha istituito per rinforzarla, sia anche nell'elezione dei suoi apostoli i quali furono resi partecipi dei poteri del sommo re[405].

---

[404] Cf ΤΡΕΜΠΕΛΑΣ Π., Δογματική, Β', 190.
[405] Cf Ibid, 189; ΜΑΤΣΟΥΚΑΣ Ν., Δογματική, Β', 300; ΙΩΑΝΝΙΔΟΥ Β. Χ.-ΣΚΟΥΤΕΡΗ Β. Κ., Κατήχησις, 62; ΑΝΔΡΟΥΤΣΟΥ Χρ., Δογματική, 209-215; AGHIORGOUSSIS M., The Dogmatic Tradition, 164-165; BOULGAKOF S., Du Verbe, 346-355.

1. *Il fondamento della dignità regale del Signore*

Secondo Trembelas, ai giudei non era sconosciuto l'aspetto regale del Signore; anzi essi aspettavano con ansia il Messia come un re potente che avrebbe distrutto i nemici, che si sarebbe seduto sul trono di Davide suo padre e che avrebbe regnato sul monte Sion per tutti i secoli[406].

Sin dall'inizio del NT s'intravede la dignità regale di Gesù Cristo. Infatti già al momento dell'annunciazione l'angelo Gabriele aveva preannunciato che Dio avrebbe dato al bambino che doveva nascere il trono di Davide, suo padre, e che avrebbe regnato per tutti i secoli senza che il suo regno avesse avuto una fine. Anche i magi sono andati fino a Betlemme per adorare il bambino Gesù come il re dei giudei. Secondo Trembelas, Gesù rifiutava questo titolo perché coloro che glielo attribuivano lo intendevano in un senso totalmente limitato alla realtà politico-terrena; soltanto verso la fine della sua vita terrena, e precisamente nella sua entrata a Gerusalemme (Lc 19,28ss), egli mostra di accettare il titolo di re. Davanti a Pilato (Gv 18,28-40), Gesù, il sommo re, non avendo negato questa sua qualifica, chiarisce in che cosa consiste il suo regno; esso non è un regno di questo mondo, cioè non deriva dai regni umani e non assomiglia ad essi perché il suo regno non è un regno politico basato sulla violenza, ma un regno spirituale basato sulla giustizia e sulla verità. Il regno di Gesù Cristo è un regno di santificazione che si edifica nei cuori di coloro che liberamente lo accettano[407].

Il NT, evidenziando la dignità regale di Gesù Cristo, indica che sono state compiute le profezie di Daniele. Infatti è questo che voleva indicare l'iscrizione: "Gesù il Nazareno il re dei giudei" (Gv 19,19) posta sulla croce e scritta nelle lingue ufficiali di allora. La

---

[406] Cf ΤΡΕΜΠΕΛΑΣ Π., Δογματική, Β', 191.
[407] Cf *Ibid*, 191-192 e ID., Ἰησοῦς ὁ ἀπὸ Ναζαρέτ, 189-191; BOULGAKOF S., *Du Verbe*, 347-355.

sottile precisazione degli evangelisti i quali affermano che tutti i giudei avevano letto l'iscrizione, non è per niente priva di valore (cf Gv 19,19-22). L'iscrizione mostra davvero la regalità di Gesù Cristo, una regalità estesa a tutti i popoli di ogni lingua e nazione; tuttavia essa è una regalità misteriosa e come tale non è da tutti compresa. Trembelas cita anche Giovanni che nell'Apocalisse ci presenta la visione di Cristo glorioso con l'iscrizione "re dei re e signore dei signori" "Βασιλεὺς βασιλέων καὶ κύριος κυρίων" (Ap 19,16). Secondo Trembelas, gli apostoli, chiamando quasi sempre Gesù *Signore*, volevano significare che egli è il principe e il re nel senso proprio ed esclusivo del termine; così Paolo, usando lo stesso appellativo, ha precisato che il Signore regnerà fin quando non avrà messo sotto i suoi piedi tutti i suoi nemici[408].

È in questo senso che i primi cristiani: Barnaba, Giustino, seguiti da Origene, Crisostomo, Ambrogio ed Agostino, hanno interpretato questi brani biblici sottolineando così anche loro la dignità regale del Signore. Secondo loro la dignità regale di Gesù dipende dal suo sacrificio sulla croce. È a lui, in quanto morto e risorto, che fa riferimento il salmo 24,7-10 quando dice alle porte antiche di sollevarsi affinché entri il re della gloria. Cristo poi, pur essendo certamente re, ha rifiutato di essere proclamato re, perché egli non era un re incoronato dagli uomini, ma, al contrario, egli stesso avrebbe dato un regno agli uomini[409].

Anche la dignità regale del Signore si fonda dunque sulla sua unione ipostatica. Gesù può essere il re universale poiché egli è il Dio che si è fatto uomo. La sua dignità regale si fonda biblicamente sia nell'AT che nel NT; i primi cristiani e i padri hanno sempre interpretato e difeso la dignità regale del Signore in un senso soprannaturale, spirituale ed universale.

---

[408] Cf ΤΡΕΜΠΕΛΑΣ Π., *Δογματική*, Β', 192.
[409] Cf *Ibid*, 192-193.

2. Le manifestazioni del sommo re

Le prime manifestazioni della dignità regale del Signore si evidenziano già durante il periodo della sua umiliazione. Esse possono essere viste sia nel suo potere legislativo sia nell'istituzione dei sacramenti. Tuttavia queste manifestazioni diventano più evidenti e più comprensibili solo dopo il sacrificio della croce, quando cioè Gesù Cristo è salito glorioso al cielo e quando, dopo la sua risurrezione, è asceso al cielo per sedersi come re "παντοκράτωρ" alla destra del Padre[410].

Lo stato di gloria di Gesù Cristo inizia dal momento stesso in cui ha detto che tutto è stato compiuto "τετέλεσται". Per Trembelas lo stato di gloria inizia subito; segno di questa nuova realtà è il sangue e l'acqua che scaturiscono dal costato di Cristo. Con la morte di Gesù è avvenuto subito qualcosa di nuovo, qualcosa che in genere va contro il corso naturale del cadavere; infatti il sangue di un morto generalmente si coagula subito, mentre il sangue di Cristo, se invece di coagularsi ha potuto scorrere seguito dall'altro segno, l'acqua, è indice che esso è diventato liquido ossia l'opposto di ciò che avviene nel corso naturale di un corpo inanimato. Questo fatto evidenzia che con la morte di Gesù Cristo c'è stato subito il passaggio ad una nuova realtà: dalla corruttibilità all'incorruttibilità e dall'umiliazione alla gloria[411].

La maggioranza dei teologi ortodossi ritiene che l'anima di Gesù Cristo non fu abbandonata agli inferi come l'anima di ogni giusto; poiché Pietro stesso attribuisce la profezia di Davide al Signore, la teologia ortodossa ritiene che Gesù con la sua morte ha dato inizio al suo stato glorioso. Secondo Pietro non solo si è realizzata la profezia di Davide quando diceva che Dio non avrebbe abbandonato la sua anima negli inferi e che non avrebbe permesso che il suo ser-

---

[410] Cf ΤΡΕΜΠΕΛΑΣ Π., *Δογματική*, Β'. 194; BOULGAKOF S., *Du Verbe*, 355.
[411] Cf ΤΡΕΜΠΕΛΑΣ Π., *Δογματική*, Β'. 194-195.

vo vedesse la corruzione (cf Sal 15,10), ma anzi le dona nuove energie vivificatrici (cf At 2,31; 1Pt 3,18)[412].

Con la risurrezione di Gesù Cristo si è reso manifesto il suo stato glorioso a tutti gli uomini, sia vivi che defunti. Gesù Cristo, quale sommo re, ha ricevuto nelle sue mani le chiavi della vita e della morte. Nella risurrezione di Gesù Cristo abbiamo la garanzia che ormai la nostra redenzione è stata compiuta e che senz'altro prenderemo anche noi parte alla gloria del suo regno. Infatti la natura umana di Gesù, non essendo stata assorbita dalla sua natura divina, è prova sicura che nella sua persona divina sarà elevata tutta la nostra natura umana. Ogni uomo che si è incorporato a lui, nostro capo, verrà innalzato, glorificato e soprattutto divinizzato[413].

3. *La continuazione della dignità regale del Signore*

Con la sua ascensione nei cieli Cristo è seduto alla destra del Padre, ossia egli riceve dal Padre ogni potere sui cieli e sulla terra. Il potere che Gesù Cristo riceve dal Padre, come sommo re dopo la sua risurrezione, si deve distinguere dal potere regale che possedeva come Verbo preesistente e coeterno al Padre, per esempio il potere che aveva nel creare il mondo. Gesù Cristo infatti, dopo la sua ascensione alla destra del Padre, riceve ogni potere anche nella sua natura umana; egli cioè riceve ed esercita ogni potere in quanto "Θεάνθρωπος" (Dio-uomo) e non soltanto in quanto Dio[414].

Gesù Cristo, asceso al cielo, non si è messo a riposo, ma, come egli stesso aveva detto, opera come il Padre. Cristo, cioè, dal cielo continua a esercitare la sua dignità regale nella Chiesa con lo scopo specifico di radunare durante le diverse generazioni le pecore disperse in un unico gregge. Gesù Cristo, essendo il sommo re, conti-

---

[412] Cf ΤΡΕΜΠΕΛΑΣ Π., *Δογματική*, Β'. 194-195.
[413] Cf *Ibid*, 197-198.
[414] Cf *Ibid*, 199.

nua a governare e a proteggere la Chiesa, sua sposa e suo corpo mistico, attraverso la sua Parola e il suo Spirito, facendo circolare in essa la sua medesima energia vivificatrice. Ora tutto questo avviene non soltanto a livello generale, ma anche con ogni singolo membro della chiesa. Infatti ognuno dei membri di questo corpo mistico può entrare in comunione diretta col Signore, suo sommo re, e godere della sua protezione[415].

Nella dignità regale del Signore secondo Trembelas si evidenzia ancora maggiormente il suo rapporto trinitario con il Padre e lo Spirito Santo. Infatti la santificazione interiore dei membri del suo corpo mistico è operata attraverso lo Spirito Santo che Gesù glorificato chiede al Padre affinché ce lo doni e anzi, anche nel suo nome, il sommo re ci manda lo Spirito. In questo senso si potrebbe dire che Gesù Cristo, il Verbo fatto carne, sia prima della sua incarnazione, sia durante e dopo la sua esistenza terrena, ossia nel suo stato di sommo re definitivamente vittorioso, non cessa di essere in relazione con le altre due persone della SS. Trinità[416].

Il dominio di Cristo re non è rinchiuso entro i confini della sua Chiesa, ma è esteso a tutta l'ecumene. Se da una parte nessuno può strappare dalle sue mani le proprie pecore che cura non soltanto sulla terra, ma anche dopo che ha dato (o darà) loro la vita eterna, dall'altra, il suo dominio è aperto a tutti poiché egli vuole sconfiggere definitivamente il male su tutta la terra. Egli infatti, in quanto sommo re, ha garantito che la fine della lotta non sarà altro se non il trionfo totale del suo regno[417].

La sconfitta definitiva del regno del male ci sarà con l'ultima attività regale di Gesù Cristo, sommo re. Nella seconda parusia, infatti, il "Θεάνθρωπος" emetterà con forza e potenza il suo giudizio definitivo ed universale; da quel momento ognuno saprà con certezza a quale stato appartiene. Con la seconda parusia, si verificherà

---

[415] Cf ΤΡΕΜΠΕΛΑΣ Π., Δογματική, Β', 200.
[416] Cf *Ibid*, 201.
[417] Cf *Ibid*, 201-202.

in pieno la parabola delle mine (cf Lc 19,11-27; Mt 25,14-30) descritta da lui stesso durante il suo stato di umiliazione nella sua esistenza storico-terrena. Gesù Cristo, infatti, come l'uomo di nobile stirpe "εὐγενὴς" che dovendo andare in un paese lontano per ricevere il titolo di re "βασιλεὺς", ritornerà nel suo regno "βασιλεία", regnerà su tutti quanti e quindi anche su coloro che l'odiavano e chiederà conto a ciascuno dell'impiego fatto nei riguardi dei suoi beni o sostanze "ὑπάρχοντα". Come quel re, anche Gesù Cristo, il sommo re, nella sua seconda parusia, dopo il giudizio universale, presenterà al Padre quelli che troverà degni, insieme con il regno, ed anzi egli stesso si sottometterà al Padre per essere tutto in tutti[418].

Quando si dice che il re stesso, ossia Gesù Cristo, si sottometterà al Padre, non bisogna pensare a un'eventuale sottomissione servile perché egli, in quanto Figlio di Dio, ha ogni libertà e ogni potere. Egli consegna il regno come colui che consegna un'opera compiuta rendendone partecipe il Padre. Con la consegna del regno al Padre, non diminuisce affatto la divina ipostasi del Figlio e neppure si oscura il suo splendore. Infatti il re dell'umanità rinata e glorificata continuerà a splendere per l'eternità sia come suo capo, sia come primogenito di molti fratelli. Egli trasformerà il corpo umiliato dell'umanità in corpo di gloria conformandolo al suo. In questo modo il regno di Gesù Cristo non avrà fine e il suo trono durerà per i secoli eterni[419].

Concludendo si può ribadire che Gesù Cristo, pur essendo re sin dall'inizio della sua unione ipostatica, per paura di essere malinteso ha usato con molta prudenza questo titolo.

I giudei aspettavano con ansia il Messia come re potente che si sarebbe seduto sul trono di Davide e che avrebbe schiacciato i nemici. Il NT, pur presentando subito Gesù Cristo in quest'ottica, ossia come colui che sin dall'incarnazione è il re atteso e quindi co-

---

[418] Cf ΤΡΕΜΠΕΛΑΣ Π., Δογματική, Β'. 203; BOULGAKOF S., *Du Verbe*, 355-357.
[419] Cf ΤΡΕΜΠΕΛΑΣ Π., Δογματική, Β'. 203.

lui che porta a compimento le promesse, cerca tuttavia di mettere in rilievo la qualità del regno di Gesù Cristo. Il suo regno, infatti, è un regno spirituale, basato sulla giustizia e verità; non è un regno di questo mondo, ma un regno che ha la sua origine in Dio. È per questo che Gesù è molto cauto nell'usare o accettare questo titolo. Il suo regno infatti non è un regno politico, egli non è venuto per portare una liberazione e un dominio esteriore e quindi politico, bensì una liberazione e un dominio spirituale e quindi universale.

La dignità regale di Gesù fu espressamente affermata verso la fine della sua vita, tuttavia fu solennemente manifestata per la prima volta soltanto subito dopo la sua morte, ossia con la sua discesa agli inferi; egli infatti, sconfiggendo la morte, è sceso agli inferi, non come ogni uomo, bensì come re glorioso per annunciare la buona novella a coloro che erano ormai totalmente corrotti e quindi privi di ogni speranza. L'ultima, la più gloriosa e solenne manifestazione della dignità regale del Signore avverrà nella seconda parusia con il giudizio universale.

Conclusione

Le tre dignità del Signore: profetica, sacerdotale e regale, sono strettamente legate ed interdipendenti. Non si può dire che l'una sia più importante dell'altra poiché tutte e tre si pongono sullo stesso livello. Tutt'al più si può dire che la dignità sacerdotale di Gesù, in quanto riassume in se stessa le altre due, ne costituisce il centro ed il culmine.

La triplice dignità del Signore ha il suo fondamento e il suo valore soltanto a partire dalla divinità della sua persona e quindi a causa della sua unione ipostatica con la nostra natura umana. Gesù Cristo, il Figlio eterno del Padre, che ha assunto nella sua ipostasi divina la nostra natura umana, essendo in piena comunione con Dio Padre e con lo Spirito Santo, è il profeta per eccellenza. A differenza degli altri profeti, soltanto Gesù Cristo, Dio fatto uomo, può parlarci in nome di Dio con un'autorità divina. Inoltre l'obiettivo delle profezie di Gesù Cristo, sommo profeta, è lui stesso, ossia la sua persona della quale con insistenza parlavano tutti i profeti prima di lui.

Gesù Cristo è il sommo sacerdote che coscientemente offre se stesso, per amore, a nostro favore. Nel sacerdozio di Gesù c'è la manifestazione del Padre verso di noi perché non risparmia il suo Figlio per noi e al tempo stesso c'è l'epifania sublime dell'amore del Figlio per noi peccatori. Punto di partenza del sacerdozio di Gesù Cristo è la sua unione ipostatica, ma da lì si estende a tutto l'arco della sua vita storica e metastorica. Egli è contemporaneamente sacerdote e vittima, l'offerente e l'offerta che da sempre offre al Padre il sacrificio a lui gradito ossia la sottomissione volontaria della sua divina volontà.

Se la dignità profetica e la dignità sacerdotale di Gesù Cristo sono molto evidenti nel suo stato di umiliazione, la sua dignità regale è più evidente nel suo stato di gloria, ma l'uso definitivamente solenne della sua gloria sarà esercitato soltanto nella seconda parusia. Il suo regno è un regno spirituale, regno di pace e di giustizia, regno di mitezza che abbraccia tutta l'ecumene e durerà per tutta l'eternità; esso allora non è un regno di predominio politico, di violenza o di lotta di classe.

CAP. IX
IL MISTERO PASQUALE

Introduzione

Nel mondo ortodosso la Pasqua di Gesù Cristo costituisce la festa delle feste. Gesù Cristo si è offerto coscientemente nel sacrificio della croce per salvare l'umanità intera. Egli agisce non per costrizione ma per amore e solidarietà con il genere umano; Gesù, che sin dall'inizio della sua esistenza terrena si è offerto a noi compiendo così la volontà del Padre, ha coronato il dono totale di sé con la morte cruenta sulla croce[420].

Gesù Cristo con la sua vittoria sulla morte ha ricevuto le chiavi della vita e della morte. Mentre da un lato la risurrezione di Gesù diventa la conferma più certa che il suo sacrificio sulla croce fu gradito e accettato dal Padre, dall'altro essa è garanzia sicura che ormai la nostra redenzione è stata compiuta in quanto furono vinte definitivamente la morte e la corruzione derivateci dal peccato di Adamo[421].

A. Sacrificio di espiazione

La teologia ortodossa insiste che non occorre accentuare l'offesa che l'umanità ha recato alla divinità come nel caso della teoria anselmiana perché in questo modo non si dà il dovuto posto all'amore misericordioso di Dio, che secondo S. Giovanni si evidenzia per il fatto che non noi abbiamo amato Dio, ma egli ci ha

---

[420] Vedi sopra per la coscienza di Gesù riguardo al suo sacrificio.
[421] Cf ΤΡΕΜΠΕΛΑΣ Π., Δογματική, Β', 198.

amati per primo e ha mandato il suo Figlio per l'espiazione dei nostri peccati[422].

Secondo la teologia ortodossa Anselmo trascura l'aspetto positivo del sacrificio espiatorio; egli cioè non considera per niente il fatto della divinizzazione della nostra umanità attraverso l'umanità di Gesù Cristo, nostra primizia. Anselmo non prende in considerazione la nostra unione mistica con la nostra primizia, avvenuta appunto nel sacrificio redentivo. In lui non si evidenzia bene come l'uomo riconciliato partecipi e comunichi anche interiormente ai meriti del sacrifcio del Signore e questo perché Anselmo sottolinea solo l'aspetto esteriore della nostra partecipazione ai meriti del sacrificio redentivo[423].

Contro la teoria di Anselmo, la teologia ortodossa sottolinea che il sacrificio di Cristo non è servito solo per la divina soddisfazione, ossia per una realtà piuttosto esterna all'uomo, ma che da esso deriva anche una fonte di grazie per una nostra partecipazione interiore e più positiva alla redenzione operata da lui. Non abbiamo avuto solo un effetto piuttosto negativo ossia il perdono, l'eliminazione dell'offesa e quindi del peccato, ma abbiamo avuto molto di più. Il sacrificio di Cristo è molto più di una semplice soddisfazione della giustizia divina poiché in essa c'è spazio anche per un arricchimento interiore realizzato grazie all'intercessione del nostro mediatore e sommo sacerdote[424].

La caratteristica principale della concezione soteriologica ortodossa è la nostra ricapitolazione in Cristo e quindi la nostra divinizzazione[425]. Come spiega bene Sertorius: "la concezione ortodos-

---

[422] Cf ΤΡΕΜΠΕΛΑΣ Π., Δογματική, Β', 160.
[423] Cf *Ibid*, 186.
[424] Cf *Ibid*, 184-185.
[425] Infatti ΚΑΡΜΙΡΗΣ I., Σύνοψις, 59 così si esprime: "Τὸν δὲ θεάνθρωπον Λυτρωτὴν νοοῦσιν (i teologi orientali) ὡς τὴν θεάνθρωπίνην κεφαλήν τοῦ ἑνὸς ὀργανισμοῦ συμπάσης τῆς ἀνθρωπότητος, ἐξ ἧς κεφαλῆς διαχέεται ἡ θεία ζωὴ εἰς πάντας τοὺς χριστιανοὺς-μέλη, οἵτινες δίκην κλημάτων μένουσι

sa della redenzione si differenzia dunque da quella occidentale soprattutto per il fatto che i suoi teologi come già un tempo i Padri greci, e specialmente gli alessandrini, non si limitano alla soppressione del peccato e della conseguente colpevolezza - aspetto negativo - e alla conciliazione della creatura con il Creatore... ma, al di là di questo, essi sottolineano soprattutto l'aspetto positivo della salvezza... che si concretizza in una sua (=della natura umana), per così dire, nuova creazione, immortalità e divinizzazione"[426].

Yannaras rifiuta la teoria della divina soddisfazione di Anselmo e di chi la fa sua perché essa cambia la verità di Dio sottomettendo la sua libertà di amore in una necessità di una egocentrica e furibonda giustizia che pretende a tutti i costi una soddisfazione. In questo caso il Dio della Chiesa, da Padre e innamorato folle "ἐραστὴς μανικώτατος" dell'uomo, viene trasformato in un insopportabile giudice e in un minaccioso punitore fino al punto che la sua giustizia gioisce quando vede i peccatori soffrire nell'inferno[427].

In genere la teologia ortodossa rifiuta esplicitamente, eccetto casi sporadici, la teoria anselmiana perché si differenzia fortemente dalla concezione ortodossa la quale sottolinea più l'amore divino e la grandezza di vita offertaci mediante la morte e la risurrezione di Cristo, che non la soddisfazione della giustizia o dell'ira divina[428].

καὶ ζῶσιν ἐν τῷ Χριστῷ ὡς τῇ ἀληθινῇ ἀμπέλῳ, ἧς γεωργὸς ὁ Θεὸς - Πατήρ, κατὰ τὴν παρ' Ἰωάννη γνωστὴν παραβολήν".
[426] SERTORIUS L., *La teologia*, 204.
[427] ΓΙΑΝΝΑΡΑΣ Χρ., *Ἀλφαβήταρι*, 170: "(...) Οἱ ἀλλοιώσεις ποὺ ἐπιφέρει αὐτὴ ἡ θεωρία στὴν πίστη τῆς Ἐκκλησίας εἶναι κυριολεκτικὰ ἀπροσμέτρητες. Ἀλλοιώνει τὴν ἀλήθεια τοῦ Θεοῦ ὑποτάσσοντας τὴν ἐλευθερία τῆς ἀγάπης Του στὴν ἄτεγκτη ἀναγκαιότητα μιᾶς ἐγωκεντρικῆς καὶ θηριώδους δικαιοσύνης ποὺ ἀπαιτεῖ σαδιστικὰ ἱκανοποίηση. Ὁ Θεὸς τῆς Ἐκκλησίας, ἀπὸ Πατέρας καὶ 'ἐραστὴς μανικώτατος' τοῦ ἀνθρώπου, μεταβάλλεται σὲ ἀμείλικτο δικαστὴ καὶ ἀπειλητικὸ τιμωρὸ ποὺ ἡ δικαιοσύνη του εὐφραίνεται (κατὰ τὴν ἄποψη τοῦ Αὐγουστίνου) ὅταν βλέπει τοὺς ἁμαρτωλοὺς νὰ βασανίζονται στὴν κόλαση".
[428] Cf ΑΝΔΡΟΥΤΣΟΥ Χρ., *Δογματική*, 201-204.

Inoltre questa teoria rimane inaccettabile per la sua forte tinta giuridica e per la diversa concezione della sofferenza e della morte[429].

Infatti mentre in oriente la caducità dell'uomo e quindi la sofferenza e la morte sono considerate, secondo Romanidis, come il risultato della lontananza dell'uomo stesso da Dio, in occidente, invece, esse sono ritenute come castigo di Dio. Di conseguenza in occidente l'accento interpretativo della morte di Cristo è posto soprattutto sulla soddisfazione della giustizia divina la quale implicava quasi una certa necessità da parte di Dio. La rivelazione, però, ha sempre evidenziato la libertà, la gratuità di Dio ed anche il suo immenso amore per l'umanità. Infatti non è Dio che castiga l'uomo con la morte, ma è l'uomo che da solo, allontanandosi da Dio, ha subito come conseguenza la sofferenza e la morte[430].

Secondo Yannaras la teoria della soddisfazione è inaccettabile per gli stessi motivi di Romanidis e degli altri teologi ortodossi. Dio, spiega Yannaras, nella sua libertà e nel suo immenso amore, ha voluto trasformare la necessità della morte in cui si è trovata la natura umana in possibilità di incorruttibilità e di immortalità in Cristo, nuovo Adamo[431].

L'uomo è caduto liberamente nella morte perché ha interrotto la sua relazione con il Dio della vita ed ha collaborato con il padre della menzogna, ponendo la sua relazione principale nella sua stessa natura creata e quindi limitata. Gesù Cristo, il nuovo Adamo, con la sua obbedienza al Padre liberamente abbracciata, diede inizio ad un ritorno dell'umanità a Dio. La relazione determinante dell'uomo d'ora in poi non sarà la natura caduca, ma lo sarà la persona del Padre in Cristo, morto e risorto[432].

Secondo Trembelas, in base alla prima lettera di Pietro 1,20, Dio aveva previsto prima della creazione ciò che sarebbe accaduto

---

[429] Cf ΡΩΜΑΝΙΔΗΣ I., Τὸ Προπατορικόν, 28-29.
[430] Cf Ibid, 28-29. 80-89.
[431] Cf ΓΙΑΝΝΑΡΑΣ Χρ., Ἀλφαβητάρι, 166-175.
[432] Cf Ibid, 166-175.

all'uomo e ha prestabilito il mistero di Cristo, il suo sacrificio di sommo sacerdote per la riconciliazione[433]. L'uomo dopo il peccato avrebbe potuto riparare, ma preso dal timore e dal senso di colpevolezza è fuggito lontano da Dio e si è nascosto, anche se, nonostante ciò, dentro di sé avvertiva sempre questo bisogno della riconciliazione. Dio, nella sua infinita misericordia, vedendo lo stato dell'uomo, gli ha teso per primo la mano assicurandolo così che la riconciliazione tanto desiderata era ancora possibile. Infatti questa volontà salvifica di Dio si è evidenziata attraverso l'invio del suo unico Figlio come unico mediatore che doveva porsi tra Dio e noi al fine di ristabilire di nuovo la comunione[434].

Dio ha inviato il suo Figlio come mediatore e sommo sacerdote del Nuovo Testamento solo per puro amore. Tuttavia la riconciliazione con Dio si sarebbe compiuta da Gesù Cristo in piena armonia tra la bontà e la sapienza di Dio da una parte, e la santità e la giustizia di Dio dall'altra[435]. Dio tutto ciò che vuole lo può fare, ma non tutto ciò che può fare lo vuole. In altre parole Dio poteva operare subito la redenzione dell'uomo, ma non voleva fare questo, negando la sua santa ed immacolata natura. Ci deve essere armonia tra la bontà e la giustizia di Dio; è per questo motivo che si rende necessaria l'espiazione[436].

Ora, Trembelas si chiede: come l'uomo peccatore avrebbe potuto espiare il suo peccato attraverso un sacrificio più adeguato? Chi avrebbe potuto santificare gli uomini? Non da se stessi, risponde Trembelas, poiché sono peccatori, ma eventualmente neppure dagli angeli perché non sono santi per natura; infatti la loro santità è partecipata a loro dallo Spirito Santo. Soltanto Dio ha potuto rea-

---

[433] ΤΡΕΜΠΕΛΑΣ Π., Δογματική, Β', 167: (Dio) "εἶχε προαιωνίως οἰκονομήσει τὴν διὰ τοῦ Χριστοῦ ὡς ὑψίστου ἀρχιερέως καὶ τῆς θυσίας αὐτοῦ παροχὴν τῆς διαλλαγῆς".
[434] Cf Ibid.
[435] Cf Ibid, 167-168.
[436] Cf Ibid, 167-168.

lizzare l'espiazione e la redenzione dell'uomo caduto attraverso l'intervento del Figlio suo incarnato che, svuotando se stesso, ha assunto la forma di servo e quindi la nostra medesima natura umana[437].

Secondo Trembelas, non ci si deve scandalizzare quando si sente dire che Dio sulla croce ha punito il peccato nella persona di Cristo e neppure quando si sente che è stata soddisfatta la giustizia divina perché è la Bibbia stessa che proclama Gesù Cristo, sommo sacerdote, colui che sacrifica ed è sacrificato per la salvezza del mondo. Dio, cioè, non castiga il suo Figlio, ma punisce il peccato nella persona del suo Figlio[438].

Con l'immagine di giustizia divina e altre simili la Chiesa, spiega Yannaras, vuole semplicemente significare e quindi indicare l'amore "ἔρωτα" sacrificale di Dio per l'uomo e quindi il rialzamento del creato in relazione vivificante con l'increato, il cessare dell'autonomia esistenziale dell'umanità, in un attingere vita dalla comunione agapica[439].

---

[437] Cf ΤΡΕΜΠΕΛΑΣ Π., Δογματική, Β', 168-169.
[438] Cf ID., Ἡ διὰ τοῦ Χριστοῦ ἐξιλέωσις, 398; ID., Ἰησοῦς ὁ ἀπὸ Ναζαρέτ, 277; ΑΝΔΡΟΥΤΣΟΥ Χρ., Δογματική, 198-202.
[439] ΓΙΑΝΝΑΡΑΣ Χρ., Ἀλφαβητάρι, 168: "Μιλᾶμε γιὰ 'υἱοθεσία', γιὰ 'καταλλαγή', γιὰ 'λύτρο', γιὰ 'ἐξαγορά', γιὰ 'δικαίωση'. Στὸν καθημερινό μας βίο οἱ εἰκόνες αὐτὲς λειτουργοῦν μᾶλλον ὑποταγμένες στὴ νοοτροπία τῶν σχέσεων δοσοληψίας, ἀτομικῆς ἀποκατάστασης, ὑποκειμενικῆς κατοχύρωσης. Ἡ Ἐκκλησία ὅμως μὲ τὶς ἴδιες αὐτὲς ἔννοιες θέλει νὰ σημάνει τὸ θυσιαστικὸ ἔρωτα τοῦ Θεοῦ γιὰ τὸν ἄνθρωπο, τὴν παλινόρθωση τοῦ κτιστοῦ στὴ ζωοποιὸ σχέση μὲ τὸ ἄκτιστο, τὴν παραίτηση ἀπὸ τὴν ὑπαρκτικὴ αὐτονομία τῆς ἀτομικότητας, τὴν ἄντληση ζωῆς ἀπὸ τὴν ἀγαπητικὴ κοινωνία. Εἶναι λοιπὸν καίριο πρόβλημα, τὸ πῶς θὰ ἐκλάβουμε αὐτὲς τὶς εἰκόνες: μὲ τὴν πτωτικὴ σημασία τους ἢ στὴν ἐκκλησιαστική τους προοπτική".

B. Il grido dell'abbandonato

La misteriosa esclamazione o meglio il grido di Gesù sulla croce, riguardante l'abbandono di Dio, è interpretata in maniera diversa dai teologi ortodossi; c'è chi, come Trembelas, afferma che non può essere intesa come una separazione momentanea dell'unione ipostatica, ma come un ritiro da parte di Dio della sua protezione nei riguardi del Figlio; Gesù, cioè, non si sentiva più protetto dal Padre. Non si tratta, secondo una rappresentanza della teologia ortodossa, di un abbandono di Dio perché non si può assolutamente ammettere un'eventuale separazione neppure temporanea tra le due nature di Cristo unite ipostaticamente. Secondo Trembelas la dimostrazione della non scissione delle due nature è l'incorruttibilità della natura umana di Cristo anche dopo la morte, tanto è vero che andando d'accordo con S.Gregorio di Nissa, Trembelas porta come prova il fatto che Gesù ha potuto condurre il buon ladrone in paradiso. Gesù Cristo come uomo ha versato il suo sangue per noi, ma poiché la sua natura umana era unita ipostaticamente a quella divina, si deve affermare che il sangue versato dall'uomo Gesù era sangue del Theanthropos, ossia dell'unica e della medesima persona del Verbo in quanto le sue due nature erano unite ipostaticamente senza che ci sia mai stata una separazione[440].

Ware, invece, interpreta diversamente questa esclamazione; secondo lui il grido sulla croce va compreso come un'autentica esperienza da parte di Gesù della morte spirituale che consiste nella separazione da Dio. Egli cioè per nostro amore non soltanto versa il

---

[440] Cf ΤΡΕΜΠΕΛΑΣ Π., Δογματική Β', 112-113 e ID., Δογματική Α', 253; cf anche FLOROVSKY G., *Creation and Redemption*, 132-138; SCHMEMANN A., CLÉMENT O., *Le mystère pascal. Commentaires liturgiques* (*Spiritualité orientale*, 16), Bégrolles 1975, 47-48.

suo sangue per noi, ma accetta perfino l'allontanamento, la separazione da Dio[441].

Evdokimov pure, interpreta il grido di Cristo crocifisso come l'istante in cui il Padre abbandona il suo Figlio, l'istante in cui il Figlio perde il suo Padre, si trova cioè sprovvisto di Dio, istante in cui egli può morire realmente identificandosi a un ateismo radicale che supera perfino l'umano in quanto tocca l'abisso demoniaco. Cristo, continua Evdokimov, in quel momento dell'abbandono accetta liberamente di essere assassinato per offrire ai suoi assassini e a tutti gli atei il perdono e la risurrezione[442].

Così Boulgakof parlando di questo grido dice che esso rappresenta l'estremità ultima della devastazione della divinità crocifissa; secondo lui in questo momento la sua (di Gesù) coscienza della filiazione divina lo abbandona; il Dio-Uomo a nome di tutto il creato emette al suo Dio questo grido. Boulgakof continua dicendo che è stato Dio Padre, con il quale formava una sola realtà, ad abbandonarlo sulla croce; sulla croce il Dio-Uomo, come ogni uomo, rimane solo; si manifesta così l'abisso insondabile della kenosi, ossia la devastazione di Sé; sembra che in essa muoia la sua stessa ipostasi divina in quanto è anche quella della sua umanità inseparabilmente unita ad essa. Sulla croce avviene un allontanamento tra il Padre e il Figlio, ma anche tra lo Spirito Santo e il Figlio. Dio Padre sulla croce, continua a spiegare Boulgakov, in qualche modo assume la

---

[441] ΓΓΕΑΡ Κ., *Ὁ ὀρθόδοξος*, 94: "Κι ἂν ἡ κραυγή: 'Θεέ μου, Θεέ μου...' θέλει κάτι νὰ δείξει, πρέπει νὰ σημαίνει ὅτι αὐτὴ τῆ στιγμὴ ὁ Ἰησοῦς ἀληθινὰ νιώθει τὴν ἐμπειρία τοῦ πνευματικοῦ θανάτου ποὺ εἶναι ὁ χωρισμὸς ἀπὸ τὸ Θεό. Δὲν χύνει μόνο τὸ αἷμα του γιὰ μᾶς, ἀλλὰ γιὰ χάρη μας δέχεται ἀκόμη καὶ τὴν ἀπώλεια τοῦ Θεοῦ".

[442] EVDOKIMOV P., *La nouveauté de l'Esprit. Études de spiritualité* (Spiritualité orientale, 20), Bégrolles 1977, 72: "(...) C'est à l'instant où le Père abandonne son Fils, où le Fils perd son Père, se trouve 'dépourvu de Dieu', qu'il peut mourir réellement, s'identifier à un athéisme radical qui dépasse même l'humain et touche l'abîme démoniaque. Le Christ accepte librement d'être assassiné au moment de l'abandon pour offrir à ses assassins et à tous les athées le pardon et la résurrection".

morte del Figlio, commuove spiritualmente con lui; c'è una 'sinthanasia' spirituale nel sacrificio dell'amore. Il Dio-Uomo nella sua teanthropia affronta la morte con un altro grido: "Padre, nelle tue mani rimetto il mio spirito" (Lc 23,46); egli come ogni uomo arriva, ma a differenza di ogni uomo, raggiunge il culmine della kenosi in quanto consegna il suo spirito divino al Padre per tre giorni, spirito che abbandona il suo corpo; il Padre riceve così il Figlio nella sua esperienza di morte e lo conserva fino alla risurrezione[443].

Nel grido di Gesù sulla croce, come abbiamo visto, secondo Boulgakov è coinvolto anche l'abbandono dello Spirito Santo. In pratica è tutta la SS. Trinità che partecipa a questa morte. Lo Spirito Santo che nel Dio-Uomo era la prossimità sensibile del Padre e quindi la residenza dell'amore ipostatico del Padre per il Figlio e del Figlio per il Padre, (anche lui) sulla croce abbandona il Dio-Uomo in quanto lo Spirito Santo ritorna per così dire al Padre. Sulla croce c'è quindi l'abbandono dell'amore ipostatico, lo Spirito Santo che rifiuta di manifestarsi al Figlio prediletto del Padre. Lo Spirito Santo che è anche la gioia, il consolatore abbandona il Dio-Uomo perché Cristo nella sua passione e morte rimane senza gioia e senza amore per obbedire in tutto alla volontà del Padre (cf Ebr 5,7)[444]. L'abbandono del Figlio, ribadisce Boulgakof, per la salvezza del mondo, è l'immagine della concrocifissione dell'Amore-Spirito con il Figlio, della compassione della Terza ipostasi; questa compassione, diversa della sofferenza del Figlio come anche del Padre, non può equivalersi ad esse[445].

Come nella sua discesa dai cieli, ossia nella sua natività, il Figlio lascia la gloria celeste della SS. Trinità, così nella sua discesa nella profondità della terra egli è privato per così dire dell'unione

---

[443] Cf BOULGAKOF S., *Du Verbe*, 244-247. 305-308.
[444] Cf *Ibid*, 246-247. 305-308.
[445] Cf *Ibid*, 306.

trinitaria, e la sua ipostasi divina ('Mio Spirito') è rimessa nel seno del Padre per essere custodita[446].

Secondo Boulgakov, in genere è impossibile credere che nella SS. Trinità, soltanto il Figlio soffra a causa del peccato del mondo, mentre le altre due ipostasi resterebbero indifferenti, oppure parteciperebbero soltanto d'una maniera esterna non compassionevole. Questo contraddirebbe il dogma essenziale della Trinità di Dio, amore tre-ipostatico, Trinità consostanziale e inseparabile, avendo ciascuna una vita unica nella triplicità delle ipostasi. Togliendo una ipostasi, solo la seconda, dalla vita unica della SS. Trinità e dall'amore inter-ipostatico, si va contro questa unità, si scinde la Trinità nella sua indivisibilità. Tuttavia le diverse ipostasi realizzano, ciascuna secondo le sue proprietà, la loro vita nella SS. Trinità, e nell'eternità, e relativamente nel mondo, creativamente e provvidenzialmente. E la creazione e la provvidenza sono compiute dalla SS. Trinità tutta intera; tuttavia le diverse ipostasi hanno ciascuna la loro azione particolare[447].

---

[446] BOULGAKOF S., *Du Verbe*, 247: "De la sorte, si dans Sa descente des cieux, dans Sa Nativité, le Fils délaisse la gloire céleste qui est en la Sainte Trinité, lors de Sa descente aux profondeurs de la terre Il est privé pour ainsi dire de l'union trinitaire, et Son hypostase divine ("Mon Esprit") est remise au sein du Père pour y être gardée". Vedi anche *Ibid*, 305-308.

[447] *Ibid*, 306: "Il est en général impossible de croire qu'en la Sainte Trinité, *seul* le Fils souffre à cause du péché du monde, alors que les autres hypostases restent indifférentes, ou ne participent que d'une façon extérieure, non compassionnelle. Cela contredirait au dogme trinitaire essentiel de Dieu, amour trihypostatique, Trinité Consubstantielle et inséparable, ayant une vie unique en la triplicité des hypostases. En extrayant une hypostase, uniquement la Seconde, de la vie unique de la Sainte Trinité et de l'amour inter-hypostatique, on va à l'encontre de cette unité, on *scinde* la Sainte Trinité en Son indivisibilité. Cependant, les différentes hypostases réalisent, chacune selon Ses propriétés, Leur vie en la Sainte Trinité, et dans l'éternité, et relativement au monde, créativement et providentiellement. Et la création, et la providence sont accomplies par la Sainte Trinité tout entière; cependant les différentes hypostases ont chacune leur action particulière".

Andando oltre Boulgakov precisa che di conseguenza bisogna intendere analogicamente la salvezza del mondo come atto comune della SS. Trinità. Tutta la Trinità è concrocifissa con il Figlio, e la croce di Cristo, l'albero della vita, contiene misticamente l'immagine della SS. Trinità come quella dell'amore divino tre-ipostatico[448].

La passione per il mondo, precisa ancora Boulgakov, non è soltanto la kenosi del Figlio, ma anche in un senso particolare, la kenosi delle altre ipostasi della Trinità intera. Il sacrificio di Cristo, anche se si compie sulla terra è ugualmente sofferto nel cielo. Tutta la Trinità è crocifissa con il Figlio perché è così che Dio ha amato il mondo; ecco perché il dogma della redenzione va inteso trinitariamente. Boulgakov spiega che non abbiamo qui la dottrina condannata dalla Chiesa del teopaschismo, perché sulla croce non è il Padre che è effettivamente crocifisso nella carne in una fusione col Figlio, ma soltanto il Figlio fu crocifisso nella carne; la concrocifissione del Padre e dello Spirito è puramente spirituale, non materiale[449]. Evdokimov in maniera analoga, spiegando il tutto in termini di amore, afferma che il Padre è l'Amore crocifiggente, il Figlio è l'Amore crocifisso, e lo Spirito Santo è la potenza invincibile della croce[450].

C. Sacrificio di solidarietà e di rappresentazione

La teologia ortodossa fondata su Isaia 53 afferma che Gesù Cristo ha preso su di sé il peccato del mondo, fu castigato per i no-

---

[448] BOULGAKOF S., *Du Verbe*, 306: "La Sainte Trinité tout entière est concrucifiée avec le Fils, et la croix du Christ, l'arbre de vie, contient mystiquement 'l'image de la Sainte Trinité', en tant que celle de l'amour Divin Tri-hypostatique. La passion pour le monde est, en ce sens, non seulement la kénose du Fils, mais aussi, en un sens particulier, la kénose des autres hypostases".
[449] Cf *Ibid*, 305-306.
[450] EVDOKIMOV P., *L'amour*, 106.

stri peccati; Gesù cioè è diventato in tutto il nostro compagno solidale; egli non partecipa soltanto alla nostra vita umana, ma anche a tutta la nostra morte umana e perfino all'esperienza dell'inferno. La teologia ortodossa per spiegare la piena solidarietà di Gesù con il genere umano, si basa anche sulla seconda lettera ai Corinzi 5,21 e Galati 3,13 dove Paolo dice che colui che non ha conosciuto peccato Dio lo trattò da peccato e che Gesù ci ha riscattati dalla maledizione della legge facendosi egli stesso maledizione per noi. La teologia ortodossa fa sua l'interpretazione dei Padri e particolarmente di Crisostomo. Gesù Cristo, pur essendo l'autogiustificazione, Dio lo fece peccato, ossia ha lasciato che fosse condannato come peccatore, che morisse come un maledetto; anzi come il più maledetto. *"Lo fece peccato"* è un modo per esprimere maggiormente il fatto che Dio lo lascia morire come peccatore. Come anche Cristo stesso, per riscattarci dalla maledizione della Legge, si è fatto maledizione non perché ha trasgredito la Legge, ma perché ha accettato di essere appeso egli stesso sul legno come un maledetto. Così Cristo ha subito al nostro posto la maledizione che dovevamo subire noi; egli ha fatto quello che fa un uomo innocente e incolpevole il quale si offre al posto di un colpevole condannato a morte, sostituendosi così a lui. Cristo sulla croce ha patito come rappresentante e sostituto nostro; egli come sacerdote e vittima ha offerto se stesso per noi, per eliminare da tutti noi la morte perché, essendo il Verbo di Dio, il suo sacrificio ha un valore infinito tanto da essere sufficiente per il riscatto dell'umanità intera[451].

La soteriologia ortodossa consiste in una ricostituzione ontologica dell'umanità che si produce già nell'ipostasi del Figlio di Dio incarnato, il quale è il soggetto dei soggetti[452].

---

[451] Cf ΤΡΕΜΠΕΛΑΣ Π., *Ἡ διὰ τοῦ Χριστοῦ ἐξιλέωσις*, ἐν Ζωῇ 19-20 (1929-1930) 358-375. ID., *Ὑπόμνημα εἰς τὰς Ἐπιστολάς*, 39; ΓΓΕΑΡ Κ., *Ὁ ὀρθόδοξος*, 89-93. ΚΑΡΜΙΡΗΣ Ι., *Σύνοψις*, 62-66; ΑΝΔΡΟΥΤΣΟΥ Χρ., *Δογματική*, 198-202; LOSSKY V., *Teologia*, 133.

[452] STANILOAE D., *Dieu*, 14.

La teologia ortodossa non interpreta il brano di Paolo (2Cor 5,21) in senso giuridico in base al quale Cristo essendo innocente, ha in qualche modo attribuito a sé stesso la nostra colpevolezza in maniera puramente esterna. No, Gesù Cristo ci salva facendo egli stesso esperienza dall'interno, come uno di noi, per tutto ciò che soffriamo interiormente mentre viviamo in un mondo peccatore[453]. Gesù Cristo sulla croce rappresenta noi. Egli, sulla croce, sostituisce la nostra persona e patisce per noi peccatori. Egli prende su di sé la nostra maledizione e l'abbandono che per sua natura non gli appartengono, ma soffre ciò in quanto ha accettato di rappresentare la nostra persona. Gesù, essendo privo di peccato, non doveva subirne la conseguenza, ossia la morte; se egli muore è perché ha voluto rappresentare noi. La stessa interpretazione è evidenziata sia dalla lettera agli Ebrei sia anche nella liturgia pasquale; i diversi brani della liturgia pasquale ortodossa, che si rifà al Damasceno, non cessano di sottolineare il carattere rappresentativo del sacrificio espiatorio di Cristo[454].

Lossky rileva che Cristo assumendo la nostra natura pur essendo rimasto estraneo al peccato, ne ha assunto tutte le conseguenze per risolvere la tragedia della libertà umana: "il Cristo ha assunto la nostra natura, si è volontariamente sottoposto a tutte le conseguenze del peccato, ha preso su di sé la responsabilità della nostra colpa, pur rimanendo estraneo al peccato, per risolvere la tragedia della libertà umana, per superare il dissidio tra Dio e gli uomini, in-

---

[453] ΓΓΕΑΡ Κ., Ὁ ὀρθόδοξος, 89: "Δὲν πρέπει ἐδῶ νὰ σκεφτοῦμε μόνο μὲ ὅρους κάποιας νομικῆς διαδικασίας, σύμφωνα μὲ τὴν ὁποία ὁ Χριστός, ἀθῶος ὁ ἴδιος, ἔχει κατὰ κάποιο τρόπο 'ἀποδώσει' στὸν ἑαυτό του τὴν ἐνοχή μας μ'ἕνα τρόπο ἐξωτερικό. Ἐδῶ ἔχει συντελεστεῖ κάτι πολὺ περισσότερο ἀπ'αὐτό. Ὁ Χριστὸς μᾶς σώζει ἀποκτώντας ἐμπειρία ἐκ τῶν ἔσω, σὰν ἕνας ἀπὸ μᾶς, γιὰ ὅλ'αὐτὰ ποὺ ὑποφέρουμε ἐσωτερικὰ καθὼς ζοῦμε μέσα σ'ἕνα κόσμο ἁμαρτωλό".

[454] Cf ΤΡΕΜΠΕΛΑΣ Π., Ἡ διὰ τοῦ Χριστοῦ ἐξιλέωσις, 375-397; BOULGAKOF S., Du Verbe, 300-305.

troducendolo in seno alla sua persona in cui non vi è posto per nessun dissidio, per nessun conflitto interiore"[455].

Gesù Cristo, che per tutta la sua vita fu totalmente esente da ogni peccato, muore con i peccatori e con i criminali subendo la loro stessa condanna e anzi essendo innalzato in mezzo a loro è come se fosse il loro capo e il peggiore di loro. Gesù perciò accetta di morire per noi peccatori come nostro rappresentante, non come un semplice peccatore, ma come il peggiore dei peccatori; Cristo allora non muore semplicemente, ma nella sua morte raduna tutta la tragicità che può comportare il peccato in una morte: l'insuccesso esistenziale dell'uomo; muore perché lo consegnano alla morte per odio gli stessi uomini che da lui hanno ricevuto soltanto amore e beneficienze; Cristo inchiodato sulla croce muore asfissiato per l'amore folle che nutre verso l'umanità[456], il suo è il sacrificio dell'Amore[457].

La sofferenza e la morte di Gesù Cristo non fu soltanto e puramente morte fisica, bensì soprattutto spirituale. Infatti come spiega Ware "il vero significato della Passione deve trovarsi non solo in questa (passione fisica), ma molto di più nella sofferenza spirituale - nel sentimento dell'insuccesso, dell'isolamento e dell'estrema solitudine, nel dolore dell'amore che si è offerto e che si è deluso"[458].

Dio-Uomo soffre e conosce la morte, spiega Boulgakov, non soltanto nella sua umanità, ma anche nella sua deo-umanità e questo perché la kenosi consiste nel fatto che il Figlio di Dio si è umiliato nella

---

[455] LOSSKY V., *Teologia*, 145.

[456] Cf ΤΡΕΜΠΕΛΑΣ Π., *Ὁ Κύριος ὑψωμένος ἐπὶ τοῦ Σταυροῦ, ἐν Ζωὴ* 25 (1935) 130; ΓΙΑΝΝΑΡΑΣ Χρ., *Ἀλφαβητάρι*, 166-167.

[457] Cf BOULGAKOF S., *Du Verbe*, 305; SCHMEMANN A., CLÉMENT O., *Le mystère pascal*, 38-40.

[458] ΓΓΕΑΡ Κ., *Ὁ ὀρθόδοξος*, 93: "Τὸ ἀληθινὸ νόημα τοῦ Πάθους πρέπει νὰ βρεθεῖ ὄχι μόνο μέσα σ'αὐτό, ἀλλὰ πιὸ πολὺ μέσα στὴν πνευματικὴ ὀδύνη - στὸ συναίσθημα τῆς ἀποτυχίας, τῆς ἀπομόνωσης καὶ τῆς ἔσχατης μοναξιᾶς, στὸν πόνο τῆς ἀγάπης ποὺ προσφέρθηκε κι ἀποκρούστηκε"; vedi anche BOULGAKOF S., *Du Verbe*, 245. 300-305.

sua divinità ed è quindi diventato lui stesso il soggetto, l'ipostasi della vita theanthropica soffrendo ipostaticamente tutto ciò che soffriva la sua umanità; la sua divinità, però, pur provando la morte, non moriva[459].

Cristo come Dio si è incarnato per noi ma come uomo è morto ed è risorto per noi; se la morte non fosse stata accompagnata dalla risurrezione di Gesù, sarebbe stata una pura teofania in qualche modo indifferente all'uomo. Cristo a differenza di noi non muore perché ormai il ciclo della vita l'ha spinto gradualmente e quindi per forza all'esaurimento biologico e quindi alla morte. Noi moriamo perché ci siamo ancorati alle energie della nostra natura, ma l'ipostasi di Cristo è divina per cui essa è radicata alla sua natura divina, fonte di libertà e di vita. Per questo motivo, Cristo non muore perché costretto, ma muore perché egli stesso si consegna totalmente e liberamente nel senso più assoluto del termine alla morte; c'è dunque una grande differenza tra la nostra morte e la morte di Cristo che altro non è se non un abbandono alla volontà del Padre nella consegna dello spirito nelle sue mani[460].

---

[459] BOULGAKOF S., *Du Verbe*, 244-245: "Il faut intégralement recevoir que Dieu-Homme a souffert et a connu la mort non pas seulement dans Son humanité, mais aussi dans Sa Déi-Humanité. On ne peut, au mépris de Chalcédoine, séparer ici Son humanité de Sa divinité, en disant qu'il n'avait pas souffert en tant que Dieu, mais seulement en tant qu'homme. Car la mort sur la croix, aussi bien que Sa vie entière, ne sont alors qu'apparence, et Sa divinité n'y participe aucunement. Au contraire, la kénose consiste justement en ce que le Fils S'est humilié dans Sa divinité et qu'Il est devenu Lui-même le *sujet*, l'hypostase de la vie *théanthropique*, en souffrant hypostatiquement tout ce que souffrait Son humanité. C'est pourquoi Sa divinité propre s'était tellement humiliée pour elle-même, s'était tellement engloutie dans sa propre profondeur ou sa potentialité, qu'elle n'était déjà plus un obstacle à la mort, qu'elle n'en écartait pas la possibilité. Inconnaissablement, elle éprouvait la mort, certes sans mourir elle-même, mais sans la contrecarrer".

[460] Cf ΓΙΑΝΝΑΡΑΣ Χρ., Ἀλφαβητάρι, 165; BOULGAKOF S., *Du Verbe*, 300-305.

La torturante morte di Cristo, Nuovo Adamo, è stata certamente molto più sentita e sofferta di una qualsiasi morte umana in quanto, essendo privo di peccato, la morte non gli era connaturale; qui infatti con la crocifissione abbiamo esclusivamente un atto di violenza contro la vita[461]. Con la morte di Cristo la sua kenosi d'amore raggiunge il gradino più alto della scala; in questo caso Cristo dona se stesso al Padre non soltanto mediante una vita esemplare, ma con la rinuncia della vita stessa; come uomo dona tutto al Padre senza tenere assolutamente niente per sé[462].

Yannaras spiega che Cristo muore perché sottomette alla volontà e all'amore del Padre la necessità e l'universalità della morte umana affinché si trasformi in universale potenzialità di incorruttibilità e di immortalità. Soltanto così, a partire dalla libera e volontaria morte di Gesù Cristo, ogni uomo può trasformare la necessità della morte in libertà e in autocessazione da ogni pretesa di autoesistenza, per ripetere il movimento di Cristo, ossia un movimento di cambiamento di rotta, rispetto a quello di Adamo, movimento che non consiste più nel fondare la nostra esistenza nella propria natura creata, la quale di conseguenza, non potendo costituirsi in autoesistenza e autovita, muore; ma consiste soprattutto nel radicare la propria esistenza nella relazione personale con il Padre mediante la persona e quindi la relazione filiale di Gesù Cristo. Il senso della vita nella teologia ortodossa non è tanto sopravvivenza biologica, quanto piuttosto relazione con Dio, ossia nella realizzazione dell'esistenza come comunione agapica che comporta di conseguenza da parte nostra di smettere di pretendere un'autovita[463].

Poiché Gesù Cristo era Figlio di Dio, il suo sacrificio immacolato fu gradito e accetto al Padre. Gesù come il secondo Adamo, l'uomo perfetto per eccellenza, ha rappresentato l'umanità in quanto egli pur essendo privo di peccato ha preso il posto dei peccatori e ha

---

[461] Cf BOULGAKOF S., *Du Verbe*, 245. 302-304.
[462] Cf STANILOAE D., *Theology*, 194.
[463] Cf ΓΙΑΝΝΑΡΑΣ Χρ., *Ἀλφαβητάρι*, 165-167.

sopportato la passione che dovevano subire i peccatori[464]. Gesù Cristo si è offerto per tutti, ma solo chi crede può usufruire di questo sacrificio. Coloro che non credono si estraniano da questo e dai beni che ne derivano fino al punto di essere condannati per la loro incredulità[465].

D. La discesa agli inferi

La Bibbia ci parla anche della discesa di Gesù agli inferi (cf 1Pt 3,19). Secondo la teologia ortodossa tradizionale con la discesa agli inferi, Gesù esercita la sua prima attività regale; egli, spoglio dal corpo, ha continuato a mostrare la sua profonda solidarietà con gli uomini altrettanto nudi nel corpo, fino al loro estremo stato di solitudine, non per condividere questo loro stato di umiliazione, bensì per annunciare loro la buona novella mostrando così subito la sua superiorità soprattutto con la sua prima e più importante vittoria: la vittoria sugli inferi, ossia la sconfitta di quello stato in cui le speranze o aspirazioni umane venivano definitivamente sepolte con lo stesso cadavere; esse svanivano come un sogno, non avevano più motivo di esistere[466].

La discesa di Cristo agli inferi, afferma Florovskij, è la manifestazione della vita nella disperazione della morte, è la vittoria sulla morte. In nessun modo ciò può significare che Cristo abbia preso su di sé i tormenti infernali perché Cristo è sceso agli inferi nella sua gloria come il Cristo Vittorioso, come il Capo della vita perché an-

---

[464] Cf ΤΡΕΜΠΕΛΑΣ Π., Δογματική Β', 182; STANILOAE D., *Theology*, 194-200.
[465] Cf ΤΡΕΜΠΕΛΑΣ Π., Δογματική Β', 183-184; ID., Δογματική Α', 555-556.
[466] Cf ΤΡΕΜΠΕΛΑΣ Π., Δογματική Β', 195; ΑΝΔΡΟΥΤΣΟΥ Χρ., Δογματική, 211-215. ΚΑΡΜΙΡΗΣ Ι., Ἡ εἰς ἅδου κάθοδος τοῦ Χριστοῦ ἐξ ἐπόψεως ὀρθοδόξου, Αθῆναι 1939.

che nella sua morte ha agito con autorità assumendola volontariamente[467].

Secondo Trembelas questa prima vittoria di Cristo, seppure con un'espressione diversa, è confermata anche da S.Paolo quando dice che ogni ginocchio si pieghi sulla terra e sotto terra (cf Fil 2,9-11) come anche da altre sue espressioni (cf Ef 4,9-10). In base alla Scrittura, ai Padri e al Magistero, la teologia ortodossa, come Trembelas, non ammette che Gesù negli inferi abbia subito l'umiliazione degli altri uomini, ma anzi, subito dopo la sua morte diede inizio alla sua attività regale, tanto è vero che al buon ladrone che gli chiedeva di ricordarsi di lui quando sarebbe entrato nel suo regno, Gesù ha promesso: "In verità ti dico, oggi sarai con me nel paradiso" (Lc 23,39-43); egli non gli ha detto: dopo tre giorni che sarò risorto sarai con me nel paradiso, ma disse: *oggi*, indicando così che la sua vittoria e quindi l'esercizio della sua dignità regale sarebbe iniziato subito dopo la morte mostrando così che la sua discesa agli inferi non avrebbe avuto la sorte degli altri uomini, ma al contrario sarebbe stata la prima occasione e il primo luogo dove avrebbe recato, da re vittorioso, l'annunzio della salvezza definitiva[468]. Trembelas è convinto che al momento stesso in cui Gesù ha emesso un forte grido dicendo il suo "τετέλεσται", in quel medesimo istante è iniziato il suo stato di gloria e di innalzamento[469].

---

[467] FLOROVKSY G., *Creation and Redemption*, 142: "The descent of Christ into Hell is the manifestation of Life amid the hoplessness of death, it is victory over death. And by no means is it the 'taking upon' Himself by Christ of the 'hellish torments of God-forsakenness'. The Lord descended into Hell as the Victor, *Christus Victor*, as the Master of Life. He descended in His glory, not in humiliation, although through humiliation. But even death He assumed voluntarily and with authority".

[468] Cf ΤΡΕΜΠΕΛΑΣ Π., *Δογματική*, Β'. 195-196.

[469] Cf *Ibid*. 194: "Ἤδη ἀφ᾽ ἧς στιγμῆς φωνήσας φωνῇ μεγάλῃ εἶπε τὸ Τετέλεσται καὶ παρέδωκε τὸ πνεῦμα, ἀρχίζει ἡ κατάστασις τῆς δόξης καὶ ἐξυψώσεως αὐτοῦ"; ΓΓΕΑΡ Κ., *Ὁ ὀρθόδοξος*, 95.

Boulgakov anche se considera, come Lossky, il momento della morte di Gesù come l'atto estremo, l'atto ultimo della kenosi divina dove Dio liberamente come nel caso dell'incarnazione, accetta di fare suo l'estremo limite dell'uomo: l'interruzione della vita, avendo egli volontariamente scelto di farsi in tutto simile a noi (cf Ebr 2,16-17), tuttavia rimane fedele all'insegnamento tradizionale della Chiesa ortodossa inerente la discesa agli inferi. Gesù Cristo, come il grano morto nel seno della terra, ha dovuto fare un duello tra la morte e la vita proprio per riportare all'umanità, tramite la vittoria sulla morte, la vita vera. Durante la sua discesa agli inferi, Cristo ha continuato il suo ministero; il suo sacrificio mostra la sua potenza salvifica non soltanto durante la vita, ma anche durante la sua morte. Boulgakov si chiede se i tre giorni negli inferi corrispondano simbolicamente agli altrettanti anni del suo ministero terrestre. Negli inferi, Cristo morto si differenzia da noi in quanto non conosce la corruzione; egli, nonostante abbia subito una morte autentica, tuttavia non era accompagnata dalla separazione definitiva dello Spirito divino dal suo corpo, ma rimane ugualmente unito a lui anche se l'anima ne fu separata; per questo il corpo di Cristo privo dell'anima rimane inalterato, incorruttibile; la morte è rimasta impotente, incapace di distruggerlo. Cristo, avendo rimesso il suo spirito nelle mani del Padre, riposa nella tomba per tre giorni nelle mani del Padre, come Giona nel ventre della balena[470].

Oggi c'è qualche teologo ortodosso, come Ware, che interpreta diversamente la discesa agli inferi. Se da una parte la discesa agli inferi significa che Gesù Cristo è andato a proclamare la buona novella anche agli spiriti dei dormienti (cf 1Pt 3,19), dall'altra essa ha un significato più profondo. Secondo Ware, l'inferno non è un segno nello spazio, bensì nell'anima. L'inferno è il luogo dove Dio non c'è, anche se Dio è dappertutto. "Se è vero, dice Ware, che

---

[470] Cf BOULGAKOF S., *Du Verbe*, 248-249. 310-315; LOSSKY V., *Teologia*, 142.

Cristo 'discese agli inferi', questo significa che discese nelle profondità dell'assenza di Dio"[471].

Alla stessa maniera Evdokimov afferma che la discesa agli inferi vuole significare che Cristo è sceso lì dove Dio non è, lì dove la solitudine infernale si è posta al margine di Dio e in rapporto a Dio, nelle tenebre esteriori. Da allora tutto è contenuto nella mano forata del Verbo; egli ha perfino partecipato all'assenza di Dio, all'abbandono del Padre[472].

Gesù Cristo si è identificato senza alcuna precauzione con tutta l'agonia e corruzione dell'uomo. Egli ha assunto tutto ciò che è umano e assumendolo l'ha guarito. Non c'è altro modo di guarire la corruzione e la morte umana se non facendola sua. Ovunque l'uomo si trova, anche nelle profondità della morte, non è mai solo, ha un compagno: Gesù Cristo vero Dio e vero Uomo. Al momento della sua estrema umiliazione sulla croce, Cristo è lo stesso Dio vivo ed eterno come lo è stato nel momento della sua trasfigurazione sul monte Tabor; per cui guardando al Cristo crocifisso non si vede soltanto un uomo sofferente, ma anche un Dio addolorato[473].

---

[471] ΓΓΕΑΡ Κ., Ὁ ὀρθόδοξος, 94-95.

[472] EVDOKIMOV P., La nouveauté, 72: "La descente aux enfers ainsi rendue possible ontologiquement, le Christ descend là où Dieu n'est pas, là où la solitude infernale s'est placée en marge de Dieu, dans les 'ténèbres extérieures' par rapport à Dieu. Dès lors tout est contenu dans la main percée du Verbe; il a participé même à l'absence de Dieu, à l'abandon par le Père".

[473] ΓΓΕΑΡ Κ., Ὁ ὀρθόδοξος, 95: " ' ολοκληρωτικά, ἀνεπιφύλακτα, ταυτίστηκε μὲ ὅλη τὴν ἀγωνία καὶ τὴν ἀλλοτρίωση τοῦ ἀνθρώπου. Τὴν προσέλαβε καὶ προσλαμβάνοντάς την τὴ γιάτραψε. Δὲν ὑπῆρχε ἄλλος τρόπος νὰ τὴ γιατρέψει παρὰ ˙κάνοντάς την δική του.

Αὐτὸ εἶναι τὸ μήνυμα τοῦ Σταυροῦ στὸν καθένα μας. Ὅσο μακριὰ κι ἂν πρέπει νὰ ταξιδέψω μέσ'ἀπὸ τὴν κοιλάδα τῆς σκιᾶς τοῦ θανάτου, δὲν εἶμαι ποτὲ μόνος. Ἔχω ἕνα σύντροφο. Κι αὐτὸς ὁ σύντροφος δὲν εἶναι μόνο ἕνας ἀληθινὸς ἄνθρωπος ὅπως ἐγώ, ἀλλὰ καὶ Θεὸς ἀληθινὸς ἐκ Θεοῦ ἀληθινοῦ. Τὴ στιγμὴ τῆς πιὸ βαθειᾶς ταπείνωσής του πάνω στὸ Σταυρό, ὁ Χριστὸς εἶναι ὁ ἴδιος αἰώνιος καὶ ζωντανὸς Θεὸς ὅπως στὴ Μεταμόρφωσή του μέσα σὲ δόξα στὸ Ὄρος Θαβώρ. ᾿Ατενίζοντας τὸ σταυρωμένο Χριστό, δὲν βλέπω μόνο ἕναν ὀδυνώμενο ἄνθρωπο ἀλλὰ ἕνα Θεὸ ὀδυνώμενο".

E. Il sacrificio, prezzo del riscatto

I Padri, ci spiega Trembelas, hanno formulato la teoria del riscatto "ἐξαγορᾶς" in base a diversi testi scritturistici (cf Mt 20,28; Mc 10,45; 1Tim 2,6; 1Cor 6,20; Ap 6,9; 1Pt 2,1; Gal 3,13; Tit 2,14). Secondo questa teoria il sommo sacerdote avrebbe dato il suo sangue come prezzo inestimabile per noi perché, essendo noi lontani da Dio, ha voluto liberarci dalla schiavitù del peccato e di Satana. Il sommo sacerdote ci ha comprati a caro prezzo, col prezzo del suo sangue per renderci sua proprietà[474].

Yannaras esprime meglio l'idea quando spiega che l'autoofferta amorosa di Cristo è prezzo per il riscatto di ogni morte umana; si tratta sempre di immagini che la Chiesa usa per descrivere l'esperienza di salvezza che ci ha offerto la morte di Cristo sulla croce[475].

La Scrittura, ribadisce Trembelas, ci fa chiaramente capire che col peccato l'umanità è caduta sotto il dominio e il potere del padre della menzogna, Satana. Tuttavia il potere di Satana non è tale da consentirgli dei diritti illimitati su di noi. Satana ha dominato perché Dio si è allontanato dall'uomo. Che Satana non ha poteri illimitati sul peccatore si evidenzia dalle parole stesse del Signore riguardo al suo rapporto col Beelzebùl (cf Mt 12,27-30). Secondo Trembelas dalle parole di Gesù è evidente che Satana sarebbe stato subito vinto dal Signore il quale gli avrebbe preso la preda senza nessuno scambio e senza quindi un prezzo di riscatto; infatti egli lo lega os-

---

[474] Cf ΤΡΕΜΠΕΛΑΣ Π., Δογματική, Β', 179.
[475] Cf ΓΙΑΝΝΑΡΑΣ Χρ., Ἀλφαβητάρι, 168; cf anche FLOROVSKY G., *Creation and Redemption*, III, Belmont, Nordland, 1976, 131-149; CLÉMENT O., *Note sur le sens de la rédemption*, dans *Contacts* 162 (1993) 104-109, afferma che più che parlare di riscatto, termine mai usato da Gesù, è meglio parlare di liberazione e quindi di redenzione intesa come abilitazione di entrare in comunione con Dio e come deificazione.

sia gli toglie ogni potere, lo sconfigge in modo da poter essere lui il padrone assoluto[476].

Per questo motivo i termini prezzo o riscatto sono espressioni usate per rendere più viva la soddisfazione che ha avuto la divina giustizia riguardo al sacrificio di Gesù Cristo e quindi per il suo sangue versato per la realizzazione del progetto salvifico: la redenzione del genere umano dalla schiavitù e la sua definitiva appartenenza a Gesù Cristo[477].

Secondo Trembelas, il prezzo del riscatto non fu assolutamente offerto a Satana, come hanno sostenuto alcuni Padri, ma anzi il diavolo si era ingannato in quanto pensava che avrebbe avuto il dominio sull'anima di Cristo al momento della sua morte. Cristo invece lo inganna poiché, come si sa dalla Parola ispirata, la morte di Cristo è stata l'occasione affinché Cristo risorgesse diventando così ancora più libero ed infinitamente più potente di colui che aveva il dominio sulla morte[478].

Il prezzo del riscatto, dunque, è un termine usato per rendere più viva e più espressiva la soddisfazione che la giustizia divina ha provato attraverso il versamento del sangue di Gesù Cristo il quale, spinto da un amore indescrivibile, l'ha dato come prezzo per la santificazione dell'uomo[479].

Con la terminologia *prezzo di riscatto* non bisogna quindi pensare ad un'eventuale paga dovuta a Satana, ma si vuole semplicemente esprimere con un linguaggio figurato il grande amore di Gesù Cristo verso Dio Padre e verso il genere umano che lo spinge a donarsi liberamente e completamente senza alcuna riserva per renderci da schiavi e peccatori, appartenenza libera e santa di Dio Padre. Perciò bisogna escludere ogni ipotesi di un eventuale prezzo pagato a Satana.

---

[476] Cf ΤΡΕΜΠΕΛΑΣ Π., Δογματική, Β', 179.
[477] Cf *Ibid*, 179-180.
[478] Cf *Ibid*, 180-181.
[479] Cf *Ibid*, 160 e ID., Ὑπόμνημα εἰς τὰς Ἐπιστολὰς, Α', 68-69.

F. Gli elementi comuni delle apparizioni del risorto

Gesù Cristo con la sua morte non è sparito una volta per sempre dalla storia; al contrario dopo tre giorni risorge ed appare ad alcuni dei suoi seguaci fedeli. La risurrezione del Signore è testimoniata quindi anche dalle sue numerose apparizioni alle donne e agli apostoli. Gli elementi comuni di queste apparizioni sono i seguenti:

a) Il primo elemento comune è che in tutti gli evangelisti manca l'indicazione cronologica, manca cioè l'ora in cui è accaduta la risurrezione. Manca anche la descrizione del modo in cui è avvenuta, manca infine ogni dettaglio. Gli evangelisti sono concordi nel dire che Gesù è risorto il mattino della Domenica ma non sanno dire a che ora della notte il suo corpo era risorto. Se per caso la risurrezione fosse stata un'invenzione degli apostoli, la fantasia dei primi cristiani avrebbe senz'altro colmato questi vuoti come hanno tentato di fare i vangeli apocrifi[480].

b) La seconda caratteristica è che tutti gli evangelisti sono concordi nel dire che la tomba era vuota dopo il terzo giorno della passione; essa fu trovata vuota prima dalle donne ed in particolare da Maria Maddalena[481].

c) La terza caratteristica è che tutti testimoniano che le prime a credere furono le donne, le quali invano cercavano di convincere gli apostoli. Le donne hanno visitato per prime il sepolcro e dopo l'angelofania è apparso loro il Signore risorto. Le donne, con protagonista Maria Maddalena, hanno annunciato la lieta notizia agli apostoli, ma essi rimasero increduli; l'incredulità iniziale degli apostoli all'annuncio delle donne è testimoniata da tutti gli evangelisti[482].

---

[480] Cf ΤΡΕΜΠΕΛΑΣ Π., *Ἰησοῦς ὁ ἀπὸ Ναζαρέτ*, 466.
[481] Cf *Ibid*, 467.
[482] Cf *Ibid*.

d) Il quarto elemento comune è che Gesù non è apparso mai a nessuno dei suoi nemici, ma solo ed esclusivamente ai suoi amici e discepoli[483].

e) Il quinto elemento comune è che Gesù è apparso ai discepoli solo dopo che egli era apparso alle donne. In quest'apparizione, poi, si distingue un altro elemento, cioè è apparso all'improvviso. Le condizioni delle apparizioni sono tali da provocare in tutti dubbio, paura, sospetto nel senso che credevano fosse uno spirito o un fantasma. Questi elementi negativi spariscono solo quando, toccando Gesù, essi si convincono che è proprio lui. Le loro paure sono vinte a causa dell'insistenza del risorto il quale non sparisce subito, ma parla e mangia con loro[484].

f) La sesta ed ultima caratteristica è che c'è stato un mutamento psicologico improvviso negli apostoli; essi prima non credevano alle apparizioni ma all'improvviso credono fortemente alla risurrezione. Questo mutamento si spiega solo con la realtà della risurrezione del maestro al quale ora, non più paurosi, sono pronti a dedicare ogni loro sforzo e a sacrificare la propria vita[485].

G. Lo stato del risorto

La risurrezione di Gesù è il coronamento di tutta la sua attività soprannaturale; essa è il miracolo per eccellenza; è il miracolo nel senso più specifico della parola. L'umanità intera continua a gustare i frutti di quest'opera soprannaturale. Con San Paolo la teologia ortodossa afferma che sarebbe stata vana la nostra fede se Gesù non fosse risorto[486]; Cristo risorto costituisce la nostra primizia[487].

---

[483] Cf ΤΡΕΜΠΕΛΑΣ Π., '*Ιησοῦς ὁ ἀπὸ Ναζαρέτ*, 467.
[484] Cf *Ibid*, 467-468.
[485] Cf *Ibid*, 467-468.
[486] Cf ID., '*Ιησοῦς ἀπολογητικῶς*, 922; ID., '*Ιησοῦς ὁ ἀπὸ Ναζαρέτ*, 454-455. ID., '*Υπόμνημα εἰς τὸ κατὰ Ματθαίον*, 494-510.
[487] Cf LOSSKY V., *Orthodox*, 116; LIMOURIS G., *Confessing*, 28-30.

La risurrezione che mette fine all'essere kenotico di Cristo[488], non è un atto di prepotenza da parte del Figlio, non è presa dal Figlio, ma gli è stata donata dal Padre mediante lo Spirito Santo; anche nella risurrezione è implicata la SS. Trinità, essa non può spiegarsi senza la Trinità. Anche se tutta la Trinità è implicata tuttavia la risurrezione è anche un atto del Figlio, è un atto theanthropico in quanto è il Figlio che riceve attivamente la glorificazione da parte del Padre. Con la sua glorificazione Cristo dimora nei cieli come Dio, ma con una dimensione diversa rispetto a quella precedente alla sua incarnazione in quanto ora dimora nei cieli come Dio, ma con la sua umanità; con la sua risurrezione cessa la kenosi di Cristo perché gli viene restituita dal Padre, mediante lo Spirito Santo, la pienezza della vita divina della quale si era spogliato nella sua discesa sulla terra e la sua natura umana raggiunge il vertice della sua divinizzazione, in quanto nella sua umanità si fa la via inversa di quella del primo Adamo, la via di ritorno al Padre attraverso la libera obbedienza filiale e quindi attraverso il superamento del peccato che è stato inchiodato sulla croce nella sua morte; il tutto è indicato dal fatto che Cristo siede alla destra del Padre. Cristo risorto diventa così la primizia della creazione nuova di tutto il genere umano; egli ricevendo lo Spirito Santo nella sua umanità lo radica di nuovo nella nostra umanità decaduta affinché si ricolmi della vita divina incorruttibile, delle sue energie vivificanti per poter realizzare la comunione perfetta con la Trinità[489].

Il Figlio di Dio con la sua incarnazione, crocifissione, risurrezione ed esaltazione comunica all'umanità, da lui assunta tramite lo Spirito Santo, la salvezza, ossia la vita e la potenza nella loro pienezza escatologica, ma lo fa per gradi diversi e noi le riceviamo come principio di crescita, come dono e promessa implicanti uno sviluppo escatologico e quindi una speranza. Questa vita e potenza

---

[488] Cf LOSSKY V., 102.
[489] Cf BOULGAKOF S., *Du Verbe*, 315-320. 249-252; STANILOAË D., *Le génie*, 117-122; ID., *Theology*, 200-204.

sono manifestate nell'umanità di Cristo, e quindi alla nostra umanità in tre direzioni diverse: verso Dio, verso la stessa natura umana ed infine verso gli altri esseri umani"[490].

La risurrezione di Gesù ci dimostra che la sua morte non è stata un fallimento, ma la sua stessa morte sulla croce è stata una vittoria dell'amore addolorato perché lui esperimenta quello che afferma il cantico dei cantici di come l'amore ne è forte come la morte dell'affermazione del cantico dei cantici: forte come la morte è l'amore (cf Ct 8,6-7). La morte in croce di Gesù diventa epifania del suo amore per noi, amore che è ancora più forte della morte; un amore che porta alla perfezione, al successo, al compimento; è questo infatti il significato dell'espressione di Gesù: "τετέλεσται" tutto è compiuto (Gv 19,30); sì sulla croce è stata compiuta l'opera dell'amore addolorato, la vittoria dell'amore sull'odio perché Cristo ha amato i suoi fino alla fine (cf Gv 13,1)[491].

Clément ci aiuta a comprendere ulteriormente quest'idea della morte trionfale di Cristo: "Ancora più profondamente l'Ortodossia concepisce l'opera redentrice di Cristo come il *trionfo della vita*. La croce 'mette a morte il nostro uccisore', mette a morte la nostra mortalità. Con l'unione del vero Dio e del vero uomo, la vita divina sboccia nell'umanità e tutto ciò che si opponeva a questa unione è in qualche maniera esaurito, svuotato dal di dentro, consumato nel fuoco della divinità che non cessa di penetrare il torturato del Venerdì, come il morto del Sabato... Con il suo abbassamento, la sua passione, la sua morte sulla croce, la sua discesa agli inferi, il Cristo lascia entrare in sé tutto lo sconforto del mondo decaduto, tutto l'impegno della condizione umana asservita alla menzogna e all'odio. Allo spavento degli angeli e dell'universo - 'il sole freme e la terra trema' - 'una delle persone della Trinità soffre per noi una morte vergognosa' - (Mattutino del Sabato santo). Ma allora lo spavento, la separazione, l'inferno, la morte sono annientate da

---

[490] STANILOAE D., *Theology*, 186-187.
[491] Cf ΓΓΕΑΡ K., *Ο ορθόδοξος*, 95-96.

Colui nel quale non possono aver posto; l'abisso aperto dalla libertà umana fuorviata si volatilizza, come una irrisoria goccia di olio nell'abisso d'amore della divinità"[492].

Gesù Cristo, l'agnello immolato, come uomo è morto per amore con una morte veramente umana, morte che diventa per noi il metro della vertiginosa profondità della nostra caduta, ma è anche il metro della grandezza della sua divina filantropia; tuttavia egli non essendo soltanto vero uomo, ma anche vero Dio e come tale la stessa vita e la sorgente della vita, non poteva rimanere chiuso nella morte; la morte non era e non poteva essere la fine della sua vita, per questo i cristiani sono i testimoni della gioia della risurrezione del Signore[493].

Lo stato del risorto ha alcune sue caratteristiche; anzitutto bisogna ribadire che il corpo di Gesù risorto è quello stesso corpo che tre giorni prima era stato maltrattato sulla croce. Il corpo del risorto, pur essendo lo stesso, dunque, ha delle caratteristiche proprie. La teologia ortodossa sottolinea che il corpo del Signore, pur non avendo la stessa imperfezione e debolezza, tuttavia rimane vero corpo umano, anzi è lo stesso corpo che Giuseppe e Nicodemo hanno sepolto. In altre parole, Gesù risorto s'identifica con il Gesù crocifisso; si tratta della stessa persona con la sua stessa umanità. La differenza dello stato del risorto da quello del crocifisso consiste nel fatto che ora il suo corpo, la sua umanità è perfettamente sottomessa alla volontà dello Spirito; ne è diventato un organo perfetto. L'umanità di Gesù non è più condizionata dai limiti e dalle leggi della materia; essa non è più corruttibile, non sente più, ad esempio, la stanchezza. L'umanità del risorto, da come appare a Emmaus, è come la nostra; non si distingue per niente dalla nostra. Egli rimane

---

[492] CLÉMENT O., *La Chiesa*, 34.
[493] Cf EVDOKIMOV P., *L'Ortodossia*, 200; ΓΓΕΑΡ Κ., *Ὁ ὀρθόδοξος*, 98-100.

un uomo come noi, ma diverso da noi in quanto è un uomo spiritualizzato, pienamente incorruttibile e quindi immortale[494].

La teologia ortodossa considera anche la differenza che c'è tra la risurrezione del Signore e le altre risurrezioni avvenute nella storia della salvezza. Anzitutto è una risurrezione avvenuta al terzo giorno e cioè quando la morte di Gesù era ormai certa. Nel caso delle altre risurrezioni dai morti descritte nella Bibbia, esse sono avvenute prima di tre giorni e dopo lunghe preghiere di intercessione a Dio da parte di qualche profeta. Nel caso di Gesù, invece, non è così; egli non risorge a causa di un profeta che intercede presso Dio per lui, ma in base alla propria forza. In parole più semplici: Gesù risorge da solo, senza alcun intervento di una qualche intercessione umana. Per questa ragione la risurrezione di Gesù costituisce la testimonianza più solenne della sua origine divina e della sua missione salvifica. Gesù risorge perché è Dio ed è in quanto Dio che operava gli altri miracoli. La sua risurrezione diventa così il sigillo della sua divinità. Era questo il segno di Giona, il profeta, che aveva predetto agli scribi e ai farisei quando chiedevano un segno capace di garantire la sua origine divina. In questo modo la risurrezione del Signore garantisce l'autenticità anche degli altri suoi innumerevoli miracoli[495].

La risurrezione di Gesù si distingue dagli altri casi di risurrezione operati dai profeti o dal Signore stesso. Le persone che sono state risuscitate direttamente da Gesù, come Lazzaro, o quelle risuscitate dai profeti, sono tornate a morire di nuovo; la loro liberazione dalla morte non era determinante o definitiva. Nel caso di Gesù, invece, la vittoria sulla morte fu determinante e definitiva. Per questo motivo il miracolo della risurrezione del Signore è il miracolo per eccellenza; e anche tra gli straordinari eventi di risurrezione, la

---

[494] Cf ΤΡΕΜΠΕΛΑΣ Π., *Καὶ αὐτὸς ἄφαντος ἐγένετο ἀπ'αὐτῶν*, ἐν *Ζωὴ* 29 (1939) 105-107; BOULGAKOF S., *Du Verbe*, 320-321.

[495] Cf ΤΡΕΜΠΕΛΑΣ Π., *Ἡ ἀνάστασις τοῦ Χριστοῦ*, ἐν *Πανταίνος* 9 (1917) 418-419; ΓΙΑΝΝΑΡΑΣ ΧΡ., *Ἀλφαβητάρι*, 172-173.

risurrezione di Gesù rimane l'evento unico ed esclusivo. Gesù Cristo una volta risuscitato dalla morte, non muore più; egli ha vinto per sempre la morte[496].

Gesù Cristo, dunque, con la sua risurrezione sconfigge per sempre la morte. La sua umanità, in tutto simile alla nostra, è stata glorificata una volta per sempre. C'è piena identificazione tra la persona del crocifisso e la persona del risorto anche se c'è una diversità nella sua forma che secondo Marco 16,12 è un'altra: "ἑτέρα μορφή". Quello che anzitutto differenzia il risorto non si dice, ma si vive; nella nostra relazione con lui dobbiamo oramai superare l'atomicità fenomenologica se vogliamo riconoscere l'ipostasi, un'ipostasi liberata dalla autosufficienza atomica. L'unica differenza tra il crocifisso e il risorto consiste nella diversità di stato. Lo stato del corpo del crocifisso era debole ed era di conseguenza soggetto alla corruzione e alla mortalità; lo stato del corpo del risorto invece è pienamente spiritualizzato e libero da ogni soggezione alla legge della materia, al limite e alla legge di ogni funzione puramente biologica. Con la risurrezione il corpo di Gesù è definitivamente soggetto all'incorruttibilità, alla libertà e all'immortalità in quanto, pur essendo una vera natura umana con carne e ossa, tuttavia non attinge la sua vita dalle sue funzioni biologiche, ma s'ipostatizza in esistenza reale grazie alla sua relazione personale con Dio, la quale soltanto ed unicamente lo costituisce e lo vivifica[497].

H. Gesù è il Signore

Ascendendo al cielo con la sua umanità, Gesù dimostra di aver aperto la comunicazione tra Dio e gli uomini, quella comunicazione

---

[496] Cf ΤΡΕΜΠΕΛΑΣ Π., Ἡ ἀνάστασις τοῦ Χριστοῦ, 420; ΓΙΑΝΝΑΡΑΣ Χρ., Ἀλφαβητάρι, 172-173.
[497] Cf ΓΙΑΝΝΑΡΑΣ Χρ., Ἀλφαβητάρι, 174-175.

che era stata interrotta con il peccato del primo Adamo. Gesù asceso al cielo diventa il nostro intecessore e il nostro paraclito presso il Padre[498]. "Al momento della sua ascensione Egli (Gesù) riunisce in primo luogo la terra e le sfere celesti, il cielo sensibile; poi penetra nell'empireo, attraversa le gerarchie angeliche e riunisce il cielo spirituale, il mondo intelligibile con il mondo sensibile. Infine, presenta al Padre la totalità dell'universo riunito in Lui, nuovo Adamo cosmico che unisce il creato all'increato"[499]. Cristo in questo caso è il nuovo Adamo, unificatore e santificatore dell'essere creato[500].

Chi ha professato la sua fede in Gesù gli ha attribuito il titolo di Signore che, come si sa, nell'Antico Testamento era attribuito esclusivamente a Jahvé; questo si evidenzia molto presto, ad esempio nel discorso di Pietro a Pentecoste. Agli occhi degli apostoli la risurrezione del Signore era vista come la soddisfazione divina che Dio Padre dava al suo Figlio come sigillo di tutta la sua opera terrena[501].

Gli apostoli non avrebbero potuto professare la loro fede in Gesù come Signore se non avessero ricevuto un dono particolare, e cioè lo Spirito Santo nell'evento della Pentecoste. Non bisogna dimenticare che la fede nel crocifisso era considerata impossibile sia per i giudei che per i pagani; mentre infatti i pagani la consideravano uno scandalo, i giudei la consideravano una follia. La risurrezione del Signore sarebbe stata considerata un mistero insolubile, dunque, senza l'evento del tutto nuovo della Pentecoste. La Pentecoste costituisce un evento altrettanto soprannaturale e altrettanto grande quanto la risurrezione; la Pentecoste ne è la conseguenza logica. Essa non solo conferma la fede degli apostoli nel risorto, ma fonda per sempre la convocazione "ἐκκλησία" dei fedeli[502].

---

[498] Cf ΤΡΕΜΠΕΛΑΣ ΙΙ. Ὁ μέγας Ἀρχιερεύς, ἐν Ζωὴ 30 (1940) 89.
[499] LOSSKY V., *Teologia*, 129.
[500] Cf *Ibid*, 129.
[501] Cf ΤΡΕΜΠΕΛΑΣ ΙΙ., Ἰησοῦς ὁ ἀπὸ Ναζαρέτ, 516-519.
[502] Cf *Ibid*, 520-521.

Conclusione

Da una visione generale sul mistero pasquale si è evidenziato attraverso la presentazione delle diverse interpretazioni teologiche che cosa significhino per la teologia ortodossa i singoli momenti della Pasqua del Signore. Nel rilevare che Gesù Cristo è storicamente morto, risorto e asceso al cielo, da dove insieme col Padre ha inviato ai suoi l'altro Paraclito, lo Spirito Santo, si vuole dire che Gesù Cristo risorto è il Signore di pari dignità divina come l'Jahvé dell'Antico Testamento. Tutto il mistero pasquale vuole esprimere soprattutto l'amore folle del Dio Trinità verso l'umanità. Il mistero pasquale per la teologia ortodossa altro non è se non l'epifania sublime della filanthropia "φιλανθρωπία" della tre-unità di Dio concretizzata storicamente una volta per tutte nella persona di Gesù Cristo.

CAP. X
CRISTOLOGIA - PNEUMATOLOGIA - MARIOLOGIA

Introduzione

Nella cristologia ortodossa Cristo, Spirito e Maria sono correlati; in genere nessuna di queste realtà è sacrificata a scapito delle altre, ma anzi il tutto è bene armonizzato.

Secondo la teologia ortodossa se da una parte lo Spirito Santo è sempre presente nell'evento di Cristo in quanto egli riposa su Cristo e risplende di lui nella Trinità sia *"ad intra"* che *"ad extra"*, dall'altra allo Spirito Santo non manca mai il Verbo. Tra le due mani del Padre, il Figlio e lo Spirito Santo, c'è una relazione profonda, anche se ciascuna persona, senza nessun subordinazionismo, svolge un suo ruolo specifico rivelandosi a noi secondo un ordine progressivo. Nella Trinità, e quindi tra le due mani del Padre, c'è un legame profondo, una reciprocità: Cristo ci manda lo Spirito, ma al tempo stesso è lo Spirito che ci manda in una maniera personale Cristo, lo mostra alla nostra vita spirituale e lo imprime in noi; il Verbo e lo Spirito Santo sono le due Persone che rivelando progressivamente il Padre, effettuano insieme e attualizzano solidamente fino alla fine del mondo la rivelazione, o meglio la pneumatizzazione dell'universo[503].

---

[503] Cf ΓΓΕΑΡ K., *Ὁ ὀρθόδοξος*, 108; STANILOAË D., *Le génie*, 66-67.

A. Gesù Cristo - Pneuma

1. La duplice unzione di Gesù Cristo

Secondo il teologo ortodosso Trembelas lo Spirito Santo per ben due volte ha unto l'umanità di Gesù. Egli ammette così una duplice unzione dell'umanità di Gesù Cristo: la prima al momento della sua concezione, il Dio Verbo unge la sua umanità con lo Spirito Santo; la seconda, invece, al momento del battesimo, è Dio Padre che unge con lo Spirito Santo e che quindi santifica ulteriormente l'umanità di Gesù Cristo.

Gesù Cristo fu dunque unto dallo Spirito Santo sia al momento della sua concezione sia al momento del suo battesimo. La prima unzione è fatta dal Verbo stesso che sin dalla sua unione ipostatica dà all'umanità assunta da lui l'unzione, ossia lo Spirito e la santificazione; in altre parole, nella prima unzione è il Verbo che essendo Dio unge se stesso. La seconda unzione ebbe luogo all'età adulta di Gesù ed essa è vista da Trembelas come un rafforzamento e un incoraggiamento ulteriore per portare a compimento la sua missione. In questo secondo caso di unzione è il Padre che, compiaciuto del Figlio, lo unge dello Spirito Santo[504].

Quando si afferma, che al momento del battesimo, Gesù Cristo fu unto dallo Spirito Santo, non bisogna pensare che il Tutto Santo[505], Gesù Cristo, fosse privo dello Spirito prima di allora, e nep-

---

[504] Cf ΤΡΕΜΠΕΛΑΣ Π., Δογματική, Β΄, 132-134 soprattutto 134 dove dice: "χρίων ὡς Θεὸς τὸ σῶμα τῇ θεότητι αὐτοῦ, χριόμενος δὲ ὡς ἄνθρωπος. (....) Εἰς δὲ τὴν δευτέραν περίπτωσιν ἐξαίρεται ἡ μετὰ τὴν εἰς τὴν ἀνδρικὴν ἡλικίαν εἴσοδον τοῦ Χριστοῦ χορηγηθεῖσα εἰδικὴ ἐνίσχυσις πρὸ διεξαγωγὴν τοῦ Μεσσιανικοῦ ἔργου, δι'ὃ ἀπεστάλη καὶ ἐπὶ τὸ ὁποῖον ἤδη ὡς ὥριμος ἀνὴρ ἐκαλεῖτο. Τότε τὸν ἐξ ἄκρας συλλήψεως ἡγιασμένον καὶ εἰς τὸν ἐν οὐρανοῖς Πατέρα εὐαρεστήσαντα Θεάνθρωπον 'ὁ Πατὴρ Σωτῆρα προχειρισάμενος τοῦ παντὸς κόσμου, Πνεύματι ἔχρισεν Ἁγίῳ'".

[505] Che Gesù fosse santo, ossia privo di peccato, è evidenziato anche dal fatto che lo Spirito Santo si posò su di lui sotto forma di colomba; ora la colomba non si pone mai su un terreno sporco ma sempre su quello pulito. Cf ID., Ὑπόμνημα εἰς τὸ κατὰ Ματθαῖον, 64.

pure che in quell'istante si sia verificato un qualche mutamento nella natura di Gesù. Il Figlio di Dio infatti già possedeva lo Spirito interiormente; il battesimo, che serviva come testimonianza a Giovanni e agli altri riguardo alla figliolanza divina di Gesù, segnava anche l'inizio della sua attività messianica[506].

Gesù è il Cristo per eccellenza proprio perché, nel diventare carne, fu unto con l'olio di letizia ossia con lo Spirito Santo di Dio Padre. Egli non ha ricevuto l'unzione come uno degli uomini più importanti, ma fu unto con la presenza, con tutta l'unzione e con tutto l'unguente[507]. Gesù non ha ricevuto lo Spirito Santo secondo una certa misura come noi, cioè con il metro con cui l'hanno ricevuto gli uomini importanti, ma fu unto con tutta l'energia dello Spirito Santo in modo che egli possedesse lo Spirito Santo sostanzialmente "οὐσιωδῶς" così da avere sempre tutta la presenza "παρουσίᾳ" dello Spirito Santo. Tale unzione Gesù non l'ha ricevuta per se stesso come tutti gli uomini, ma per donarla attraverso se stesso a tutti gli uomini affinché dalla sua pienezza anche noi avessimo la grazia dello Spirito Santo[508].

Della doppia unzione di Gesù parla Luca 2,52 dove dice che Gesù cresceva non solo in età e sapienza, ma anche in grazia presso Dio e gli uomini. Gesù Cristo pur avendo sostanzialmente sin dalla sua unione ipostatica la pienezza della grazia della santificazione, nel Giordano ne ha ricevuto una nuova. Il motivo di questa aggiunta fu il compiacimento del Padre nei riguardi della vita terrena del Figlio che per trent'anni si è comportato conformemente alla divina volontà.

---

[506] Cf ΤΡΕΜΠΕΛΑΣ Π., Ὑπόμνημα εἰς τὸ κατὰ Ματθαῖον, 64-65.

[507] Ibid, 43: "ἀλλ'ἐχρίσθη παρουσίᾳ καὶ ὅλου τοῦ χρίσματος καὶ ὅλου τοῦ χρίοντος".

[508] Cf ID., Δογματική, Β', 132-133. Riguardo all'azione dello Spirito Santo nella vita della Chiesa e del cristiano ci sono alcuni sporadici riferimenti a pagina 219, 224 e in ID., Δογματική, Γ', 1 e 8.

Gesù è colui che porta a compimento le profezie e le prefigurazioni dell'AT, ossia le attese del popolo giudaico. Egli ha potuto realizzare questo perché, essendo il Verbo di Dio, ha assunto nella sua ipostasi la natura umana la quale fu unta da Dio Padre non con un'unzione materiale come gli uomini dell'AT, ma con lo Spirito Santo che gli fu dato senza misura[509].

Secondo i Padri, Gesù cresceva nella sua umanità secondo la misura umana, ossia gradualmente e regolarmente come noi; Gesù come Dio è santo per natura, come uomo, invece, non lo è in modo naturale, ma lo è stato in quanto fu santificato nella sua umanità a causa dell'unzione dello Spirito. La carne di Gesù Cristo, dunque, non è santa per natura[510].

Bisogna cercare di evitare i malintesi; secondo i Padri e quindi la teologia ortodossa, quando Gesù fu unto con lo Spirito Santo, secondo la sua umanità, nel Giordano, non significa che egli prima non possedeva lo Spirito. Gesù aveva già lo Spirito, ma nel Giordano lo Spirito viene dall'alto, ossia da Dio Padre, e Gesù lo riceve dal basso, ossia come uomo. Gesù infatti nel momento della sua unzione ipostatica aveva unto egli stesso la sua umanità, mentre nel Giordano Dio Padre, uguale nella dignità divina come il Figlio, unge l'umanità di Gesù perché egli fosse il Salvatore del mondo intero. Dopo questa unzione, ci spiega Trembelas, basandosi su S.Basilio, Gesù compie ogni sua opera alla presenza costante dello Spirito Santo il quale operava con lui inseparabilmente[511].

Come ogni avvenimento della storia salvifica, anche la santificazione dell'umanità di Gesù Cristo sembra essere un evento trinitario. Gesù Cristo è colui che nella sua umanità viene unto non con un'unzione materiale, ma con l'unzione che è lo Spirito Santo, sia

---

[509] Cf ΤΡΕΜΠΕΛΑΣ Π., Δογματική, Β'. 147.

[510] Cf ID., 'Η ἠθικὴ τελειότης, 44-45 specialmente la frase: "ἐπειδὴ περὶ τὸ ἀνθρώπινο ἡ χρίσις καὶ τῆς σαρκὸς ὁ ἁγιασμός, τῆς οὐ κατὰ φύσιν ἁγίας, ἀλλ'ὡς ἐν μεθέξει τῇ παρὰ Θεοῦ".

[511] Cf ID., 33.

dalla natura divina della sua ipostasi al momento della concezione, sia dal Padre quando questi, compiaciutosi dello svolgersi della vita terrena del Figlio, lo manifesta solennemente attraverso l'unzione dello Spirito Santo il quale rimane per sempre presente e operante inseparabilmente nell'umanità del Figlio. Qui l'accento è messo sull'umanità di Gesù Cristo senza naturalmente separarla dalla sua natura divina; non si mette, dunque, in discussione il fatto che Gesù in quanto Dio era sempre unito allo Spirito Santo e al Padre. Gesù Cristo nella sua divinità è santo per natura ma non lo è allo stesso modo nella sua umanità; essa fu santificata in due momenti distinti attraverso l'energia santificatrice dello Spirito Santo, perché il Figlio eterno del Padre potesse compiere anche nella sua umanità l'opera messianica e quindi salvifica secondo l'eterno progetto della SS. Trinità.

2. Pneumatologia sacrificata?

La visione ortodossa spesso pone una sfida alla teologia cattolica in quanto l'aspetto pneumatologico rischia di essere sacrificato dalla cristologia del Logos.

I teologi ortodossi come Zizioulas[512] si pongono gli interrogativi sul rapporto che intercorre tra cristologia e pneumatologia: si può forse far dipendere la cristologia dalla pneumatologia o viceversa? Secondo Zizioulas si tratta di una questione reale testimoniata nello stesso Nuovo Testamento. C'è sia l'idea che lo Spirito è donato per mezzo di Cristo e sia l'idea che fin quando lo Spirito non è all'opera non c'è, per così dire, Cristo. In altre parole nel NT esistono o meglio coesistono due tipi di pneumatologia. Un tipo è

---

[512] Vedi ZIZIOULAS J., *Christologie, pneumatologie et institutions ecclésiales: un point de vue orthodoxe*, dans *Les églises après Vatican II: Dynamisme et prospective. Actes du colloque international* édités par Albergo G., Bologna 1980, 131-148.

quello della pneumatologia in quanto fonte della cristologia ed un secondo tipo è la cristologia in quanto sorgente della pneumatologia[513].

È lo Spirito Santo che costituisce l'identità stessa di Gesù in quanto Cristo, sia nel battesimo che nella sua concezione biologica. È per questo motivo che parlare di cristomonismo in qualsiasi parte della tradizione cristiana è comprenderla male oppure consiste nell'essere ingiusti verso tale tradizione[514]. Il rapporto cristologia-pneumatologia prima non costituiva necessariamente un problema. Esso è sorto come tale quando sia liturgicamente che teologicamente si separarono questi due aspetti. È da quel momento infatti che la storia dell'oriente e dell'occidente ha intrapreso separatamente il proprio cammino in quanto non solo la confermazione fu separata dal battesimo, ma anche la cristologia dominò pian piano sulla pneumatologia. Fin quando la cristologia e la pneumatologia restano unite la questione della priorità dell'una sull'altra può rimanere un *theologoumenon*[515].

L'attività di Dio *ad extra* è una e indivisibile. Dove c'è una delle Persone divine c'è anche l'altra; tuttavia il contributo di ciascuna delle Persone divine nell'economia comporta i suoi caratteri distintivi. Per esempio: solo il Figlio si è incarnato; anche se il Padre e lo Spirito sono implicati nella storia, è solo il Figlio che diventa storia. Se dunque il Figlio diventa storia lo Spirito Santo lo libera, insieme all'Economia, dalla servitù della storia. Se il Figlio morendo soccombe alla servitù dell'esistenza storica, è lo Spirito Santo che lo eleva risuscitandolo dalla morte. Lo Spirito Santo è al di là della storia, e quando agisce nella storia, lo fa per introdurvi gli ul-

---

[513] Cf ZIZIOULAS J., *Implications ecclésiologiques de deux types de pneumatologie* dans *Communio Sanctorum. Mélanges offerts à J.-J. von Allmen*, Genève 1982, 141-142.
[514] Cf *Ibid*, 134-135.
[515] Cf *Ibid*, 135-136.

timi tempi, l'eschaton. Lo Spirito infatti fa di Gesù Crito un essere escatologico: l'ultimo Adamo[516].

Nel NT è molto evidente la sintesi dei due tipi di pneumatologia. Entrambi i tipi possono coesistere in un medesimo testo senza difficoltà. Sono due pneumatologie complementari, come per esempio, quella di Luca con gli Atti degli Apostoli e quella di Giovanni con Paolo. Solo nel corso della storia successiva al Nuovo Testamento, e concretamente a partire da Cipriano, si estende una divergenza tra i due tipi di pneumatologia in modo tale da segnare una fessura reale alla base della Chiesa. La maggior parte delle differenze teologiche tra l'oriente e l'occidente cristiano, afferma Zizioulas, se non tutte, dipendono, sono legate a questo problema[517].

Bulgakov, considerando le varie tappe del mistero di Cristo, afferma in modo analogo a Zizioulas la non separazione tra cristologia e pneumatologia, bensì la loro reciproca integralità. Egli sostiene che l'ordine di attività delle ipostasi nel mondo è inverso alla loro *taxis* intratrinitaria in quanto "l'azione della Terza ipostasi precede la discesa dal cielo della Seconda, che a differenza della Terza, non ha una varietà di doni o di modi di rivelazione, ma conosce soltanto una manifestazione ipostatica, unica e totale"[518].

La teologia ortodossa è consapevole che nell'AT, anche se non abbiamo una rivelazione esplicita di tutte tre le persone della SS.

---

[516] Cf ZIZIOULAS J., *Implications*, 137.

[517] Cf *Ibid*, 145-146. È importante notare che nel suo articolo DE LA POTTERIE I., *L'Esprit Saint et l'église dans le Nouveau Testament*, in *Credo in Spiritum Sanctum. Atti del congresso Teologico internazionale di Pneumatologia (Roma 22-26 marzo, 1982)*, II, Vaticano 1983, 791-808 considerando la visione di Zizioulas dimostra attraverso lo studio biblico che egli sia un teologo equilibrato con delle idee sane e che i due tipi di approccio della pneumatologia si combinano senza sforzo nel NT.

[518] BULGAKOV S., *Il Paraclito*, Bologna 1971, 364-365; la stessa idea si trova anche nel ben noto teologo cattolico BALTHASAR U. v., *Teodrammatica*, III: *Le persone del dramma: l'uomo in Cristo*, Milano 1983, 180; ID., *Teodrammatica*, IV: *L'azione*, Milano 1986, 297-339.

Trinità, tuttavia ce n'è una implicita. Già nell'AT anche se in una maniera nascosta, lo Spirito Santo risplendeva la Parola, preparando gli uomini all'incarnazione della Parola, ma a sua volta anche il Verbo stesso preparava per mezzo dello Spirito la sua venuta nella carne; come del resto anche dopo l'ascensione è sempre lui che prepara la sua gloriosa venuta futura per mezzo dello Spirito che risplende in lui[519].

3. *La presenza dello Spirito Santo nei principali eventi cristologici*

Sin dal primo momento della concezione del Theanthropos lo Spirito Santo è all'opera nel seno di Maria. Lo Spirito Santo, come del resto tutta la SS. Trinità, ciascuna secondo il suo ruolo proprio, era presente in tutto il mistero cristologico, ma si evidenzia in maniera ancora più forte soprattutto nelle principali decisioni di Gesù Cristo affinché venissero prese nella più assoluta coscienza e libertà; lo Spirito Santo era conpresente a Cristo nei principali eventi cristologici:

a) Nell'*incarnazione* lo Spirito Santo fa di Maria, che concepisce appunto per opera sua, il luogo tre volte santo; con l'incarnazione lo Spirito Santo ha la sua irradiazione nella Parola divenuta uomo, oppure nell'uomo che è anche Dio, portando così alla più alta unione dell'essere umano con Dio Padre, Figlio e Spirito.

b) Nel *battesimo* sotto forma di colomba affinché Cristo, prendendo sempre più coscienza della sua divinità, potesse compiere la sua missione pubblica; la presenza dello Spirito Santo nel battesimo costituisce la Pentecoste personale di Cristo in quanto lo Spirito Santo, eternamente inseparabile dalla divinità di Cristo, viene a ri-

---

[519] Cf STANILOAË D., *Le génie*, 69-71.

posarsi ipostaticamente, e quindi in un modo manifesto a lui, anche *sulla* e *nella* sua umanità, continuando ad agire ancora di nascosto negli altri uomini.

c) Nei *momenti successivi al battesimo* soprattutto durante le tentazioni e la lotta; lo Spirito Santo è presente anche nei momenti della gioia, dell'esultanza di Gesù.

d) Nella *trasfigurazione* sotto forma di nube e di luce dove lo Spirito Santo non lo invia tanto alla sua missione di annuncio, quanto piuttosto al suo 'esodo' o meglio alla sua morte-sacrificio.

e) Alla *passione-morte* lo Spirito Santo è presente e ciò si evidenzia anche nell'iconografia bizantina; lo Spirito Santo, però, pur essendo presente, fa percepire la sua presenza al Figlio come assenza, assenza di consolazione e di gioia, assenza dell'amore; anche lo Spirito Santo insieme con il Padre viene concrocifisso spiritualmente per amore.

f) Alla *risurrezione* dove il Padre restituisce la vita divina al Figlio mediante lo Spirito Santo, vita divina della quale si era volontariamente spogliato al momento della discesa dal cielo e quindi della kenosi; con la risurrezione l'umanità di Gesù Cristo è elevata dallo Spirito alla piena comunione trinitaria; con la sua risurrezione Cristo diventa il luogo della nostra 'metamorfosi' per opera dello stesso Spirito perché tramite l'umanità di Cristo enipostatizzata nella sua divinità anche noi pneumatizzati possiamo entrare in questa meravigliosa comunione trinitaria.

g) All'*ascensione* lo Spirito Santo è presente sotto forma di nube che avvolge il risorto; anche l'ascensione è opera del Padre mediante lo Spirito Santo.

h) Alla *Pentecoste* si inverte la relazione; se prima era lo Spirito che inviava il Cristo, adesso è Cristo che invia lo Spirito. La Pentecoste costituisce lo scopo e il compimento dell'incarnazione perché Cristo si è fatto carne affinché noi ricevessimo lo Spirito; in altre parole Cristo è diventato *sarkoforos* affinché noi divenissimo *pneumatofori*; con la Pentecoste continua l'opera dell'incarnazione di Cristo nella vita della Chiesa; con la Pentecoste la pneumatizzazione progressiva dell'umanità raggiunge il suo vertice in quanto nella risurrezione di Cristo, oppure nel suo corpo divenuto trasparente per mezzo dello Spirito e per lo Spirito, la sola ipostasi divina a non avere la sua immagine in un'altra Persona della Trinità, si rende manifesto lo scopo finale della creazione del mondo: la risurrezione finale dei nostri corpi, la loro pneumatizzazione o meglio la pneumatizzazione e la trasparenza di tutto il creato. Con la Pentecoste la pneumatoforia iniziale che ha avuto il suo punto di partenza con la creazione dell'uomo, raggiunge il suo vertice in quanto ci restituisce in Cristo risorto la nostra natura adamitica cristificata, sulla quale egli riposa in pienezza; la natura umana diventa cristificata, trasformandosi pure in cristofania[520].

4. Distinzione tra cristologia e pneumatologia

Lo Spirito Santo, non avendo una sua immagine in un'altra persona divina, diventa lo sconosciuto che consacra ogni persona unificata in Cristo nella sua unicità: "Il Cristo unifica e deifica la nostra natura. Lo Spirito consacra ogni persona nella sua unicità. Il Cristo s'incarna e si afferma come persona: è Colui che s'incontra. Lo Spirito è lo sconosciuto che eclissa la sua persona per illuminare la nostra, il testimone interiore, l'ipostasi della vita e della pienezza che si nasconde per meglio farcene partecipi"[521]. E-

---

[520] Cf ΓΓΕΑΡ Κ., *Ὁ ὀρθόδοξος*, 108-109; BOULGAKOF S., *Du Verbe*, 259-260. 274-277. 305-311. 317-320. 325-327; CLÉMENT O., *Quelques approches de la théologie et de l'expérience du Saint-Esprit*, dans *l'Église orthodoxe dans Aspects de l'orthodoxie. Structures et spiritualité. Travaux du centre d'études supérieures spécialisé d'histoire des religions de strasbourg (novembre 1978)*, (*Bibliothèque des centres d'études supérieures spécialisés*), éd. par SIMON M., Paris 1981, 7-29; STANILOAË D., *Le génie*, 68-74. 120-124; LOSSKY V., *Teologia*, 141-159; EVDOKIMOV P., *L'Ortodossia*, 207-211; ΖΗΖΙΟΥΛΑΣ Ι., *Μαθήματα*, Β'. 39-43.

[521] CLÉMENT O., *La Chiesa*, 39.

vdokimov pure afferma che la kenosi più completa tocca allo Spirito Santo[522].

Gesù secondo la Teologia ortodossa si è presentato nei vangeli come colui che è consacrato dallo Spirito, anzi come il suo *Unto*. Per questo, come spiega Zizioulas, la stessa parola Cristologia implica la pneumatologia in quanto χριστός significa appunto unto dallo Spirito Santo; per questo non possiamo avere cristologia senza pneumatologia. La teologia ortodossa è a favore di una cristologia pneumatica dominata dal mistero della pneumatizzazione compiuto nella carne, vale a dire nell'umanità di Gesù Cristo. Ecco perché la venuta di Cristo non soltanto è preceduta dallo Spirito Santo, ma la sua stessa esperienza umana è ricolma della presenza dello Spirito Santo. Perciò l'evento di Cristo deve essere considerato come costituito pneumatologicamente; in altre parole Cristo non è il Cristo se non è un'esistenza nello Spirito, cioè un'esistenza escatologica. Lo Spirito Santo, essendo l'unzione messianica di Cristo, fa sì che egli non cessi di riposare *su* di lui, anzi *in* lui, come spesso insiste l'innologia bizantina del battesimo e della trasfigurazione, due teofanie trinitarie. Con la Pentecoste Cristo viene a noi nello Spirito; se prima lo Spirito precedeva Cristo, Cristo a sua volta diventa il grande precursore dello Spirito[523] che è l'ipostasi della maternità

---

[522] EVDOKIMOV P., *L'Ortodossia,* 209: "Il Figlio è l'immagine del Padre e lo Spirito è l'immagine del Figlio', così insegna san Giovanni Damasceno. Ma la *kenosis* più completa ricopre l'ipostasi dello Spirito, che si manifesta soltanto nei doni - non vi è incarnazione ipostatica analoga a quella del Figlio: 'Il Tuo nome tanto desiderato e costantemente proclamato, nessuno potrà dire cos'è', esclama san Simeone. Lo Spirito non possiede un 'interlocutore' che sia la sua immagine, se non la Chiesa glorificata, *Communio Sanctorum* coronata dalla *Theotokos,* ma questo è l'ultimo mistero del Regno"; la stessa idea si trova in ID., *Τὸ Ἅγιον Πνεῦμα στὴν Ὀρθόδοξη παράδοση,* Θεσσαλονίκη 1987, 113 dove egli paragona la presenza attiva dello Spirito Santo nel Figlio all'alito e alla voce che mentre rendono udibile la parola si annullano in essa.

[523] Cf CLÉMENT O., *Quelques,* 7-9, soprattutto 7 dove afferma: "Dans les évangiles, Jésus se présente comme le 'consacré' de l'Esprit, comme son 'Oint'. L'Orient chrétien decèle ici une *christologie pneumatique,* dominée par le my-

divina, l'ipostasi della bellezza, l'artista del mondo, il Principe della forma e la Forma delle forme"[524].

"Il genio della chiesa ortodossa - dice ancora un altro teologo ortodosso, Clément - è profondamente pentecostale. Tra il Figlio e lo Spirito, queste 'due mani di Dio' come amava dire S.Ireneo, essa vede una *reciprocità di servizio*: è lo Spirito che manifesta nei sacramenti della chiesa il corpo glorioso del Salvatore e ci fa partecipare ad esso: ma, *reciprocamente*, l'opera del Cristo prepara la discesa dello Spirito e si ordina alla pentecoste"[525] quale compimento dell'intenzione divina[526].

Secondo la Teologia ortodossa quando si parla dello Spirito Santo bisogna distinguere tra la sua *processione di origine*, il *piano intratrinitario* e la sua *processione di manifestazione*, il *piano extratrinitario*. Nella sua *processione di origine*, nel *piano intratrinitario* infatti egli procede solo dal Padre perché solo lui è il *monarchos*, principio causale, ma anche sorgente e principio dell'esistenza, dell'unità divina e del movimento eterno di amore, la pericoresi, del Figlio e dello Spirito Santo. Nella *processione di manifestazione*, nel *piano extratrinitario* invece, se da una parte è vera l'affermazione che lo Spirito Santo procede dal Padre mediante διά il Figlio in quanto egli prende tutto il suo contenuto dal Figlio (cf Gv 16,14), dall'altra, è altrettanto vera l'altra affermazione che il Figlio cioè viene dal Padre mediante διά lo Spirito Santo perché

---

stère de 'pneumatisation' accompli dans la 'chair', c'est-à-dire dans l'humanité de Jésus"; cf anche STANILOAË D., *Le génie*, 68; EVDOKIMOV P., *L'Ortodossia*, 207-208; ID., *L'Esprit Saint dans la tradition orthodoxe* (*Bibliothèque oecumenique*, 10), Paris 1969, 89; ZHZIOΥΛΑΣ I., Μαθήματα, B', 41.

[524] Cf BOULGAKOF S., *Le Paraclet*, (*Les Religions*, 3) Paris 1946, 193-194; EVDOKIMOV P., *La femme*, 216-217; vedi anche SHERRY P., *The Holy Spirit, Beauty and Transfiguration*, in So 14 (1992) 25-42.

[525] CLÉMENT O., *La Chiesa*, 38.

[526] Cf *Ibid.*

lo Spirito Santo manifesta anche il Figlio, in qualche modo gli dà l'esistenza, la vita[527].

Lossky parlando dell'opera dello Spirito Santo e di quella di Cristo, specifica la loro inseparabilità e la loro distinzione nei seguenti termini: "Il Cristo diviene l'immagine unica appropriata alla natura comune dell'umanità; lo Spirito Santo conferisce a ogni persona creata a immagine di Dio la possibilità di attuare la somiglianza nella natura comune. L'Uno presta la sua ipostasi alla natura, l'Altro dà la sua divinità alle persone. Così, l'opera di Cristo unifica, l'opera dello Spirito diversifica: l'unità di natura si realizza nelle persone; quanto alle persone, esse non possono raggiungere la loro perfezione, divenire pienamente persone, che nell'unità di natura, cessando di essere 'individui' viventi per se stessi, che hanno una loro natura e una loro volontà proprie, 'individuali'. L'opera di Cristo e l'opera dello Spirito Santo sono dunque inseparabili: il Cristo crea l'unità del suo corpo mistico mediante lo Spirito Santo e lo Spirito Santo si comunica alle persone umane per mezzo di Gesù Cristo. Difatti, si possono distinguere due comunicazioni dello Spirito Santo alla Chiesa: l'una avvenne mediante il soffio di Cristo che apparve agli apostoli la sera della risurrezione (Giov. 20,19-23); l'altra fu l'avvento personale dello Spirito Santo nel giorno di Pentecoste (Atti 2,1-5)"[528].

Evdokimov si esprime in termini analoghi: "Mentre il Cristo ricapitola e integra l'umanità nell'unità del suo corpo, lo Spirito Santo si riferisce alle persone e le schiude alla pienezza carismatica *dei doni*, secondo un modo unico e personale per ciascuna. Il racconto della Pentecoste precisa che la grazia si posa su ciascuno dei presenti, personalmente: 'le lingue... si dividevano e se ne posò una *su ciascuno di loro*' (Atti 2,3).

Nell'unità del corpo ogni membro ha il proprio volto: 'siamo come fusi in un sol corpo, ma divisi in personalità'. Lo Spirito di-

---

[527] Cf EVDOKIMOV P., *L'Ortodossia*, 197-198.
[528] LOSSKY V., *Teologia*, 159.

versifica all'interno dell'unità in Cristo, e nella preghiera della Chiesa ogni membro del Corpo viene ricordato col suo proprio e singolo nome. Le due cose sono inseparabili: il Cristo è manifestato dallo Spirito Santo, e lo Spirito si comunica mediante il Cristo'. Secondo sant'Ireneo tutta la Trinità è chiamata in causa: il Padre è l'*Unctor*, il Figlio è l'*Unctus* e lo Spirito è l'*Unctio* "[529].

Tutta l'attività di Cristo è inseparabile dall'opera dello Spirito Santo; le affermazioni cristologiche e pneumatoligiche devono essere considerate integralmente relazionate l'una all'altra, in un contesto pienamente trinitario[530].

Il Figlio infatti viene nel nome del Padre per farci conoscere e compiere la sua volontà; lo Spirito, che nell'incarnazione ha reso Maria la Theotokos e ha fatto di Cristo l'"unto", a Pentecoste viene nel nome del Figlio per rendergli testimonianza, manifestarlo e arricchire dei suoi doni l'opera di Cristo. Per questo motivo il mistero della nostra salvezza è cristologico, ma non pancristico in quanto appunto tutte e tre le persone della SS. Trinità sono coinvolte, anche quando il loro splendore nel mistero dell'economia risplende soltanto progressivamente[531].

Zizioulas ribadisce che "possiamo dire senza rischio di esagerazione che Cristo *esiste solo pneumatologicamente*"[532]; il grande

---

[529] EVDOKIMOV P., *L'Ortodossia*, 206.

[530] *Orthodox Thought. Reports of Orthodox Consultations organized by the World Council of Churches, 1975-1982*, edited by TSETSIS G., Geneva 1983, 79: "The whole saving activity of Christ is inseparable from the work of the Holy Spirit, and the christological and pneumatological affirmations should be kept integrally related to each other, in a fully trinitarian context".

[531] EVDOKIMOV P.- CAZELLES H. - GREINER A., *Le mystère de l'Esprit Saint*, Paris 1968, 79-81; EVDOKIMOV P., *L'Ortodossia*, 205; ID., *L'Esprit Saint dans la tradition orthodoxe* (Bibliothèque oecumenique, 10), Paris 1969, 87-91; per uno sviluppo storico delle affermazioni mariologiche vedi: FLOROVSKY G., *Creation and Redemption*, 171-188.

[532] ZIZIOULAS J., *Being*, 111: "So we can say without risk of exaggeration that Christ *exists only pneumatologically*"; a pagina 123 della stessa opera, Zizioulas parlando dell'ecclesiologia afferma che una delle critiche fondamentali

mistero della cristologia è che l'evento Cristo neppure per un attimo, seppure teoretico, può essere definito in se stesso perché è parte integrale dell'economia della Trinità. Parlare di Cristo, continua a rilevare Zizioulas, significa parlare al tempo stesso del Padre e dello Spirito Santo[533]; questo legame tra Trinità e cristologia è dovuto alla consostanzialità di Cristo con il Padre e lo Spirito Santo[534].

Per nessun motivo la teologia ortodossa può accettare il cristomonismo; per essa *cristologia* e *pneumatologia* vanno considerate insieme e non possono essere separate. L'oriente e l'occidente si sono allontanati sempre più fino ad arrivare all'estraneamento reciproco soprattutto perché l'occidente ha dato eccessiva importanza alla cristologia a scapito della pneumatologia. La pneumatologia deve essere costitutiva per la cristologia poiché le dà una dimensione di comunione; nell'economia della salvezza, vale a dire nella Trinità *"ad extra"*, è in opera tutta la Trinità anche se ciascuna delle persone svolge un suo ruolo ben preciso[535].

---

che fanno i teologi ortodossi è che il Vaticano II non ha dato il dovuto posto alla pneumatologia, ma si è portato lo Spirito Santo nell'ecclesiologia dopo che l'edificio della Chiesa era costruito con il solo materiale cristologico. Comunque Zizioulas nella sua linearità riconosce che anche nell'attuale teologia ortodossa occorre riflettere sulla relazione tra cristologia e pneumatologia in quanto quella già esistente non è soddisfacente.

[533] ZIZIOULAS J., *Being*, 111: "Such is the great mystery of Christology, that the Christ-event is not an event defined in itself - it cannot be defined in itself for a single istant even theoretically - but *is an integral part of the economy of the Holy Trinity*. To speak of Christ means speaking at the same time of the Father and the Holy Spirit"; cf anche TSIRPANLIS C. N., *Introduction*, 83-87.

[534] LOSSKY V., *Orthodox Theology: An Introduction*, Crestwood 1978, 95.

[535] Cf ZIZIOULAS J., *Being*, 126-141.

B. Cristo, Spirito, Maria

1. *Maria coronamento dell'AT*

C'è un legame intrinseco tra il Cristo, lo Spirito, Maria. Lo Spirito rivela il Figlio nato da Maria per opera sua; lo Spirito Santo, essendo in alcune lingue di genere femminile, di conseguenza, secondo Evdokimov, è il soffio della generazione eterna del Figlio da parte del Padre, per questo lo Spirito Santo in forma di colomba è l'immagine e l'espressione della maternità ipostatica[536].

Gesù Cristo e lo Spirito Santo sono inseparabili in quanto lo Spirito Santo si trasmette mediante Cristo e Cristo, a sua volta, si manifesta mediante lo Spirito. Ma anche Gesù Cristo, lo Spirito Santo e Maria sono correlati; infatti lo Spirito Santo scende in Maria e la rende *Theotokos*, Madre di Dio, e di Gesù fa il Cristo, l'unto del Signore[537].

Se vogliamo considerare in maniera più approfondita il ruolo dello Spirito Santo all'annunciazione, e quindi in Maria, dobbiamo ribadire che secondo qualche teologo ortodosso il ruolo specifico dello Spirito Santo al momento dell'annunciazione non è orientato direttamente a Gesù Cristo, quanto piuttosto alla sua madre[538]. Infatti la Nuova Eva, Maria, secondo la tradizione ortodossa, non era priva di peccato in un senso così assoluto come è stato definito nella Chiesa cattolica. Solo Gesù Cristo in quanto uomo è stato da sem-

---

[536] Cf EVDOKIMOV P., *La femme et le salut du monde. Étude d'Anthropologie chrétienne sur les charismes de la femme*, Tournai 1958, 216-217 soprattutto la frase: "L'Esprit-Saint est bien ici la colombe, le souffle de l'enfantement éternel: Il est l'image et l'expression de la *maternité hypostatique*".

[537] Cf ID., *Τό Ἅγιον*, 112; la stessa idea si trova in ID., *La novità dello Spirito*, Brescia 1980, 269; per avere una visione riassuntiva della mariologia ortodossa vedi anche LOSSKY V., *A l'image et à la ressemblance de Dieu (Le buisson ardent)*, Paris 1967, 193-207.

[538] Cf ΤΡΕΜΠΕΛΑΣ Π., *Ὑπόμνημα εἰς τὸ κατὰ Ματθαῖον*, 33-40; BOULGAKOF S., *Du Verbe*, 128-129.

pre e totalmente privo di peccato ed è per opera di Cristo, soprattutto del suo mistero pasquale, che gli uomini sono salvati dal peccato; Maria stessa è il membro più eletto tra gli uomini salvati da Cristo. Maria costituisce con Giovanni Battista il coronamento della santità anticotestamentaria; essa non appartiene in maniera esclusiva al NT. Solo al momento della concezione Maria viene purificata da ogni macchia di peccato e soprattutto dal peccato originale (inteso nella teologia ortodossa in senso ontologico e non etico), peccato originale che verrà anche in lei definitivamente eliminato soltanto con la morte del suo Figlio sulla croce; La santificazione di Maria inizia con l'annunciazione e si compie con la croce. All'annunciazione lo Spirito Santo, scendendo su di lei, ha un duplice compito: a) santificarla per poi renderla idonea a concepire il Figlio di Dio e b) fecondare verginalmente il suo seno in modo che lei rimanesse incinta di Gesù senza avere alcuna relazione sessuale con Giuseppe o con un altro uomo[539].

Maria tramite il suo Figlio diventa la Theotokos; la sua elezione è assoluta ed eterna da parte di Dio, ma non è incondizionata in quanto era condizionata dal mistero dell'incarnazione. Maria ha una posizione privilegiata, ma non per il semplice fatto di essere Vergine, per il fatto che è la Vergine Madre, la *"Parthenometor"*, la Madre predestinata da Dio. I privilegi della sua divina maternità non dipendono da una libertà assoluta nei confronti del peccato originale; Maria è piena di grazia non perché priva di peccato origina-

---

[539] Cf ΤΡΕΜΠΕΛΑΣ Π., *Δογματική*, Β', 204-210; ID., *Ἡ Μήτηρ τοῦ Λυτρωτοῦ*, 215-229; ΜΑΤΣΟΥΚΑΣ Ν., *Δογματική*, Β', 292-298; ΚΑΛΟΓΗΡΟΥ Ι., *Μαρία 'Αειπάρθενος Θεοτόκος κατὰ τὴν ὀρθόδοξον πίστιν*, Θεσσαλονίκη 1957, 79-123; ΓΓΕΑΡ Κ., *'Ο ὀρθόδοξος*, 89-92; NELLAS P., *De la Mère*, 253-254; EVDOKIMOV P., *La nouveauté*, 139-146. 267-276; ID., *L'Ortodossia*, 214; TSIRPANLIS C. N., *Introduction*, 53-55; BEHR-SIGEL E., *Mariologia tradizionale e nuovi problemi*, in *Ave Gioia di tutto il creato. La Madre di Dio e il popolo russo ieri e oggi*, Torino 1988, 23-43; KNIAZEFF A., *La Mère de Dieu dans l'Eglise Orthodoxe*, Paris 1990, 117-119; BOULGAKOF S., *Du Verbe*, 128-129; è bene ribadire che quest'ultimo interpreta il tutto in chiave sofiologica.

le, perché come abbiamo visto non lo è, ma essa è piena di grazia nel senso che la sua personale purità è stata preservata dalla perpetua assistenza dello Spirito Santo. Il peccato originale, e quindi anche quello della Madonna, è stato distrutto soltanto al momento della crocifissione del suo Figlio; prima di questo evento nessuno ne era esente neppure Maria. È vero che con l'incarnazione essa ha avuto la grazia iniziale, ma soltanto con la redenzione essa ha avuto in lei il suo compimento[540].

2. *La novella Eva-Vita compiuta, odighitria dell'umanità*

Se Cristo è la via e la porta, Maria, in quanto membro eletto, è la prima, essa va inanzi a tutta l'umanità e tutta l'umanità la segue come colei che è la buona direzione, colei che mostra il cammino, la colonna di fuoco che conduce il mondo verso la nuova Gerusalemme. Essa passa per prima dalla morte, resa impotente dal suo Figlio; la sua assunzione al cielo chiude le porte della morte, il sigillo

---

[540] TSIRPANLIS C.N., *Introduction,* 57: "Mary's election was an absolute and eternal election, but not unconditional - for it was conditioned by and related to the mistery of the Incarnation. Mary holds her unique position and has a 'category of her own' not as a mere Virgin, but as the Virgin Mother, '*Parthenometor*', as the predestined Mother of the Lord. However, the 'privileges' of the Divine Motherhood do not depend upon a 'freedom from original sin'. The fullness of grace was truly bestowed upon the Blessed Virgin and her personal purity was preserved by the perpetual assistance of the Spirit. But this was not an abolition of original sin. Sin was destroyed only on the tree of the Cross, and no 'exemption' was possible, since sin was simply the common and general condition of the whole of human existance. It was not destroyed even by the inauguration of the New Creation. The Incarnation was but the basis and the starting point of the redemptive work of our Lord. And the 'second Man' Himself enters into His full glory through the gate of death and resurrection. Mary had the grace of the Incarnation, as the Mother of the Incarnate, but this was not yet the *complete* grace, since the Redemption had not yet been accomplished".

della Theotokos è posto sul *nulla* che è stato sigillato in alto per prima da Dio-Uomo, e in basso dalla prima creatura risuscitata. Ecco perché Maria, membro eletto, si trova alla testa della santità della Chiesa intera, essa è la prima deificata e la sua verginità esprime l'essenza del regno celeste, la santità eterna, l'epitalamo del Santo[541]. "Se lo Spirito Santo - πανάγιον - personifica il tipo stesso della santità divina (S. Cirillo), la Vergine, che è in sé manifestazione di santità, personifica la santità umana. Ed è questa integrità archetipica -σωφρωσύνη- che fa della Vergine il cuore della Chiesa. Inoltre, essendo la verginità la caratteristica strutturale del suo essere, Essa, prima ancora di un suo qualsiasi atto, manifesta il trionfo sul male e detiene il potere ineffabile. Tanto è vero che la semplice presenza della 'purissima' costituisce qualcosa di insopportabile da parte delle forze demoniache. Ontologicamente legata allo Spirito Santo, Maria appare come la consolatrice vivificante, l'Eva-vita che salvaguarda e protegge ogni creatura, ergendosi in tal modo con la sua protezione materna a figura della Chiesa"[542].

In Maria, dice Lossky, tutta la Chiesa ha il suo compimento; "la morte non aveva più presa su di Lei: come il Figlio, è risuscitata e salita al cielo, prima ipostasi umana che abbia attuato in Sé il fine ultimo per il quale fu creato il mondo. La Chiesa e l'universo intero hanno dunque, fin d'ora, il loro compimento, il loro culmine personale che apre la via della deificazione ad ogni creatura"[543].

La grandezza di Maria, allora, secondo la tradizione ortodossa, è prettamente cristologica e per realizzarla ha cooperato tutta la SS. Trinità; la mariologia è un capitolo della cristologia, è una parte organica della cristologia. "Non possiamo vedere l'immagine completa dell'incarnazione che in questa doppia unità: il Cristo incarnato, e Maria, la sua umanità ipostatica, la Vergine Madre di Dio, illumina-

---

[541] Cf EVDOKIMOV P., *La nouveauté*, 145; ID., *L'Ortodossia*, 217; ID., *La Femme*, 207-221; TSIRPANLIS C. N., *Introduction*, 58.
[542] EVDOKIMOV P., *L'Ortodossia*, 212.
[543] LOSSKY V., *Teologia*, 186.

ta dallo Spirito Santo. La natura umana che prende il Logos non esiste solamente in Lui, come soltanto in Lui esiste la natura divina, ma anche al di fuori di lui, in quanto umanità ipostatica di Maria. La sua natura umana deve in qualche modo fondersi o identificarsi con questa umanità *ipostatica*: altrimenti non sarebbe per niente la nostra vera umanità"[544]. Accanto all'ipostasi del Logos si trova quella propria e creata della Vergine Maria[545].

Maria non partecipa all'incarnazione dando semplicemente la sua carne, altrimenti sarebbe un atto istintivo, naturale, privo di libertà, perfino cieco, ma come sappiamo essa partecipa con la sua ipostasi in una maniera spirituale, cosciente, ispirata e in maniera sacrificale; il mistero dell'incarnazione è stato al tempo stesso una nuova nascita della Donna stessa, a causa appunto della nascita senza la relazione sessuale tipica della nascita degli sposi vergini, Adamo ed Eva, prima della caduta; Maria, allora, coopera non soltanto e puramente in maniera fisica al mistero dell'incarnazione, ma anche e soprattutto in maniera del tutto spirituale; ecco perché Maria è la Theotokos, la piena di grazia. Essa, ricevendo il Logos in perfetta unione di vita d'amore con lui, unione comportante anche la rinuncia di se stessa in quanto si fa serva, diventa di conseguenza la Sposa del Logos pronta alle nozze (cf Ap 19,7; 21,9) e al tempo stesso purificata e resa immacolata dallo Spirito Santo nella sua essenza umana, diventa la personificazione della Chiesa; inoltre essendo la Madre di Dio non può non essere la regina dei cieli, non può, cioè, non dimorare dove si trova il suo Figlio; Maria santissima a partire dall'annunciazione diventa la Pneumatofora, la portatrice dello Spirito Santo, anzi la Sposa dello Spirito Santo in quanto porta in sé colui che è nato da lei, ma al tempo stesso diventa anche

---

[544] BOULGAKOF S., *Du Verbe*, 128-129; vedi anche EVDOKIMOV P., *La nouveauté*, 267-276; ID., *L'Ortodossia*, 215; FLOROVKSY G., *Creation and Redemption*, 173.
[545] Cf BOULGAKOF S., *Du Verbe*, 129.

l'archetipo del femminilità, la nuova arca dove si realizza la presenza di Dio in mezzo al suo popolo[546].

Maria per la teologia ortodossa è quella creatura singolare che raggiunse la pienezza dello scopo della creazione, sia materiale che spirituale. Il suo consenso ha permesso la sintonia della reciproca pericoresi tra la vita del creato e la vita dell'increato; Maria, con l'energia della sua volontà e l'energia della sua maternità, ha partecipato all'energia comune della divinità, ossia alla vita stessa di Dio. La sua vita fisica, il suo sangue, la funzione biologica del suo corpo si è identificato con l'energia di vita dell'ipostasi incarnata del Dio Verbo. Dio ha vissuto ipostaticamente come membro del suo corpo, con la carne della sua carne e il sangue del suo sangue nel suo seno, fino al punto di identificare la sua realtà creata con l'energia della vita dell'increato. Essa come ogni mamma, non ha semplicemente prestato la sua carne al suo bambino, ma ha costruito con la sua carne, il suo sangue, la sua volontà, la sua parola, la sua carezza e il suo affetto l'esistenza psicosomatica del suo bambino e questo perché la madre è la fonte e l'occasione dei primi passi del bimbo anche dal punto di vista psicologico. In Maria ogni creatura trova la porta della vera vita, l'entrata verso la pienezza, la realizzazione delle realtà create perché nella sua persona c'è l'unione della vita creata con la vita del creatore[547].

Maria, l'Eva novella compiuta, Madre di tutti i viventi, non è una donna tra le donne, ma l'evento della donna restituita nella sua verginità materna. "Tutta l'umanità in Maria Vergine genera Dio, e da qui, Maria è la Nuova Eva-Vita, e la sua protezione materna, che

---

[546] Cf BOULGAKOF S., *Du Verbe*, 129-131; EVDOKIMOV P., *La femme et le salut du monde. Étude d'Anthropologie chrétienne sur les charismes de la femme*, Tournai 1958, 207-221; ID., *L'Ortodossia*, 215; KNIAZEFF A., *La Mère*, 45-91; LOSSKY V., *Teologia*, 132; ΚΑΛΟΓΗΡΟΥ Ι. *Μαρία*, v-1; ΦΙΛΗ Λ. Χ. ‛Η Παναγία ὡς 'κεχαριτωμένη' καὶ 'ἱμερμάχος στρατηγός', ἐν 'Απόστολος Βαρνάβας ΝΔ' (1993) 95-107.

[547] ΓΙΑΝΝΑΡΑΣ Χρ., *'Αλφαβητάρι*, 151-153; vedi anche EVDOKIMOV P., *La nouveauté*, 144; NELLAS P., *De la Mère*, 257-258.

copriva il bambino Gesù, copre l'universo e ogni uomo. Le parole della croce "Gesù dice a sua Madre: 'Donna, ecco tuo figlio'. Poi dice al discepolo: 'Ecco tua madre', la istituiscono in questa dignità d'intercessione universale"[548].

3. La Bellissima è vergine prima, durante e dopo il parto

Il parto è vero anche se verginale. Il Signore ha in questo modo un Padre celeste, ma non uno terrestre. Egli è stato generato fuori del tempo da un Padre, senza una madre ed è generato nel tempo da una Madre, senza un padre. Un parto così straordinario ed unico, rimane parto reale di un autentico bimbo senza che ciò comporti una qualche diminuizione della natura umana di Gesù Cristo; esso vuole indicare che Cristo è vero uomo, ma non soltanto uomo perché, essendo privo di un padre terrestre, egli è sempre rivolto, pur stando nel tempo e attraverso il tempo, alla sua origine celeste; ecco perché questo parto è parto del vero e perfetto Theanthropos[549].

Secondo la Chiesa ortodossa, allora, Maria la tutta Vergine, la tutta bella, la tutta santa non può essere compresa al di fuori del mistero cristologico e difatti ad essa si fa riferimento soltanto quando nei trattati di Dogmatica si parla della cristologia e in genere sempre all'ultimo capitolo. Maria per la Chiesa ortodossa è la Nuova Eva, madre del Nuovo Adamo, la nuova Eva madre dei vi-

---

[548] EVDOKIMOV P., *La nouveauté*, 143-144; ID., *L'Ortodossia*, 216.

[549] Cf ΓΓΕΑΡ K., *Ὁ ὀρθόδοξος*, 90; EVDOKIMOV P., *La nouveauté*, 141; ID., *L'Ortodossia*, 212-213 soprattutto quando afferma: "'Corona dei dogmi', ella proietta luce sul mistero trinitario riflesso nell'umano: 'tu hai partorito il Figlio *senza padre*, questo Figlio che era nato dal Padre *senza madre*'. Alla paternità del Padre nel divino corrisponde la maternità della *Theotokos* nell'umano, immagine della *verginità materna* della Chiesa. Ed è Cipriano ad esclamare: 'Non può avere Dio per padre colui che non ha la Chiesa per madre'".

venti, la tutta pura, la nuova arca della presenza di Dio in mezzo al popolo, il ricettacolo, il tabernacolo e il tempio dello Spirito Santo, la tutta Vergine prima, durante e dopo il parto indicato anche dall'iconografia con le tre stelle poste sulla testa e le spalle, ma la sua verginità non è interpretata in senso puramente fisico e quindi carnale né durante, né dopo il parto. Nell'innologia ortodossa, pur lodando Maria per la sua verginità, tuttavia si dice che il suo utero è stato aperto dal suo Figlio, sebbene non da un uomo, anzi mai in senso assoluto da un altro uomo al di fuori del suo Figlio; come una ragazza non cessa di essere vergine nel caso di un trauma agli organi genitali, così Maria non cessa di essere Vergine nonostante l'apertura del suo utero (il trauma) durante il parto esclusivamente soltanto del suo Figlio[550]; in genere il fondamento patristico di quest'affermazione è S.Giovanni Damasceno.

Comunemente, però, come spiega Evdokimov, l'oriente nell'affermare la verginità totale di Maria, manifesta la più grande sobrietà e pudore che interdiscono di porre delle questioni di ordine fisiologico; questo tipo di questioni costituirebbero una curiosità totalmente fuori posto di fronte al mistero. La verginità di Maria significa che essa non conosce uomo; questo è l'essenziale, la verginità di Maria non è uno stato, bensì un'essenza di Maria nuova creatura, lì dove il creato è totalmente deificato[551].

---

[550] Cf BOULGAKOF S., *Du Verbe*, 127-128; ΜΠΑΛΟΓΙΑΝΝΗ Στ.. *Ἡ Παρθένος σήμερον τόν ὑπερούσιον τίκτει*, ἐν *ΓΠ* 755 (1994) 551-562; ΤΡΕΜ-ΠΕΛΑΣ Π., *Δογματική*, Β', 210, soprattutto quando afferma: "Εἰς δὲ τοὺς παρὰ τὴν ἐν τοῖς ὕμνοις τῆς Ἐκκλησίας ὑποφαινομένην διδασκαλίαν αὐτῆς πεισμόνως ὑποστηρίζοντας, ὅτι καὶ τραῦμά τι ἐπηνέχθη ἐκ τοῦ τοκετοῦ εἰς τὸ σῶμα τῆς Παρθένου, θὰ ἠδύνατο ἐπὶ τέλους νὰ ἀντιχθῇ τὸ γεγονός, ὅτι παύει νὰ εἶναι παρθένος ἡ ἐκδοθεῖσα εἰς ἀγκάλας ἀνδρός, κἂν ἔτι δὲν ἐκυοφόρησεν ἐξ αὐτοῦ, ὥστε νὰ διανοίγῃ ἡ μήτρα αὐτῆς, κἂν ἔτι οὐδὲν σωματιὸν τραῦμα κατὰ τὰς μετ'αὐτοῦ ἐπαφὰς ἔλαβεν. Ὅπως καὶ πάλιν δὲν παύει νὰ εἶναι παρθένος ἁγνὴ τις νεᾶνις ἐκ πτώσεώς τινος ἀκουσίου ὑποστᾶσα ῥῆξιν ἢ τραῦμα τι εἰς τὰ γεννητικὰ αὐτῆς ὄργανα".

[551] EVDOKIMOV P., *La nouveauté*, 268: "L'Orient manifeste la plus grande sobrieté et pudeur qui interdisent de poser des questions d'ordre physio-

Maria nella teologia ortodossa è considerata la Tutta Vergine soprattutto in un senso spirituale o intellettuale, si tratta di una purezza del cuore e della mente da qualsiasi infezione o desiderio carnale, e questo, sia prima, sia durante che dopo il parto. La verginità o santità di Maria significa ancora che la sua vita personale era indisturbatamente orientata verso Dio attraverso una completa dedizione di sé. Maria è la tutta vergine perché la sua persona è stata il compimento puro e semplice della finalità per la quale è stata creata sin dall'inizio la natura umana; nella persona di Maria, vera e reale Madre di Dio, tutta la natura umana si rivela Theotokos[552].
"L'incarnazione fu non soltanto l'opera del Padre, della sua Virtù e del suo Spirito, ma anche l'opera della volontà e della fede della Vergine. Senza il consenso della purissima, senza il concorso della sua fede, questo disegno era altrettanto inattuabile che se fosse avvenuto senza l'intervento delle stesse tre Persone divine. Soltanto dopo averla istruita e persuasa Dio la prende come Madre, prende in

---

logique, curiosité totalement déplacée face au mystère. La virginité de Marie signifie, comme elle en témoigne elle-même, qu'elle 'ne connaît point d'homme'. C'est l'essentiel, qui veut dire que la virginité n'est pas un état mais l'essence même de Marie en tant que 'nouvelle créature', 'la limite du créé et de l'incréé', selon la parole de saint Grégoire Palamas, là où le créé est totalement *déifié*. La structure physiologique de Marie est celle de la nouvelle créature, transcendante à l'ordre déchu et toute question de 'comment' est totalement dépassée et ne se pose absolument pas. Le miracle exprime le réalisme spirituel contre tout docétisme. Il n'est pas antinaturel car il se réfère à l'ordre d'avant la chute où l'enfantement n'était pas en fonction du sexuel actuel".

[552] ΤΡΕΜΠΕΛΑΣ Π., *Δογματική*, Β', 208: "'Ὡς πρὸς δὲ τὴν καὶ κατὰ τὸν τόκον ἀλώβητον παραμείνασαν παρθενίαν τῆς Θεοτόκου θὰ ἐσημειοῦμεν, ὅτι ἡ παρθενικὴ ἁγνότης καὶ τὸ ἄχραντον καὶ ἀμόλυντον αὐτῆς συνίστανται κυρίως ἐν τῇ καθαρότητι τῆς καρδίας καὶ ἐν τῇ διατηρήσει αὐτῆς τε καὶ τῆς διανοίας καὶ τοῦ ὅλου ἐσωτερικοῦ ἀνθρώπου μακρὰν πάσης μολύνσεως ἐκ σαρκικοῦ τινος λογισμοῦ ἢ κλίσεως ἢ καὶ μεμακρυσμένης τινὸν ἐπηρείας ἐκ γενετησίου ῥοπῆς καὶ διαθέσεως. Ὅτι δὲ τὴν τοιαύτην καθαρότητα καὶ ἁγνότητα καὶ τὸ ἀμόλυντον τῆς καρδίας διετήρησε καὶ κατὰ τὸν τόκον αὐτῆς ἡ Παρθένος, οὐδεμία πρέπει νὰ χωρῇ ἀμφιβολία"; cf anche NELLAS P., *De la Mère*, 261; TSIRPANLIS C. N., *Introduction*, 58.

prestito da lei la carne che ella è pronta a prestare. Come voleva incarnarsi, così voleva che sua Madre lo generasse liberamente, pienamente di buon grado"[553].

Maria allora, secondo la tradizione ortodossa, si è sempre astenuta sia nella carne che nel cuore da qualsiasi relazione sessuale con Giuseppe o con un altro uomo. Per l'opera dello Spirito Santo Maria è diventata la Tutta Santa "Παναγία", la Madre Vergine "Παρθενομήτωρ" o la Tutta Vergine "Ἀειπάρθενος" e la Madre di Dio "Θεοτόκος", ma questa sua santità non era accompagnata secondo l'insegnamento dei teologi ortodossi fondato su quello dei Padri da un'impeccaminosità assoluta come quella del suo Figlio perché solo Gesù è il Santo nel senso più assoluto del termine[554].

L'azione dello Spirito Santo, pur avendo come unica finalità l'incarnazione del Verbo, tuttavia, secondo qualche teologo ortodosso come Trembelas, non ha nessun effetto esplicito e diretto su Gesù stesso. In questo caso, infatti, il suo ruolo è puramente implicito nel senso che prepara il terreno, ossia Maria, per rendere umanamente possibile la concezione verginale di Gesù Cristo[555].

Maria, secondo la teologia ortodossa, essendo la Nuova Eva-Vita, essendo cioè colei nella quale il Creatore diventa creatura abilatandola a divenire la Theotokos, al tempo stesso abilita in essa

---

[553] EVDOKIMOV P., *L'Ortodossia*, 213.
[554] Cf ΤΡΕΜΠΕΛΑΣ Π., *Δογματική*, Β', 204-205; ID., *Ἡ Μήτηρ τοῦ Λυτρωτοῦ*, 217-229 specialmente dove dice: "Τιτλοφοροῦντες δ'αὐτὴν καὶ 'Παναγίαν' κηρύττομεν καὶ ὁμολογοῦμεν τὴν ἐξέχουσαν ἁγιότητα αὐτῆς, καίπερ κατὰ τὴν διδασκαλίαν πολλῶν ἐκ τῶν Πατέρων δὲν συνωδεύετο αὕτη ὑπὸ τῆς ἀπολύτου ἀναμαρτησίας τοῦ μόνου ἀναμαρτήτου Υἱοῦ της"; Cf anche ΚΑΛΟΓΗΡΟΥ Ι., *Μαρία*; 79-123; ΜΑΤΣΟΥΚΑΣ Ν., *Δογματική*, Β', 292-298; BOULGAKOF S., *Du Verbe*, 128-129. 222-224; FLOROVKSY G., *Creation and Redemption*, 176-185; ΓΓΕΑΡ Κ., *Ὁ ὀρθόδοξος*; 89-92; NELLAS P., *De la Mère*, 253-254; EVDOKIMOV P., *La nouveauté de l'esprit. Études de spiritualité*, Bégrolles 1977, 139-146. 267-276; BEHR-SIGEL E., *Mariologia*, 23-43; KNIAZEFF A., *La Mère*, 117-119; TSIRPANLIS C. N., *Introduction*, 58.
[555] Cf ΤΡΕΜΠΕΛΑΣ Π., *Δογματική*, Β', 204-205; ID., *Ἡ Μήτηρ τοῦ Λυτρωτοῦ*, 217-229.

tutto l'umano a generarlo come creatura e fa sì che essa diventi anche la donna più bella in senso assoluto. Maria santissima è la bellissima in quanto raduna in sé tutte le perfezioni create e increate divenendo così la realizzazione assoluta della bellezza della creazione. La bellezza di Maria è dovuta allo Spirito Santo, ipostasi della divina bellezza; essendo stata inabitata dallo Spirito Santo, che è l'ipostasi della bellezza, viene arricchita anche della sua stessa bellezza. Questa bellezza umana Maria la comunica a Gesù Cristo che a causa della sua teanthropia possiede la bellezza umana nel senso più assoluto del termine[556].

Conclusione

Cristologia, Mariologia, Pneumatologia vanno lette in chiave unitaria purché non si confondano tra di loro.

Dal momento che la SS. Trinità nel suo eterno amore per l'umanità ha predisposto l'incarnazione di una delle sue persone anche Maria SS.ma entra a far parte di questo mistero. La mariologia ha senso soltanto se legata alla cristologia e di conseguenza alla pneumatologia. Maria deve la sua grandezza proprio alla sua divi-

---

[556] Cf LOSSKY V., *Teologia*, 186-187; EVDOKIMOV P., *L'Ortodossia*, 201-203; BOULGAKOF S., *Du Verbe*, 202-203 soprattutto 203 dove rileva: "Il (Gesù) reçut ce visage humain de Sa Mère, la 'Nouvelle Ève', qui réunit également en Elle la plénitude de l'humanité du Vieil Adam avec toute l'ipeccabilité qui lui était accessible et toute la beauté, en raison de l'inhabitation en Elle du Saint-Esprit, hypostase de la Beauté. Et comme un fils ressemblant à sa mère - d'ailleurs, il n'y avait point de père humain, toute la force de l'hérédité humaine était concentrée en la Mère, - Il reçut d'Elle, en même temps que la plénitude de l'essence humaine, sa beauté naturelle, qui devint en Lui le lieu de l'image de la beauté Divine, le lieu du Dieu-Homme. C'est pourquoi, en même temps que l'impeccabilité personnelle de la Vierge Marie et l'impeccabilité absolue du Dieu-Homme, nous devons reconnaître chez Elle la plus haute beauté de l'image humaine créée, celle de la 'Nouvelle Ève'; et chez Lui, la plus haute beauté de l'image théanthropique, donc la beauté humaine absolue".

na maternità e alla sua verginità intesa non tanto in senso fisiologico, quanto in senso spirituale come totale apertura e disponibilità al volere del Padre.
Il mistero non va mai scisso; le persone della SS. Trinità cooperano tra di loro in una sinergia perfetta. È ormai tempo di rivalutare in pieno la pneumatologia nel suo rapporto con la cristologia; l'una senza l'altra rimane oscura, anzi incomprensibile; questa rivalutazione, a differenza della teologia occidentale, non è mai stata trascurata dalla teologia ortodossa, anzi è grazie ad essa che anche nel polmone occidentale della Chiesa in questi ultimi tempi viene riscoperta sempre più.

CONCLUSIONE GENERALE

Parlare di cristologia neo-ortodossa non significa parlare di una cristologia che sia sostanzialmente diversa dalla cristologia ortodossa del passato e soprattutto della cristologia dei Padri della Chiesa. Parlare di cristologia neo-ortodossa significa, invece, porre l'accento sulle interpretazioni cristologiche degli autori ortodossi del nostro secolo e quindi porre particolare attenzione alle sfumature del loro linguaggio cristologico; in realtà queste sfumature costituiscono spesso un tocco di assoluta novità e creatività.

Per comprendere la cristologia ortodossa è necessario comprendere tutto il contesto teologico del mondo ortodosso, è necessario cioè inserirla in esso. Per questo motivo non si tratterà mai di una cristologia prettamente speculativa, come nel mondo occidentale, quanto piuttosto di una cristologia mistica. La cristologia ortodossa costituisce un salto della mente attraverso la fede 'agapica' che si trasforma in autentica prostrazione di tutta la persona del teologo di fronte alla grandezza e all'insondabilità del mistero.

Tra cristologia ontologica e cristologia soteriologica o funzionale non si dà alcuna separazione. La persona e l'opera di Gesù Cristo rimane una e ben compatta. Gesù Cristo, il Theanthropos, avendo unito nella sua unica persona ed ipostasi la natura divina e la natura umana, può essere il mediatore definitivo della comunione d'amore infinito, anzi folle, tra il Dio uno e trino e l'umanità; il mistero di Cristo coinvolge tutta la Trinità; il Padre ne è l'ideatore; il Figlio ne è il realizzatore/esecutore ed infine lo Spirito Santo è appunto il santificatore ossia il perfezionatore di quest'eterno, assolutamente libero e gratuito progetto d'amore.

Nella persona divina di Gesù Cristo che ha enipostatizzato in sé la natura umana viene consumata ogni separazione verticale e orizzontale; nell'io divino del Verbo incarnato tutta la natura umana trova la forza di autosuperarsi dal proprio autoegocentrismo e autoisolamento. L'essere umano è persona grazie alla sua relazione con un *tu*; è la relazione eterna e duratura, anche nello spazio e nel tempo, dell'*Io filiale* di Gesù con il *Tu paterno* di Dio nello Spirito

Santo che fa sì che la sua persona continui ad essere quella preesistente sin dall'eternità. Se la persona di Gesù Cristo che sin dal primo momento della sua unione ipostatica è stata rivestita anche dalla triplice dignità profetica, sacerdotale e regale, non fosse una persona divina, bensì umana, allora noi non avremmo avuto nessuna sperana di autosuperamento; non saremmo entrati in questo vortice infinito della comunione sconfinata di Dio Amore, di Dio tre-unità.

Gesù Cristo che ha sempre avuto coscienza della sua divinità e della sua missione, anche se in gradi diversi secondo il metro della sua umanità, porta a compimento questa comunione d'amore tra Dio e l'umanità e tra l'umanità e Dio attraverso il suo mistero pasquale, festa delle feste dell'ortodossia. Lo Spirito Santo è sempre stato presente ed operante nell'evento cristologico, anzi tra lui e il Figlio c'è una reciprocità; se prima dell'incarnazione lo Spirito è stato il grande precursore di Cristo, Gesù risorto a sua volta, è diventato il grande precursore dello Spirito. Nella persona umana di Maria, nuova Eva-Vita, la Theotokos, la Tutta Vergine, la Tutta Bella, il Ricettacolo dello Spirito Santo, l'umanità, ricapitolata nel suo Figlio e in lui deificata, trova la sua primizia e la sua giusta direzione verso la Gerusalemme di lassù.

Questo modesto e limitato saggio di cristologia neo-ortodossa possa portare ad un'unlteriore conoscenza e amore reciproco tra ortodossia e cattolicesimo. Gesù Cristo il Dio-Uomo, nel cui nome siamo uniti, possa veramente trasformare i nostri cuori e quindi divinizzare le nostre persone attraverso lo Spirito Santo per poter insieme, oriente ed occidente, costituire anche visibilmente e storicamente, e non soltanto metastoricamente o invisibilmente, la Chiesa una, santa, cattolica e apostolica. Alle soglie del terzo millennio mi auguro che questo modesto lavoro contribuisca all'unità dei cristiani dell'oriente e dell'occidente affinché un giorno non lontano l'unica Chiesa di Gesù Cristo, ortodossa e cattolica, si ricomponga nell'unità e nell'amore per inneggiare e glorificare all'unisono, nella ricchezza multiforme del proprio rito, della propria lingua e della propria elaborazione teologica e cristologica, il Padre per mezzo del Figlio nello Spirito Santo. Possa l'unica Sposa di Cristo spiccare il volo verso l'eterna tre-unità agapica di Dio servendosi di entrambe le sue "ali": Ortodossia e Cattolicesimo. Amen! Amen! Amen!

Riproduzione anastatica: 26 maggio 1995
Tipografia Poliglotta della Pontificia Università Gregoriana
Piazza della Pilotta, 4 – 00187 Roma